证券业从业资格考试专用教材

最新版

证券发行与承销

应试指南（精华版）

复习指导+考点速记+真题演练

中央财经大学 何晓宇 主编

中国铁道出版社
CHINA RAILWAY PUBLISHING HOUSE

图书在版编目（CIP）数据

证券发行与承销应试指南：精华版/何晓宇主编
—北京：中国铁道出版社，2011.11
证券业从业资格考试专用教材
ISBN 978-7-113-13542-3

Ⅰ.①证… Ⅱ.①何… Ⅲ.①有价证券－销售－资格
考试－自学参考资料 Ⅳ.①F830.91

中国版本图书馆 CIP 数据核字(2011)第 190787 号

书　名：	证券业从业资格考试专用教材	
	证券发行与承销应试指南(精华版)	
作　者：	何晓宇　主编	

责任编辑：张艳霞	**电话**：010-51873156	
封面设计：冯龙彬		
责任校对：张玉华		
责任印制：李　佳		

出版发行：中国铁道出版社（100054，北京市西城区右安门西街 8 号）
网　　址：http://www.tdpress.com
印　　刷：中国铁道出版社印刷厂
版　　次：2011 年 11 月第 1 版　2011 年 11 月第 1 次印刷
开　　本：880mm×1 230mm　1/32　**印张**：9.5　**字数**：272 千
书　　号：ISBN 978-7-113-13542-3
定　　价：20.00 元

出 版 前 言

  中国证券业实行从业人员资格管理制度,证券业从业资格证是进入证券行业的必备证书,是进入银行、非银行金融机构、上市公司、投资公司、大型企业集团、财经媒体、政府经济部门的重要参考条件。它不仅是一种从业资格证书,也体现了个人财商水平。因此,参加证券业从业资格考试既是从事证券职业生涯的敲门砖,更是个人学习投资理财知识的重要途径。

  中国证券业从业资格考试由中国证券业协会负责组织全国统一进行,自 2003 年起向全社会放开。按照规定,凡年满 18 周岁,具有高中以上文化程度和完全民事行为能力的人士都可以报名参加。考试科目分为基础科目和专业科目,基础科目为《证券市场基础知识》,专业科目包括《证券发行与承销》《证券交易》《证券投资分析》《证券投资基金》。基础科目为必考科目,专业科目可根据个人情况和所属岗位的侧重情况自选,每次考试报考科目没有限制。目前证券业从业资格考试已全部采用网上报名、全国统一时间、计算机考试方式进行。调整后的全国统考时间为每年 4 次,大约在 3 月、6 月、9 月和 12 月举行。具体时间会有微调,以当期公告为准。

  为了帮助有志于加入证券业的考生取得轻松快捷、事半功倍的学习效果,能顺利通过证券业从业资格考试,获得资格证书,中国铁道出版社组织编写了“证券业从业资格考试专用教材”,包括:《证券市场基础知识》《证券交易》《证券发行与承销》《证券投资分析》《证券投资基金》五个科目。为了帮助广大考生快速提高应试能力,每一个科目我们不仅出版了应试指南,还有与其配套的成功过关预测试卷。应试指南和预测试卷自成体系,互为依托和补充,是一套理想的过关辅导教材。

  应试指南的特点:抓住考试重点、难点和命题方向。这不仅是通过资格考试的关键,也是提高专业能力的要诀。证券业从业资格考试各科目命题都是以考试大纲为依据,以最新的指定教材为范围,然而厚厚的指定教材对于在职考生来说学习负担之重可想而知。本套专用教材化繁就简,紧扣每一门学科的考试大纲,通过复习方向指导、核心考点速记、精选考题同步演练等多个栏目提示考纲要点、解剖考试内容、提炼考点精华,使考生轻松理解、轻松记忆、快速掌握。因此本套教材是一套脉络清晰、针对性强的精编教材。它能帮助考生抓住考点,这对系统学习、快速提高成绩有着极强的指导作用。特别是书中的核心考点速记部分,更是精心提炼考纲要点,简明扼要,图表归纳完整有序,便于考生理解记忆。

成功过关试卷的特点如下。其一是依据各科目考试大纲的指引,研究历年考试的命题趋势,细化每一个可能成为命题的知识要素,力求做到内容翔实、考点覆盖面大,尽可能在题型、题量上与真题试卷保持一致。同时考虑到考试时间紧、题量大的特点,我们的试卷适当增加了题量,以帮助考生提高答题速度。考生只要认真研习这些试卷,不仅可以熟悉题型,了解试卷难度,还可将其作为自测、强化训练之用,以达到找出差距、查漏补缺的复习目的。一卷在手,成功过关势在必得。其二是增加试题的务实性,加大模拟题与实际操作的联系,同时针对每一套模拟题都提供了答案和详细的解析,弥补了目前市面上大多数辅导书只有答案不见解析之缺憾。这样能有效地帮助考生巩固知识要点,提高基本技能,让考生既知其然,也知其所以然,在学以致用的基础上轻松过关,顺利通过考试。相信在本套教材的帮助下考生既能轻松过关,获得从业资格证书,又能真正掌握专业知识,提升自己的专业水平,实践于热火朝天的经济活动之中。

总之,面对千千万万参加证券业从业资格考试的考生,我们抱着高度的责任感来完成这项使命。我们的目的是减轻考生的学习负担!我们的口号是用最短的时间帮助考生成功过关!

根据 2011 年 6 月最新版指定教材,我们对此套丛书进行了全面认真的修订。由于时间仓促,书中难免遗留不足,欢迎读者批评指正。我们将不断改进,追求更好。

证券业从业资格考试专用教材编委会
2011 年 9 月于北京

目录

目录

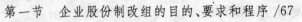

目
录

目录

**目
录**

绪　　论

　　证券业是专门从事证券经营和相关服务的行业。我国证券业是改革开放以来，随着国民经济市场化改革的推进而产生和发展起来的。短短十几年的时间，中国证券业历经风雨，从无到有，从小到大，从无序到规范，已经发展成国民经济中新兴的举足轻重的金融产业之一。

　　证券业的繁荣无疑会增加对行业人才的需求，证券业也将成为人们追求的"金领"职业。从近年的数据来看，市场对证券人才需求的热情一直保持稳定增长的趋势。其中，对高级金融顾问、高级投资分析师、高级服务管理师等人才的需求增加明显，专业化要求进一步提高，具有深厚专业知识和多年从业经验的高级人才成为企业不惜高薪猎捕的对象。此外，理财顾问、证券经纪人、证券分析师，证券投资顾问等也成为行业招聘的热门职业。

　　从事证券业务的专业人员必须具备从业资格和执业证书，因此，能否顺利地通过证券业从业资格考试取得执业资格证书成为广大考生进入银行及非银行金融机构、上市公司、会计公司、投资公司、大型企业集团、财经媒体、政府经济部门工作的关键，可以说证券业执业资格证书已成为广大考生谋取"金领"职业的一块"敲门砖"。

第一节　证券业从业资格考试概况

一、考试简介

　　对证券业从业人员实行资格管理是国际通行的做法。1995年，国务院证券委发布了《证券从业人员资格管理暂行规定》，开始在我国推行证券业从业资格管理制度。1999 年首次举办证券业从业人员资格考试，2000 年整个行业从业人员开始进行资格考试。

为了加强证券业从业人员资格管理，促进证券市场规范发展，保护投资者合法权益，2002 年 12 月 19 日中国证券监督管理委员会（以下简称"中国证监会"）公布了《证券业从业人员资格管理办法》（以下简称《办法》），规定从事证券业务的专业人员都应当取得从业资格和执业证书，将各类证券从业人员纳入统一的资格管理体系，并赋予中国证券业协会在中国证监会指导监督下对证券从业人员实施资格管理的职责。

中国证券业协会（以下简称"协会"）是资格考试的组织机构，协会依法负责从业人员从业资格考试、执业证书发放以及执业注册登记等工作，考务工作由 ATA 公司具体承办。证券业从业资格考试接受中国证监会的指导和监督。

二、考试科目

考试科目分为基础科目和专业科目，基础科目为《证券市场基础知识》。专业科目包括《证券交易》《证券发行与承销》《证券投资分析》《证券投资基金》。单科考试时间为 120 分钟。基础科目为必考科目，专业科目可以自选。选报的考试科目数量没有限制，一次考试可以选择报考一科或者多科（可以全部五科）。

经过考试合格，通过《证券交易》科目，可从事证券经纪业务，这是证券公司的传统业务；通过《证券发行与承销》科目，可从事投资银行业务，这方面是证券公司利润的重要来源；通过《证券投资分析》科目，且满足中国国籍、大学学历、两年以上证券从业经验的条件，就能取得证券投资咨询相关工作的执业资格；通过《证券投资基金》科目，可从事基金管理公司、银行基金部门的相关工作。

以下是考试科目和各科考试的相对难易度。

考试科目		考试难易度
基础科目	《证券市场基础知识》	★★★
专业科目	《证券交易》	★★★
	《证券投资基金》	★★★★
	《证券投资分析》	★★★★★
	《证券发行与承销》	★★★★★

三、考试时间和方式

目前，每年度全国考试统考时间调整为 4 次，大约在 3 月、6 月、9 月和 12 月。考试计划每年会根据情况适当调整，如有变动，以当期公告为准。考试详细时间、考场详细地点将在准考证中明示。考试成绩合格可取得成绩合格证书，考试成绩长年有效。

考试方式为闭卷，采取计算机考试方式进行。单科考试 120 分钟，单科 60 分及格。

考试题型有三种，分别为单项选择题、不定项选择题和判断题。

四、报名条件及方式

证券业从业资格考试自 2003 年起向全社会放开。凡年满 18 周岁，具有高中以上文化程度和完全民事行为能力的人士都可以报名参加。

报名采取网上报名方式。考生登录中国证券业协会官方网站 http://www.sac.net.cn/，按照要求报名。报名费缴付方式、收据及准考证打印等有关事项请仔细阅读协会网站报名须知。

五、适合人群

概括地说，证券从业机构中从事证券业务的专业人员都应当取得从业资格和执业证书。具体而言，其适合人群分为证券公司中从事自营、经纪、承销、投资咨询、受托投资管理等业务的专业人员，包括相关业务部门的管理人员；基金管理公司、基金托管机构中从事基金销售、研究分析、投资管理、交易、监察稽核等业务的专业人员，包括相关业务部门的管理人员；基金销售机构中从事基金宣传、推销、咨询等业务的专业人员，包括相关业务部门的管理人员；证券投资咨询机构中从事证券投资咨询业务的专业人员及其管理人员；证券资信评估机构中从事证券资信评估业务的专业人员及其管理人员以及中国证监会规定的其他人员。相关机构不得聘用未取得执业证书的人员对外开展证券业务。被证监会依法吊销执业证书或者因违反本办法被协会注销执业证书的人员，协会可在3年内不受理其执业证书申请。

六、证书申请

参加资格考试的人员通过基础科目及任意一门专业科目考试的，即为资格考试合格人员，同时获得证券从业资格。获得证券从业资格的人员，可以按照《办法》及其实施细则等有关规定向协会申请执业证书。

参加资格考试的人员，可以选报一门以上专业科目考试。基础科目及两门以上（含两门）专业科目考试合格的，可获得一级专业水平级别认证；基础科目及四门以上（含四门）专业科目考试合格的，可获得二级专业水平级别认证。由协会颁发专业水平级别认证证书。

申请执业证书的人员应当取得从业资格、被证券从业机构聘用、符合《办法》第十条规定的有关品德、声誉方面的条件；申请从事证券投资咨询业务的，还应当具有中国国籍、大学本科以上学历及两年以上证券从业经历；申请从事证券资信评估业务的，应当具备两年以上证券从业经历及中国证监会有关规定的条件。执业证书通过所在机构向中国证券业协会申请。协会应当自收到执业申请之日起30日内，向证监会备案，颁发执业证书。执业证书不实行分类。取得执业证书的人员，经机构委派，可以代表聘用机构对外开展本机构经营的证券业务。取得执业证书的人员，连续三年不在机构从业的，由协会注销其执业证书；重新执业的，应当参加协会组织的执业培训，并重新申请执业证书。

七、资格证书适用工作范围

目前资格证书适用的工作范围主要有：证券公司各部门、银行投资部、银行基金部、金融资产管理公司、上市公司证券部、中外合作基金公司、国内基金公司、中外合作证券公司、投资公司、投资顾问公司、保险公司投资部、会计师事务所以及国内的大中型企事业单位。

第二节　证券业从业资格考试考务须知

一、考试时间

考试时间 120 分钟，其中前 10 分钟为拍照时间。

二、考场纪律

（1）考试一律在指定时间和考场内进行。

（2）考生务必在开考前 30 分钟进入指定考场，进行现场照相，验对准考证和身份证等有效证件。

（3）考生进入考场必须携带准考证打印件和身份证（无身份证者可凭临时身份证、军官证、护照参加考试，其他证件均属无效），按指定的座位就座，入座后自觉将证件放在座位左上角，以备监考人员检查。

（4）考生拍照进场后至考试过程中一律不得擅自离开座位和考场（提前交卷者除外），特殊情况必须有监考人员陪同。

（5）迟于开考时间 20 分钟者不得入场，考试开始 30 分钟后方可交卷退场。开考 20 分钟内未能在考试机上登录并确认的，视为缺考。

（6）考生在入场时除携带演算用笔外，严禁将笔记、参考资料、电子设备、通信设备、食物、饮料等带入考场或试图带入考场。手机必须关机。已经携带入场的应按照监考人员的要求存放在指定地点。在整个考试期间，考生不能取用已经存放的个人物品。

（7）考生要自觉维护考场秩序，保持安静，不准吸烟、吃东西。

（8）考生遇到问题可举手向监考人员询问，但不得涉及试卷内容。

（9）考生因病不能坚持考试的，应报告监考人员，根据具体情况处理。

（10）考生交卷后应立即离开考场，不得将演算草稿纸带出考场，不得在考场附近逗留、喧哗。

三、违纪处理办法

（1）考生在考试期间有违反考场纪律的行为，情节较轻的，由监考人员提出批评和警告，并有权在本场考试结束前替考生暂时保管违规带入考场的物品。

（2）考生在考试期间有（并不限于）以下违反考场规则行为之一的，同场考试两次受到批评和警告的，监考人员将当众告知考生本场考试成绩无效，1年内不得再报考证券从业人员资格考试，并有权要求其退出考场：

①交头接耳、互打手势或偷看；

②夹带、传递书本或纸条；

③抄袭或试图抄袭带入考场的笔记、书本或电子仪器；

④帮助他人作答，纵容他人抄袭；

⑤与考场内或考场外的任何人通信；

⑥不服从监考人员管理；

⑦将演算草稿纸带离考场的行为。

（3）考生在考试期间有（并不限于）以下扰乱考场秩序行为之一的，监考人员可当众告知考生将被取消本次所有考试成绩，且1年内不得再报考证券从业人员资格考试，并有权要求其退出考场。情节严重的，移交公安机关依法对其进行处理：

①代替他人考试的行为；

②请人替考的行为；

③集体舞弊或预谋集体舞弊的行为；

④使用或提供伪造、涂改证件的行为；

⑤考生未经许可擅自中途离开考场的行为；

⑥考生恶意操作导致考试无法正常运行的行为；

⑦严重扰乱考试秩序、侮辱、漫骂或蓄意报复考试工作人员安全的行为。

四、补考规定

（1）如出现下列情况，考试组织机构将安排补考：

①考试时考试机出现故障，开考后超过 30 分钟仍不能进行考试；

②考试系统突然中断，经考场技术人员处理仍无法恢复原有信息的。

（2）补考场次原则上安排在当天下午最后一场考试结束后同一考点进行。

（3）因不可抗力影响补考无法在当日进行时，补考将另行安排。中国证券业协会将在网上公告具体补考时间，有关考场负责电话通知考生。考生也应坚持在 10 天内每天浏览协会考试网页，获取补考通知。

（4）答题时，因软件冲突等原因造成考生实际总答题时间延误，考生可在事情发生时即时向考场提出补时要求；考试组织机构也可根据考场实际情况安排补考。考生在当时未提出异议的，视为考试正常。

五、成绩发布及核查规定

考生可在成绩公布后 20 日内申请成绩复核服务，超过规定时间不予受理。成绩复核仅限于检查、核加各类题目的正确率，已得分数的计算、合计以及登录是否有误，成绩复核后的成绩为最终成绩，不得再次复核。

第三节　证券业从业资格考试命题分析

一、各科目特点分析

证券业从业资格考试目前设有五门科目，每科在内容上各有侧重且有自己的特点。其中《证券交易》和《证券发行与承销》中属于强记型的知识点比较多；《证券投资分析》和《证券投资基金》在知识点上有一些内容重叠。整体讲，最难的是《证券发行与承销》，其中需要记忆的数字很多，有深度的则是《证券投资分析》和《证券投资基金》中的组合投资部分，试卷中会出现计算题目。每科考试时间为 120 分钟，要完成 160 道题目，基本每道题最多分配 40～50 秒时间。如果在计算题上花费的时间过多，就会占用其他题目的解答时间，所以合理分配时间，均衡答题速度，在考试中十分关键。

《证券市场基础知识》是证券业从业人员资格考试中的基础科目，也是必考科目，同时其教材也是最薄的，其中很多章节知识都会在另外的四本书中进行详细阐述，所以这门课目相对比较简单，具有总括性质。如果考生先复习备考其他的科目，回头再来复习会感觉到比较简单。

《证券交易》是专业科目之一，为考生自选科目。本科目的特点是强记型的知识点比较多，尤其是一些数据指标需要记忆。其中的一些知识点和《证券发行与承销》有重复。如果考生有炒股经历或证券交易工作经验，对本科目一些知识点的理解会比较容易。

《证券投资分析》是专业科目之一，为考生自选科目。这门科目难度大体与《证券交易》相近，除了一些证券上的数据指标需要理解记忆外，还涉及一些财务会计方面的知识，尤其是公司的财务分析中有许多财务指标，需要考生熟练计算。这门课目中的证券组合理论与《证券投资基金》科目中的相关知识点完全重复。

《证券投资基金》是专业科目之一，为考生自选科目。其中债券的收益率曲线和凸性、久期，以及组合投资中的免疫策略等部分是5门考试中最难的知识点，如果没有相关的基础知识，理解起来会有一定难度，这需要考生多花一些工夫。

《证券发行与承销》是专业科目之一，为考生自选科目。本科目是教材最厚、需要记忆数据指标最多的一门科目。其中的很多数字部分需要采取一些巧妙的记忆方法。

二、命题规律

根据历年的考题，尤其是分析近年来考题的标准化、规范化、专业化的特点，对证券业从业人员考试的出题形式和出题重点，可以大致归纳为如下常见的特点。

（1）根据重大时间、地点、人物、事件出题。例如就深、沪证券交易所的成立时间，可以出判断题、单选题。就世界第一个证券交易所成立的时间、地点可以出单选、判断题。就道·琼斯指数的创始人可以出判断题、单选题、多选题。

（2）重规则出题。例如就证券交易印花税、股东会议人数、证券交易佣金、市场禁入规定、高管人员任职资格、信息披露制度等，判断、单选、多选等各种题型都可以出题。这部分的内容考点相当多。

（3）反向出题。就正确的内容反向出题，在判断题中这种出题方法很常见。如期货交易双方都要开立保证金账户并存入保证金，此类情况可以出为判断题：进行期货交易无须存入保证金。这就是反向出题。

（4）跨章节出题。考生学习的时候一般都是按章节的顺序进行，但是有时候题目会跨章节出题。如在《证券市场基础知识》中，把股票、债券、基金、衍生证券等证券工具的性质、特征、功能等混合起来，可以出各种题型。依此类推，各门课程都可以如法炮制。

（5）计算题隐蔽出题。以前的考题有专门的计算解答题，2001年取消了这种题型，但并不等于这些内容不考了。重要的计算方法，如送配除权等的计算，可以转化为单选、判断等题型出题。

（6）条件出题。证券市场是法制化的市场，对各种业务都有限制条件，如证券公司成为经纪商、承销商，公司首发、增发配股等，都有很多限制条件。这些条件很容易作为出题的知识点，以不定向选择题最常见，其他题型也可以出。

（7）对比出题。对比出题要把相关的内容综合起来进行对比，就其相同点和区别来出题。如金融期货和金融期权、证券自营与证券经纪、有限责任公司与股份有限公司、技术分析与基本分析、股票发行与债券发行等。

（8）根据考生容易混淆的内容出题。很多课程内容很容易让考生混淆，如B股的计价和交易都是用美元或港币，而其面值却是人民币；沪深证券交易所成立时间和沪深指数发布时间虽然相近，但并非同一时间。对于这些内容，考生在学习的时候一定要仔细对比，区别记忆。

以上是根据历年的命题情况总结出的一些规律，仅供考生参考，考生可以根据这些总结出常见的出题方法，有针对性地对课程进行学习。

三、整体分析

整体来说，"通过易，高分难，且难度有增加趋势"是对证券从业资格考试的普遍评价。

证券业从业资格考试本身作为一种基础性资格考试，不是考查水平高低性质的考试，其难度总体来讲并不是很大，也区别于高难度、高深度的选拔考试。报名起点只要高中水平即可，从以往来看整体通过率比较高，其考试的知识点多以记忆性为主。但也应注意到，随着金融行业竞争越来越激烈，考试难度有逐次提高迹象，因此考生要取得高分是极为困难的，考试分数能达到80分以上的人数并不是很多。

证券业从业资格考试考点比较细，范围广而杂。但是通过全部考试，可以对证券投资整个知识体系有一个比较全面的基础性认识。这对立志从事金融、证券行业的考生来说是一件十分有意义的事情。考生除了掌握一些基础知识、证券投资知识、证券交易知识、基金知识、发行与承销方面的基础知识，还会学习一些深度或前沿的理论，比如证券投资组合理论、债券的久期和凸性、债券的收益率曲线、资本资产定价与套利理论、有效市场理论、行为金融理论、融资与资本结构理论、金融工程等。从某种意义上来说，证券业从业资格考试所涉及的知识对于金融、证券专业的学生丰富完善其知识体系具有很大的帮助。

此外，随着新法律法规不断出台，证券业从业资格考试所涉及的知识点和考点越来越多，逐渐成为考试的一大特点。所以，考生如果有条件参加考试，则越早越好。因为随着教材的不断完善和修订，知识点会越来越多，其难度也将越来越大。因此，考生避难就易，尽早参加考试并取得证券业从业资格，不失为职业规划中的一种可行战略。

第四节　证券业从业资格考试应试方法和技巧

一、学习思路指导

证券业从业人员资格考试点多面广、时间紧、题量大、单题分值小，考生在短短的几个月中需要学习和吸收大量知识，因而备考任务相当繁重。而且大多数报考者或是在职人员，或是在校学生，在备考阶段会面临其他很多事情，精力极其有限。考生要消除或减轻这些不利因素的影响，必须在提高学习效率方面下工夫。掌握和运用科学有效的学习方法，便具有重大的现实意义。对于时间有限的考生来说，方法得当才可以事半功倍。经过总结，我们提出以下学习方法，以供考生参考。

（1）全面系统学习。对于准备参加考试的科目，考生必须全面系统地学习。要认真研读考试大纲，全面掌握大纲中强调的重点、要点，切忌投机取巧，偷工减料。考试教材知识点繁多，从一些重要的历史性的时间、地点、人物，到证券价值的决定、证券投资组合的模型，再到最新的政策法规等等，都是考试的范围，很难排除哪些是不常考内容。因此，考生必须端正考试态度，深入扎实地进行备考复习，只有全面系统地学习并掌握考试内容，才能在考试中游刃有余，从容不迫。如果试图投机取巧，采取猜题、押题的方法来应对证券业从业资格这样的随机抽题考试，只能是适得其反。

（2）在理解的基础上记忆。理解是记忆的前提和基础，是最基本、最有效的记忆方法。客观地说，证券业从业人员资格考试中有大量知识点和政策法规需要学习，记忆量是相当大的。一般考生都会有畏惧情绪，其实只要掌握恰当的学习方法和技巧，这些都不是困难。

证券业从业人员资格考试采取标准化试题，放弃了传统"死记硬背"的考试方法，排除了简答题、论述题、填空题等题型，考试的目的就是了解考生的知识面的广度和知识点的掌握程度。考生在记忆相关知识点时，要根据行文结构，找出关键的"信息点"，加以认真分析、思考，全面理解，融会贯通，这样更有利于加深记忆。只要考生认真理解学科内容，考试时就会得心应手。

（3）点面结合，条理化记忆。考生从报考到参加考试，这个时间过程很短，往往仅有几个月的时间。在很短的时间内，考生要学习大量的知识内容和法律法规，学习任务很重。

面对繁杂的内容，学习的最佳方式是注意点面结合，条理化记忆。所谓点面结合是指在备考过程中既要注意对各个知识内容和要点的把握，同时又要弄清楚它们之间的横纵关系，对掌握知识内容的总体框架。做到既抓点带面，又以面带点，梳理清楚教材的脉络纲要，分清主次。

在复习过程中，考生应从了解各门科目的知识体系结构入手，以章节目录为线索拟出一个涵盖各部分内容的整体框架，弄清它们之间的逻辑关系，并参照考试大纲，准确地标明考点详略。在重点章节和内容上应多花一些时间和精力，而对一般的内容则粗略了解即可。这样考生就可以以这些主干为线索，采用"抓干、摸枝、再及叶"的办法逐层渐进地拓展。

同时，考生可以根据自己的理解和需要归纳总结，例如形成各种知识框图、知识树。这样既可以帮助考生加深知识的理解，又可以帮助考生记忆。

（4）自我测验，拾遗补缺。很多考生在备考过程中，往往一味地往自己头脑中灌注知识，尽可能多地追求信息量的占有，而很少关注自己是否真正吸收、消化。这种情况使得考生的备考行为带有极大的盲目性，不可避免地产生记忆减退、效率下降等不良效果。

为了避免上述状况的出现，考生可以在备考过程中运用自我测试的方法来检验学习效果，认真分析检测结果，弄清自己对知识的掌握情况，以明确自己的优势和不足，达到拾遗补缺、提高备考效率的目的。自我测验最好能够同备考活动协调一致，具体的实施要依据复习的时间和内容等进行灵活的安排。

（5）适当的证券法规学习。证券法规，尤其是最新的法规，既是教材的重点内容，也是考试的重点内容。这些知识逻辑最严密、文字最精简、条理最清晰，可以有针对地学习相关重点法律法规。

（6）适当的培训。参加证券资格考试的人员对证券知识的掌握程度差别很大，一部分考生可以通过自学顺利通过考试。很多非证券专业的人士学习证券从业资格课程，应适当参加证券从业资格考试培训，这样会有很大的帮助。高质量的考试辅导可以帮助考生理解知识、掌握要点、加深记忆、优化方法。

二、临场应试策略

认真复习、充分准备、牢固掌握有关知识，无疑是取得优异成绩的基础，也是最根本的应试技巧，但是考生的临场发挥也至关重要，常常决定考试的成败。平时的积累是临场发挥的基础，但不是说基础扎实就一定能发挥好，二者并不能等同，它们的关系犹如跳高中的助跳与腾空，缺一不可。不同的人会有不同的应试技巧，但如下几点值得考生借鉴。

（1）调整状态，树立信心，从容应考。随着考试日期的临近，考生常常日益紧张，背上过重的思想包袱，感觉该复习的内容尚未复习，该掌握的内容尚未掌握，因而心里没底，对考试惶恐不安。这种心态是很不利的，虽然每位考生都不同程度地具有上述现象，以致精神高度紧张，甚至日不思饭，夜不能眠。但是考生必须尽快进行自我调节，否则将会影响临场发挥，最终影响考试成绩。考生在临考前应将自己的身心调整到最佳状态，树立信心，不惧对手，消除疑虑，淡忘考试。精神上放松，注意饮食和休息，轻装上阵，从容应考。

（2）合理分配时间，均衡答题速度。考生看到试卷后要做的第一件事就是按照要求填写姓名、准考证号等内容，千万不可遗忘、错填或填写不符合要求。切不可因此而造成试卷作废。然后浏览试卷、题型和题量，根据试题的分值确定时间的分配。针对证券从业人员资格考试题量大、时间少、单题分值小而且均衡的特点，在考试过程中，考生一定要均衡答题速度，尽量做到所有试题全部解答。不要在单题中过多地耽误时间，否则对考试的整体成绩会有不利影响。

（3）认真审题、弄清题意。考生看到试卷后不要匆匆做题，做题前一定要认真审题，弄清题意，看清要求。如果题意不清、要点不明便匆匆做题，就可能文不对题，答非所问。考生因此而造成失分，实在是得不偿失，比如选择题，题后说明是不定项选择题，有的考生将其当作单项选择对待，等等，所有这些失误都属于不应有的失分。因此，考生在做题前一定要仔细阅读试题及要求，弄清题意，对此千万不应疏忽。

（4）合理取舍，策略性放弃。证券业从业人员资格考试时间紧、题量大，一个人不可能在规定的时间内完全保证正确率。其中必然会有一些陌生或难度很大的题目，在这种情况下要懂得放弃，合理取舍，不要在某些题目上过多纠缠，浪费宝贵的时间。考生可以在草稿纸上标明记号，待解答完其他题目后，有时间再解决。

三、解题方法技巧

前面介绍了应试的一般技巧，下面再结合具体题型讲解一些常见题型的解题技巧。

（1）选择题。选择题是一种客观性试题，具有标准答案。在证券从业人员资格考试中选择题分为单项选择、不定项选择两种。单项选择只有一个正确答案，不定项选择至少有一个正确答案，即一个或多个正确答案（有时为选择两个或两个以上正确答案）。考生在做选择题时要特别注意看清题意和要求，弄清究竟属于哪种题型，千万不要尚未理解题意便匆匆做题，造成不应有的失分。做选择题最重要的方法是顺推法，即根据记忆从备选答案挑出正确答案；如果记忆不够准确，可以采用排除法，即排除不正确的备选答案。排除法与顺推法结合起来，效果会更佳。如果以上方法都不能选出答案，可以采用对比法，即将本题目与相关的内容（相反或相近的内容）进行对比，从而确定正确答案。当所有的方法都难以确定答案时，最后的一招就是根据感觉挑选答案，千万不要留下空白。

（2）判断题。判断题也是一种客观性试题，相对而言较简单，非对即错，二者必居其一。判断题所考查的是那些容易混淆、稍不留意就会出错的内容。做判断题最重要的技巧就是认真读题，仔细分析题意，反复推敲，确保明确要求。做判断题最常犯的失误是读题不认真，未全面、准确理解题意，考虑问题过于简单和片面，以致出现失误。建议考生对没有把握的判断题，宁愿猜测答案，也不要放弃。因为判断题判分标准是对的给分，错的不扣分。从以往试题来看，判断题是错的多，对的少，这也是考生应该注意的。

四、沉稳应对上机考试

证券业从业人员资格认证考试都是采用上机考试的方式，这与平时的答卷考试很不一样。每次考试都有不少考生只顾着平时复习课本知识，不注意上机操作的技巧，以至于临场时由于紧张，手忙脚乱，实际操作出现问题，影响了发挥。

因此，每个考生在参加考试前，一定要提前准备，进行一些实际的操作，积累和掌握上机考试的应试技巧。这样有助于考生在考试时充分发挥出自己的实际水平，从而取得理想的成绩。

（1）熟悉考试场地及环境。考生在参加考试前，要熟悉考试场地及其周围环境，尤其要熟悉考场的硬件和相关软件的具体情况。例如，考场使用的计算机是否熟悉？如何开机？如何进入考试系统？这些应该熟练掌握，如果不熟悉，应尽快练习。否则考试时出现问题，势必影响情绪，进而影响答题速度和效果。

（2）考试出现疑问及时反映。上机考试的评分以机评为主，人工复查为辅。机评能保证公正性，但却存在僵化的问题，不能解决个别的情况。例如出现错误试题，虽然这样的情况在整体考试中所占比例很小，但是不排除可能性。不怕一万就怕万一，上机考试是系统自动抽题，一旦发生差错落到某个考生身上，影响会很大。

考生做题时应充分考虑到这些情况。怀疑题目有错要及时向考场工作人员反映，得到监考人员认可后，可考虑申请参加下一场考试，重新抽题。

（3）合理分配考试时间。考试时要采用科学的方法，合理分配考试时间。简单的题尽量节省时间，尽量拿到该拿的分数，并为后面的解答争取宝贵的时间；相对较难的题目要稍微思考，尽量不失分；实在不会的题目不能落下，也不能左思右想，犹豫不定，要在允许的时间内尽量有选择地多得分。

总之，考生在备考过程中要通过总结方法，发现规律，掌握答题的技巧，这样才能对考试做到有备无患，得心应手。

第一章
证券经营机构的投资银行业务

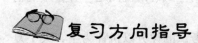复习方向指导

　　熟悉投资银行业的含义。了解国外投资银行业的历史发展。掌握我国投资银行业发展过程中发行监管制度的演变、股票发行方式的变化、股票发行定价的演变以及债券管理制度的发展。

　　了解证券公司的业务资格条件。掌握保荐机构和保荐代表人的资格条件。了解国债的承销业务资格、申报材料。

　　掌握投资银行业务内部控制的总体要求。熟悉承销业务的风险控制。了解证券承销业务中的不当行为以及对不当行为的处罚措施。

　　了解投资银行业务的监管。熟悉核准制的特点。掌握证券发行上市保荐制度的内容，以及中国证监会对保荐机构和保荐代表人的监管。了解中国证监会对投资银行业务的非现场检查和现场检查。

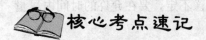核心考点速记

第一节　投资银行业务概述

一、投资银行业的含义

（1）狭义的投资银行业着重指一级市场上的承销业务、并购和融资

业务的财务顾问，本书所指投资银行业务即其狭义含义。

（2）广义的含义则涵盖众多的资本市场活动，包括公司融资、并购顾问、股票和债券等金融产品的销售和交易、资产管理和风险投资业务等。

二、国外投资银行业的发展历史

1864 年《国民银行法》禁止国民银行从事证券市场活动，私人银行成为投资银行雏形。

1927 年《麦克法顿法》取消了禁止商业银行承销股票的规定，推动了"混业"的发展。

"大萧条"背景下，1933 年《证券法》和《格拉斯·斯蒂格尔法》从法律上规定了分业经营。

20 世纪 60 年代以来，金融创新与金融自由化不断发展。

1999 年 11 月，美国通过《金融服务现代化法案》，意味着分业经营制度框架的终结，金融业进入金融自由化和混业经营的时代。

次贷危机导致金融风暴的背景下，2010 年 7 月，美国制定并签署了《金融监管改革法案》，试图建立新的金融监管体系。

三、我国投资银行业务的发展历史

（一）发行监管制度的演变

发行监管制度的核心内容是股票发行决定权的归属，目前国际上有两种类型：一种是政府主导型，即核准制。另一种是市场主导型，即注册制。我国股票发行管理目前属于政府主导型。详见表 1-1。

表 1-1 我国投资银行业务发行监管制度的演变

时 间	法 条	内 容
1998 年	《中华人民共和国证券法》	提出要打破行政推荐家数的办法，国家以后不再确定发行额度，发行申请人需要由主承销商推荐，由发行审核委员会（发审委）审核，中国证监会核准。这一改变终结了行政色彩浓重的额度制度

时　间	法　条	内　　容
2003 年 12 月 28 日	《证券发行上市保荐制度暂行办法》	该法于 2004 年 2 月 1 日开始实施。所谓上市保荐制，就是指由保荐人负责发行人的上市推荐和辅导，核实公司发行文件中所载资料的真实、准确和完整，协助发行人建立严格的信息披露制度，不仅承担上市后持续督导的责任，还将责任落实到个人
2006 年 1 月 1 日	经修订的《中华人民共和国证券法》	在发行监管方面明确了公开发行和非公开发行的界限；规定了证券发行前的公开披露信息制度，强化社会公众监督；肯定了证券发行、上市保荐制度，进一步发挥中介机构的市场服务职能；将证券上市核准权赋予了证券交易所，强化了证券交易所的监管职能
2008 年 8 月 14 日	《证券发行上市保荐业务管理办法》	全面规定了保荐机构的资格管理、保荐职责、保荐业务规程、保荐业务协同、监管措施和法律责任
2009 年 6 月 10 日	《关于进一步改革和完善新股发行体制的指导意见》	围绕定价和发行承销，完善制度安排，强化市场约束
2010 年 10 月 12 日	《关于深化新股发行体制改革的指导意见》	深化新股发行体制改革

（二）股票发行方式的演变

1996 年 12 月 26 日，中国证监会规定发行方式可用上网定价、全额预缴款、与储蓄存款挂钩方式。上网定价发行类似于网下的"全额预缴、比例配售、余款即退"发行方式，只是一切工作均利用交易所网络自动进行，与其他曾使用过的发行方式比较，是最为完善的一种。它具有效率高、成本低、安全快捷等优点，避免了资金体外流动，完全消除了一级半市场，1996 年以来被普遍采用。

2006 年 5 月 20 日，深、沪交易所分别颁布了股票上网发行资金申购实施办法，股份公司通过证券交易所交易系统采用上网资金申购方式公开发行股票。

（三）股票发行定价的演变

20世纪90年代初期，公司在股票发行数量、发行价格和市盈率方面完全没有决定权，基本上由中国证监会确定，采用相对固定的市盈率。

从1994年开始，我国进行股票发行价格改革，在一段时间内实行竞价发行（只有几家公司试点，后未推行）。大部分采用固定价格方式，即在发行前，由主承销商和发行人在国家规定的范围内，根据市盈率法来确定新股发行定价。

2005年1月1日试行首次公开发行股票询价制度。这标志着我国首次公开发行股票市场化定价机制的初步建立。

2006年9月11日中国证监会审议通过《证券发行与承销管理办法》，自2006年9月19日起施行。该办法细化了询价、定价、证券发售等环节的有关操作规定。

2010年6月24日，中国证监会公布《关于修改〈证券发行与承销管理办法〉的决定》，以适应《关于深化新股发行体制改的指导意见》所推出部分改革措施的需要，并保持两文件协调一致。

（四）债券管理制度的发展历史（见表1-2）

表1-2 我国投资银行业务债券管理制度的发展历史

国债	1992年3月18日国务院发布《中华人民共和国国库券条例》，自发布之日起施行；1994年发布《关于坚决制止国债卖空行为的通知》；1999年发布了《凭证式国债质押贷款办法》等
金融债券	我国经济体制改革以后，国内发行金融债券的开端为1985年由中国工商银行、中国农业银行发行的金融债券，1994年我国政策性银行成立后，发行主体从商业银行转向政策性银行，2005年中国银行发布了《全国银行间债券市场金融债券发行管理办法》，对金融债券发行行为进行了规范，发行主体也在原来单一的政策性银行的基础上，增加了商业银行、企业集团财务公司及其他金融机构
企业债券	我国的企业债券泛指各种所有制企业发行的债券，如地方企业债券、重点企业债券、公司债券等。我国发行企业债券开始于1983年
公司债券	2006年，经修订的《公司法》规定，发行公司债券的申请须经核准，即"核准制"，并符合经修订的《证券法》规定的发行条件

续上表

证券公司债券	中国证监会于 2003 年 8 月 30 日发布《证券公司债券管理暂行办法》，证券公司债券是指证券公司依法发行的、约定在一定期限内还本付息的有价证券，不包括证券公司发行的可转换债券和次级债券
企业短期融资券	2005 年 5 月 23 日中国人民银行发布了《短期融资券管理办法》，根据该办法规定短期融资券是指企业依照该办法规定的条件和程序在银行间债券市场发行和交易，约定在一定期限内还本付息，最长期限不超过 365 天的有价证券。2008 年，《银行间债券市场非金融企业债务融资工具管理办法》颁布，规定短期融资券的注册机构为中国银行间市场交易商协会
中期票据	根据中国银行间市场交易商协会于 2008 年 4 月 16 日发布的《银行间债券市场非金融企业中期票据业务指引》，中期票据是指具有法人资格的非金融企业在银行间债券市场按计划分期发行的、约定在一定期限还本付息的债务融资工具
资产支持证券	资产支持证券是指由银行业金融机构作为发起机构，将信贷资产信托给受托机构，由受托机构发行的、以该财产所产生的现金支付其收益的受益证券。受托机构以信托财产为限向投资机构承担支付资产支持证券收益的义务
国际开发机构人民币债券	是指国际开发机构依法在中国境内发行的、约定在一定期限内还本付息的、以人民币计价的债券，也称熊猫债券。2005 年 10 月 9 日，国际金融公司和亚洲开发银行在全国银行间债券市场分别发行人民币债券 11.3 亿和 10 亿，熊猫债券便由此诞生。与熊猫债券同类的还有美国的扬基债券和日本的武士债券
中小非金融企业集合票据	2009 年 11 月《银行间债券市场中小非金融企业集合票据业务指引》发布实施

第二节　投资银行业务资格

一、证券公司设立条件

修订后的《证券法》于 2006 年 1 月 1 日实施，经国务院证券监督管理机构批准，证券公司可以经营证券承销与保荐业务。

经营单项证券承销与保荐业务的，注册资本最低限额为人民币1亿元；经营证券承销与保荐业务且经营证券自营、证券资产管理、其他证券业务中一项以上的，注册资本最低限额为人民币5亿元。

除了资本金要求外，证券公司从事证券承销与保荐业务还须满足《证券发行上市保荐业务管理办法》的规定。

二、保荐机构和保荐代表人的资格

证券公司从事证券发行上市保荐业务，应依照《证券发行上市保荐业务管理办法》的规定向中国证监会申请保荐机构资格。未经中国证监会核准，任何机构和个人不得从事保荐业务。证券公司申请保荐机构资格应当具备的条件和个人申请保荐代表人资格应具备的条件见表1-3。

表1-3　保荐机构和保荐代表人的资格申请条件

证券公司申请保荐机构资格应具备条件	①注册资本不低于人民币1亿元，净资本不低于人民币5 000万元 ②具有完善的公司治理和内部控制制度，风险控制指标符合相关规定 ③保荐业务部门具有健全的业务规程、内部风险评估和控制系统，内部机构设置合理，具备相应的研究能力、销售能力等后台支持 ④具有良好的保荐业务团队且专业结构合理，从业人员不少于35人，其中最近3年从事保荐相关业务的人员不少于20人 ⑤符合保荐代表人资格条件的从业人员不少于4人 ⑥最近3年内未因重大违法违规行为受到行政处罚
个人申请保荐代表人资格应具备条件	①具备3年以上保荐相关业务经历 ②最近3年在境内证券发行项目（首次公开发行股票并上市、上市公司发行新股、可转换公司债券及中国证监会认定的其他情形）中担任过项目协办人 ③参加中国证监会认可的保荐代表人胜任能力考试且成绩合格有效 ④诚实守信，品行良好，无不良诚信记录，最近3年未受到中国证监会的行政处罚 ⑤未负有数额较大到期未清偿的债务 ⑥中国证监会规定的其他条件

三、中国证监会对保荐机构和保荐代表人的资格核准

中国证监会依法受理、审查申请文件。对保荐机构资格的申请，自受理之日起 45 个工作日内作出核准或者不予核准的书面决定，对保荐代表人资格的申请，自受理之日起 20 个工作日内作出核准或者不予核准的书面决定。证券公司和个人应当保证申请文件真实、准确、完整。申请期间，申请文件内容发生重大变化的，应当自变化之日起 2 个工作日内向中国证监会提交更新资料。

保荐机构资格申请文件存在虚假记载、误导性陈述或者重大遗漏的，中国证监会不予核准，已核准的，撤销其保荐机构资格。保荐代表人资格申请文件存在虚假记载、误导性陈述或者重大遗漏的，中国证监会不予核准，已核准的，撤销其保荐代表人资格。对提交该申请文件的保荐机构，中国证监会自撤销之日起 6 个月内不再受理该保荐机构推荐的保荐代表人资格申请。

四、国债承销业务的资格条件和资格申请

根据《国债承销团成员资格审批办法》规定，国债承销团按国债品种组建，包括凭证式国债承销团、记账式国债承销团和其他国债承销团。（见表 1-4）

记账式国债承销团成员分为：甲类成员和乙类成员。

表 1-4　国债承销团成员条件

类别	可申请机构	数量	申请材料提交
凭证式国债承销团	中国境内商业银行等存款类金融机构和邮政储蓄银行	原则上不超过 40 家	财政部和中国人民银行
记账式国债承销团	中国境内商业银行等存款类金融机构；证券公司、保险公司、信托投资公司等非存款类金融机构	原则上不超过 60 家，其中甲类成员不超过 20 家	财政部

国债承销团成员资格有效期为 3 年，期满后，成员资格依照《国债

承销团成员资格审批办法》再次审批。

（1）基本条件：①在中国境内依法成立的金融机构；②依法开展经营活动，近3年内在经营活动中没有重大违法记录，信誉良好；③财务稳健，资本充足率、偿付能力或者净资本状况等指标达到监管标准，具有较强的风险控制能力；④具有负责国债业务的专职部门以及健全的国债投资和风险管理制度；⑤信息化管理程度较高；⑥有能力且自愿履行本办法第六章规定的各项义务。

（2）凭证式国债承销团成员资格的申请人除上述基本条件，还须具备：①注册资本不低于人民币3亿元或者总资产在人民币100亿元以上的存款类金融机构；②营业网点在40个以上。

（3）记账式国债承销团乙类成员资格的申请人除具备基本条件外，还须具备：注册资本不低于人民币3亿元或者总资产在人民币100亿元以上的存款类金融机构，或者注册资本不低于人民币8亿元的非存款类金融机构。

（4）申请记账式国债承销团甲类成员资格的申请人除应当具备乙类成员资格条件外，上一年度记账式国债业务还应当位于前25名以内。

（5）申请人应提交的申请材料：申请书；本机构概况；法人营业执照和金融业务许可证复印件；上一年度财务决算审计报告复印件；前两年国债承销和交易情况。

第三节　投资银行业务的内部控制

一、投资银行业务内部控制的总体要求

根据《证券公司管理办法》的规定，投资银行部门应当遵循内部防火墙原则，建立有关隔离制度，严格制定各种管理规章、操作流程和岗位手册，并针对各个风险点设置必要的控制程序，做到投资银行业务和经纪业务、自营业务、受托投资管理业务、证券研究和证券投资咨询业务等在人员、信息、账户、办公地点上严格分开管理，以防止利益冲突。

具体内容包括：①建立严格的项目风险评估体系和项目责任管理制度；②建立科学的发行人质量评价体系；③强化风险责任制；④建立严

密的内核工作规则与程序。

二、证券公司承销业务的风险控制

证券公司应建立以净资本为核心的风险控制指标体系，加强证券公司内部控制、防范风险，依据自 2008 年 12 月 1 日起施行的修改后的《证券公司风险控制指标管理办法》的规定，计算净资本和风险资本准备，编制净资本计算表、风险资本准备计算表和风险控制指标监管报表。

证券公司应当根据自身资产负债状况和业务发展情况，建立动态的风险控制指标监控和补足机制，确保净资本等各项风险控制指标在任一时点都符合规定标准。

证券公司应当在开展各项业务及分配利润前对风险控制指标进行敏感性分析，合理确定有关业务及分配利润的最大规模。

证券公司应当聘请具有证券相关业务资格的会计师事务所对其年度净资本计算表和风险控制指标监管报表进行审计。中国证监会可以根据市场发展情况和审慎监管原则，对净资本计算规则、风险控制指标及其标准、风险准备的计算比例、各项业务规模的计算口径进行调整。中国证监会可以按照分类监管原则，根据证券公司的治理结构、内控水平和风险控制情况，对不同类别证券公司的风险控制指标标准和某项业务的风险准备计算比例进行控制和适当调整。

证券公司承销业务的风险控制相关指标标准见表 1-5。

表 1-5　证券公司承销业务的风险控制相关指标标准

净资本	是指根据证券公司的业务范围和公司资产负债的流动性特点，在净资产的基础上对资产负债等项目和有关业务进行风险调整后得出的综合性风险控制指标
风险控制 指标标准	①经营证券经纪业务的，其净资本不得低于人民币 2 000 万元 ②经营证券承销与保荐、证券自营、证券资产管理、其他证券业务等业务之一的，其净资本不得低于人民币 5 000 万元 ③经营证券经纪业务，同时经营证券承销与保荐、证券自营、证券资产管理、其他证券业务等业务之一的，其净资本不得低于人民币 1 亿元 ④经营证券承销与保荐、证券自营、证券资产管理、其他证券业务中两项及两项以上的，其净资本不得低于人民币 2 亿元

续上表

必须持续符合的风险控制指标标准	①净资本与各项风险准备金之和的比例不得低于100% ②净资本与净资产的比例不得低于40% ③净资本与负债的比例不得低于8% ④净资产与负债的比例不得低于20%

三、证券承销业务中的不当行为及相应处罚

（1）证券公司有下列行为之一的，除承担《证券法》规定的法律责任外，自中国证监会确认之日起36个月内不得参与证券承销：①承销未经核准的证券；②在承销过程中，进行虚假或误导投资者的广告或者其他宣传推介活动，以不正当手段诱使他人申购股票；③在承销过程中披露的信息有虚假记载、误导性陈述或者重大遗漏。

（2）证券公司有下列行为之一的，除承担《证券法》规定的法律责任外，自中国证监会确认之日起12个月内不得参与证券承销：①提前泄露证券发行信息；②以不正当竞争手段招揽承销业务；③在承销过程中不按规定披露信息；④在承销过程中的实际操作与报送中国证监会的发行方案不一致；⑤违反相关规定撰写或者发布投资价值研究报告。

（3）发行人及其承销商违反规定向参与认购的投资者提供财务资助或者补偿的，中国证监会可以责令改正；情节严重的，处以警告、罚款。

第四节　投资银行业务的监管

一、监管概述

证券公司的投资银行业务由中国证监会负责监管。中国证监会可以定期或不定期地对证券经营机构从事投资银行业务的情况进行现场和非现场检查，并要求其报送股票承销及相关业务资料。中国证监会及其派出机构对从事投资银行业务过程中涉嫌违反政府有关法规、规章的证券经营机构，可以进行调查，并可要求提供、复制或封存有关业务文件、资料、账册、

报表、凭证和其他必要的材料。证券经营机构不得以任何理由拒绝或拖延提供有关材料，或提供不真实、不准确、不完整的材料以及逃避调查。

二、核准制

核准制是指发行人申请发行证券，不仅要公开披露与发行证券有关的信息，符合《公司法》和《证券法》中规定的条件，而且要求发行人将发行申请报请证券监管部门决定的审核制度。

核准制与行政审批制相比，具有以下特点。

（1）在选择和推荐企业方面，由保荐人培育、选择和推荐企业，增强了保荐人的责任。

（2）在企业发行股票的规模上，由企业根据资本运营的需要进行选择，以适应企业按市场规律持续成长的需要。

（3）在发行审核上，将逐步转向强制性信息披露和合规性审核，发挥股票发行审核委员会的独立审核功能。

（4）在股票发行定价上，由主承销商向机构投资者进行询价，充分反映投资者的需求，使发行定价真正反映公司股票的内在价值和投资风险。

三、保荐制度

保荐制度主要包括以下几个方面的内容。

（1）保荐人和保荐代表人的注册登记管理制度。企业发行上市不但要有保荐人进行保荐，还需具有保荐代表人资格的从业人员具体负责保荐工作。

（2）保荐期限。企业首次公开发行股票和上市公司再次公开发行证券均需保荐人和保荐代表人保荐。保荐期间分为两个阶段，即尽职推荐阶段和持续督导阶段。

从中国证监会正式受理公司申请文件到完成发行上市为尽职推荐阶段。证券发行上市后，首次公开发行股票的，持续督导期间为上市当年剩余时间及其后两个完整会计年度；上市公司再次公开发行证券的，持续督导期间为上市当年剩余时间及其后一个完整会计年度。

首次公开发行股票并在创业板上市的，持续督导的期间为证券上市当年剩余时间及其后3个完整会计年度；创业板上市公司再次发行证券的，持续督导的期间为证券上市当年剩余时间及其后 2 个完整会计年度。

（3）保荐责任。保荐人和保荐代表人在向中国证监会推荐企业发行上市前，要对发行人进行辅导和尽职调查；要在推荐文件中对发行人的信息披露质量、发行人的独立性和持续经营能力等作出必要的承诺。

（4）监管措施。中国证监会建立保荐信用监管系统，对保荐机构和保荐代表人进行持续动态的注册登记管理，记录其执业情况、违法违规行为、其他不良行为以及对其采取的监管措施等，必要时可以将记录予以公布。

保荐机构、保荐代表人、保荐业务负责人和内核负责人违反《保荐办法》，未诚实守信、勤勉尽责地履行相关义务的，中国证监会责令改正，并对其采取监管谈话、重点关注、责令进行业务学习、出具警示函、责令公开说明、认定为不适当人选等监管措施；依法应给予行政处罚的，依照有关规定进行处罚；情节严重涉嫌犯罪的，依法移送司法机关，追究其刑事责任。

保荐机构、保荐业务负责人或者内核负责人在 1 个自然年度内被采取监管措施累计 5 次以上，中国证监会可暂停保荐机构的保荐资格 3 个月，责令保荐机构更换保荐业务负责人、内核负责人。保荐代表人在 2 个自然年度内被采取监管措施累计 2 次以上，中国证监会可在 6 个月内不受理相关保荐代表人具体负责的推荐。

保荐代表人被暂不受理具体负责的推荐或者被撤销保荐代表人资格的，保荐业务负责人、内核负责人应承担相应的责任，对已受理的该保荐代表人具体负责推荐的项目，保荐机构应当撤回推荐；情节严重的，责令保荐机构就各项保荐业务制度限期整改，责令保荐机构更换保荐业务负责人、内核负责人，逾期仍然不符合要求的，撤销其保荐机构资格。

有关具体监管措施规定如下。

（1）保荐机构出现下列情形之一的，中国证监会自确认之日起暂停其保荐机构资格 3 个月；情节严重的，暂停其保荐机构资格 6 个月，并可以责令保荐机构更换保荐业务负责人、内核负责人；情节特别严重的，撤销其保荐机构资格：向中国证监会、证券交易所提交的与保荐工作相关的文件存在虚假记载、误导性陈述或者重大遗漏；内部控制制度未有效执行；尽职调查制度、内部核查制度、持续督导制度、保荐工作底稿制度未有效执行；保荐工作底稿存在虚假记载、误导性陈述或者重大遗漏；唆使、协助或者参与发行人及证券服务机构提供存在虚假记载、误导性陈述或者重大遗漏的文件；唆使、协助或者参与发行人干扰中国证监会及其发审委的审核工作；通过从事保荐业务谋取不正当利益；严重违反诚实守信、勤勉尽责义务的其他情形。

（2）保荐代表人出现下列情形之一的，中国证监会可根据情节轻重，自确认之日起3个月到12个月内不受理相关保荐代表人具体负责的推荐；情节特别严重的，撤销其保荐代表人资格：尽职调查工作日志缺失或者遗漏、隐瞒重要问题；未完成或者未参加辅导工作；未参加持续督导工作，或者持续督导工作未勤勉尽责；因保荐业务或其具体负责保荐工作的发行人在保荐期间内受到证券交易所、中国证券业协会公开谴责；唆使、协助或者参与发行人干扰中国证监会及其发审委的审核工作；严重违反诚实守信、勤勉尽责义务的其他情形。

（3）保荐代表人出现下列情形之一的，中国证监会撤销其保荐代表人资格，情节严重的对其采取证券市场禁入的措施：在与保荐工作相关文件上签字推荐发行人证券发行上市，但未参加尽职调查工作，或者尽职调查工作不彻底、不充分，明显不符合业务规则和行业规范；通过从事保荐业务谋取不正当利益；本人及其配偶持有发行人的股份；唆使、协助或者参与发行人及证券服务机构提供存在虚假记载、误导性陈述或者重大遗漏的文件；参与组织编制的与保荐工作相关文件存在虚假记载、误导性陈述或者重大遗漏。

（4）保荐机构、保荐代表人因保荐业务涉嫌违法违规处于立案调查期间的，中国证监会暂不受理该保荐机构的推荐；暂不受理相关保荐代表人具体负责的推荐。

（5）发行人出现下列情形之一的，中国证监会自确认之日起暂停保荐机构的保荐资格3个月，撤销相关人员的保荐代表人资格：证券发行募集文件等申请文件存在虚假记载、误导性陈述或者重大遗漏；公开发行证券上市当年即亏损；持续督导期间信息披露文件存在虚假记载、误导性陈述或者重大遗漏。

（6）发行人在持续督导期间出现下列情形之一的，中国证监会可根据情节轻重，自确认之日起 3～12 个月内不受理相关保荐代表人具体负责的推荐；情节特别严重的，撤销相关人员的保荐代表人资格；证券上市当年累计 50％以上募集资金的用途与承诺不符；公开发行证券并在主板上市当年营业利润比上年下滑 50％以上；首次公开发行股票并上市之日起 12 个月内控股股东或者实际控制人发生变更；首次公开发行股票并上市之日起 12 个月内累计 50％以上资产或者主营业务发生重组；上市公司公开发行新股、可转换公司债券之日起 12 个月内累计 50％以上资产或者主营业务发生重组，且未在证券发行募集文件中披露；实际盈利低于盈利预测达 20％以上；关联交易显失公允或者程序违规，涉及金额较大；控股股东、实际控制人或其他关联方违规占用发行人资源，涉及金额较大；违规为他人提供担保，涉及金额较大；违规购买或出售资产、借款、委托资产管理等，涉及金额较大；董事、监事、高级管理人员侵占发行人利益受到行政处罚或者被追究刑事责任；违反上市公司规范运作和信息披露等有关法律法规，情节严重的；中国证监会规定的其他情形。

四、中国证监会对投资银行业务的监管

中国证监会对投资银行业务的监管包括现场检查和非现场检查两种。

现场检查包括：①机构、制度与人员的检查；②业务的检查。

非现场检查包括：①证券公司的年度报告；②董事会报告；③财务报表附注；④与承销业务有关的自查内容。

 精选考题同步演练

一、单项选择题（以下各小题所给出的四个选项中，只有一项最符合题目要求，请将正确选项的代码填入括号内）

1. 2010 年 6 月 24 日，中国证监会公布了《关于修改〈证券发行与承销管理办法〉的决定》，自（　　）起施行。

A. 2010 年 7 月 1 日　　　　　　B. 2010 年 10 月 1 日

C. 2010 年 11 月 1 日　　　　　　D. 2010 年 11 月 10 日

2.（　　）是指具有法人资格的非金融企业在银行间债券市场按照计划分期发行的，约定在一定期限还本付息的债务融资工具。

A. 银行票据　　　　　　　　B. 商业票据

C. 中期票据　　　　　　　　D. 短期票据

3. 我国修订后的《证券法》于 2006 年 1 月 1 日实施后，经营单项证券承销和保荐业务的，注册资本最低限额为人民币（　　）亿元。

A. 1　　　　　　　　　　　B. 2

C. 3　　　　　　　　　　　D. 5

4. 证券公司申请保荐机构资格，符合保荐代表人资格条件的从业人员不少于（　　）。

A. 4 人　　　　　　　　　　B. 5 人

C. 6 人　　　　　　　　　　D. 7 人

5. 下列不属于面向广大投资者发行凭证式国债的储蓄网点是（　　）。

A. 商业银行　　　　　　　　B. 国家邮政局

C. 农村信用社联社　　　　　D. 邮政储汇局

6.（　　）的发行定价更能反映公司股票的内在价值和投资风险。

A. 核准制　　　　　　　　　B. 计划制

C. 审核制　　　　　　　　　D. 行政审批制

7. 在核准制下，证券发行监管要以（　　）为中心，增强信息披露的准确性和完整性。

A. 中介机构尽职尽责　　　　B. 行业自律

C. 加强监管　　　　　　　　D. 强制性信息披露

8. 证券发行上市后首次公开发行股票的，持续督导期间为上市当年剩余时间及其后（　　）个完整会计年度。

A. 1　　　　　　　　　　　B. 2

C. 3　　　　　　　　　　　D. 4

二、不定项选择题（以下各小题给出的多个选项中，有一个或者一个以上的选项符合题目要求，请将符合题目要求选项代码填入括号内）

1. 关于发行监管制度中的政府主导型，下列说法正确的是（　　）。

A. 即核准制

B. 核准制要求发行人在发行证券过程中，不仅要公开披露有关信息，而且必须符合一系列实质性的条件

C. 这种制度赋予监管当局决定权

D. 不适合发展中国家

2. 关于资产支持证券，下列说法正确的是（　　）。

A. 资产支持证券是由银行业金融机构作为发起机构

B. 是指将信贷资产信托给受托机构，由受托机构发行的、以该财产所产生的现金支付其收益的受益证券

C. 受托机构以信托财产为限向投资机构承担支付资产支持证券收益的义务

D. 我国目前还没有资产证券化产品

3. 2010 年历时近两年的美国金融监管改革立法，终于完成，这个法案的核心内容包括（　　）。

A. 成立金融稳定监管委员会，负责监测并处理威胁金融系统稳定的风险

B. 设立消费者金融保护局，监管提供消费者金融产品及服务的金融机构

C. 设立新的破产清算机制，破解大型金融机构"大而不倒"的难题

D. 限制银行自营交易和进行高风险的衍生品交易，遏制金融机构过度投机行为

4. 申请凭证式国债承销团成员资格的申请人应当具备的条件包括（　　）。

A. 国债承销团成员应具备的基本条件

B. 注册资本不低于人民币 8 亿元的非存款类金融机构

C. 注册资本不低于人民币 3 亿元

D. 营业网点在 40 个以上

5. 关于证券公司必须持续符合的风险控制指标标准，下列说法正确的是（　　）。

A. 净资本与各项风险准备之和的比例不得低于 10%

B. 净资本与净资产的比例不得低于 40%

C. 净资产与负债的比例不得低于 20%

D. 净资本与负债的比例不得低于 18%

6. 中国证监会对证券公司承销业务的现场检查包括（　　）。

A. 机构、制度的检查

B. 年度报告的检查

C. 业务的检查

D. 人员的检查

7. 2010 年 10 月，中国证监会发布了《关于深化新股发行体制改革的指导意见》，要求新一阶段的改革主要是在前期改革的基础上（　　）。

A. 进一步完善询价过程中报价和配售约束机制，促进新股定价进一步市场化

B. 增强定价信息透明度，强化对询价机构的约束，合理引导市场

C. 进一步增加承销与配售的灵活性，理顺承销机制

D. 完善回拨机制和中止发行机制，强化发行人、投资人、承销商等市场主体的职责

三、判断题（判断以下各小题的对错，正确的用 A 表示，错误的用 B 表示）

1. 国际开发机构人民币债券是指国际开发机构依法在中国境内发行的、约定在一定期限内还本付息的、以外币计价的债券。（　　）

2. 投资银行业务人员负有数额较大到期未清偿的债务，属于个人行为，可以向中国证监会提出申请注册登记为保荐代表人。（　　）

3. 目前，我国国债主要分为实物国债、记账式国债和凭证式国债三种类型。（　　）

4. 证券公司投资银行业务风险控制与投资银行业务运作应适当分离，客户回访应主要由业务运作部门完成。（　　）

5. 证券公司应当按照财政部规定的证券公司净资本计算标准计算净资本。（　　）

6. 证券公司承销股票的，应当按承担包销义务的承销金额的10%计算风险准备。（　　）

7. 在年度报告中披露证券承销业务的经营情况时，证券公司应按承销期初的汇率将外币折合成人民币。（　　）

8. 中国证监会负责对证券公司股票承销业务的检查和调查。在调查过程中，如果存在适当的理由，证券经营机构的主要负责人和直接相关人员可以回避或推迟调查。（　　）

 精选考题答案解析

一、单项选择题

1.【答案及解析】C　2010年6月24日，中国证监会公布了《关于修改〈证券发行与承销管理办法〉的决定》，自2010年11月1日起施行。这是为了适应《关于深化新股发行体制改革的指导意见》推出的部分改革措施的需要。故选C。

2.【答案及解析】C　根据中国银行间市场交易商协会2008年4月16日发布的《银行间债券市场非金融企业中期票据业务指引》，中期票据是指具有法人资格的非金融企业在银行间债券市场按照计划分期发行的，约定在一定期限还本付息的债务融资工具。故选C。

3.【答案及解析】A　经营单项证券承销与保荐业务的，注册资本最低限额为人民币1亿元；经营证券承销与保荐业务且经营证券自营、证券资产管理、其他证券业务中一项以上的，注册资本最低限额为人民币5亿元。故选A。

4.【答案及解析】A　根据《证券发行上市保荐业务管理办法》，证券公司申请保荐机构资格，符合保荐代表人资格条件的从业人员不少于4人。故选A。

5.【答案及解析】C　各类商业银行、国家邮政局和邮政储汇局，均有资格申请加入凭证式国债承销团。故选C。

6.【答案及解析】A　在股票发行定价上，核准制由主承销商向机构投资者进行询价，充分反映投资者的需求，使发行定价真正反映公司股票的内在价值和投资风险。故选 A。

7.【答案及解析】D　核准制下，证券发行监管要以强制性信息披露为中心，完善"事前问责、依法披露和事后追究"的监管制度，增强信息披露的准确性和完整性；同时，加大对证券发行和持续信息披露中违法、违规行为的打击力度。故选 D。

8.【答案及解析】B　证券发行上市后首次公开发行股票的，持续督导期间为上市当年剩余时间及其后 2 个完整会计年度；上市公司再次公开发行证券的，持续督导期间为上市当年剩余时间及其后 1 个完整会计年度。故选 B。

二、不定项选择题

1.【答案及解析】ABC　市场主导型制度强调市场对股票发行的决定权，要求具有比较完善的市场体系，目前很多发展中国家无法达到这一要求，更适合采取政府主导型制度，D 项不正确。故选 ABC。

2.【答案及解析】ABC　我国目前有已经面世的资产证券化产品，如建行发行的"建元 2005－1 个人住房抵押贷款支持证券"、国开行发行的开元信贷资产支持证券等。D 项不正确；A，B，C 项表述正确。故选 ABC。

3.【答案及解析】ABCD　本题为考察美国金融监管改革方案的内容。2010 年 7 月美国《金融监管改革法案》颁布，其核心内容是建立起更完善的监管体系，包括了所有选项的内容。故选 ABCD。

4.【答案及解析】ACD　申请凭证式国债承销团成员资格的申请人除具备基本条件外，还须具备的条件包括：①注册资本不低于人民币 3 亿元或者总资产在人民币 100 亿元以上的存款类金融机构；②营业网点在 40 个以上。故选 ACD。

5.【答案及解析】BC　证券公司必须持续符合的风险控制指标标准包括：①净资本与各项风险准备之和的比例不得低于 100%；②净资本与净资产的比例不得低于 40%；③净资本与负债的比例不得低于 8%；④净资产与负债的比例不得低于 20%。故选 BC。

6.【答案及解析】ACD　中国证监会对承销业务的现场检查包括：机构、制度与人员的检查；业务的检查。故选 ACD。

7.【答案及解析】ABCD　新发布的《关于深化新股发行体制改革的指导意见》所强调的改革，是新股发行体制改革的组成部分，也是第一阶段改革措施的延伸和继续。其目的为所有选项中的内容。故选 ABCD。

三、判　断　题

1.【答案及解析】B　熊猫债券是指国际开发机构依法在中国境内发行的、约定在一定期限内还本付息的、以人民币计价的债券。

2.【答案及解析】B　投资银行业务人员负有数额较大到期未清偿的债务，中国证监会将其从名单中去除。

3.【答案及解析】B　目前，我国国债主要分为记账式国债和凭证式国债两种类型。

4.【答案及解析】B　证券公司投资银行业务风险（质量）控制与投资银行业务运作应适当分离，客户回访应主要由投资银行风险（质量）控制部门完成。

5.【答案及解析】B　证券公司应依据自 2008 年 12 月 1 日修改后施行的《证券公司风险控制指标管理办法》的规定，计算净资本和风险准备，编制净资本计算表和风险控制指标监管报表。

6.【答案及解析】A　证券公司承销股票的，应当按承担包销义务的承销金额的 10% 计算风险准备。

7.【答案及解析】B　在年度报告中披露证券承销业务的经营情况时，证券公司应按承销期末的汇率将外币折合成人民币。

8.【答案及解析】B　在调查过程中，证券经营机构的主要负责人和直接相关人员不得以任何理由逃避调查。

第二章

股份有限公司概述

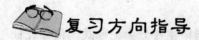 复习方向指导

　　熟悉股份有限公司设立的原则、方式、条件和程序。了解股份有限公司发起人的概念、资格及其法律地位。熟悉股份有限公司章程的性质、内容以及章程的修改。掌握股份有限公司与有限责任公司的差异、有限责任公司和股份有限公司的变更要求和变更程序。

　　掌握资本的含义、资本三原则、资本的增加和减少。熟悉股份的含义和特点、股份的分派、收购、设置和注销。了解公司债券的含义和特点。

　　熟悉股份有限公司股东的权利和义务、上市公司控股股东的定义和行为规范、股东大会的职权、上市公司股东大会的运作规范和议事规则、股东大会决议程序和会议记录。掌握董事（含独立董事）的任职资格和产生程序，董事的职权、义务和责任，董事会的运作规范和议事规则，董事会及其专门委员会的职权，董事长的职权，董事会秘书的职责，董事会的决议程序。了解经理的任职资格、聘任和职权，经理的工作细则。掌握监事的任职资格和产生程序，监事的职权、义务和责任，监事会的职权和议事规则，监事会的运作规范和监事会的决议方式。了解上市公司组织机构的特别规定。

　　熟悉股份有限公司财务会计的一般规定、利润及其分配、公积金的提取。

熟悉股份有限公司合并和分立概念及相关程序，掌握股份有限公司解散和清算的概念及相关程序。

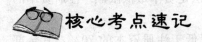核心考点速记

第一节 股份有限公司的设立

一、股份有限公司的设立原则、方式、条件和程度

（一）设立原则

公司是依照《公司法》在中国境内设立的、采用有限责任公司或股份有限公司形式的企业法人。

1. 准则设立原则

我国股份有限公司的发起设立和向特定对象募集设立，实行准则设立原则。

2. 核准设立原则

但某些特殊行业在申请登记前，须经行业监管部门批准，如证券公司的设立须经中国证监会批准，即核准设立为例外；股份有限公司的公开募集设立，实行核准设立制度。

（二）设立方式

根据《公司法》规定，股份有限公司的设立可以采取发起设立与募集设立两种方式。

发起设立是指由发起人认购公司发行的全部股份而设立公司。发起人必须认足公司发行的全部股份，社会公众不参加股份认购。

募集设立是指由发起人认购公司应发行股份的一部分，其余股份向社会公开募集或者向特定对象募集而设立公司。2005 年 10 月 27 日修订实施的《公司法》将募集设立分为向特定对象募集设立和公开募集设立。

（三）设立条件

（1）发起人符合法定人数。根据《公司法》第七十九条的规定，设

立股份有限公司，应当有 2 人以上 200 人以下为发起人，其中，必须有半数以上的发起人在中国境内有住所。

（2）发起人认购和募集的股本达到法定资本最低限额。注册资本的最低限额为人民币 500 万元。

公司全体发起人的首次出资额不得低于注册资本的 20%，其余部分由发起人自公司成立之日起两年内缴足；其中，投资公司可以在 5 年内缴足。在缴足前，不得向他人募集股份。股份有限公司采取募集方式设立的，注册资本为在公司登记机关登记的实收股本总额。

以募集方式设立的，发起人认购的股份不得少于公司股份总数的 35%；但是，法律、行政法规另有规定的，从其规定。

发起人、认股人缴纳股款或者交付抵作股款的出资后，除未按期募足股份、发起人未按期召开创立大会或者创立大会决议不设立公司的情形外，不得抽回资本。

（3）股份发行、筹办事项符合法律规定。发起人必须依照规定申报文件，承担公司筹办事务。

（4）发起人制定公司章程，采用募集方式设立的经创立大会通过。

（5）有公司名称，建立符合股份有限公司要求的组织机构。股份有限公司应当建立股东大会、董事会、经理和监事会等公司的组织机构。

（6）有公司住所。公司以其主要办事机构所在地为住所。

（四）设立程序

（1）确定发起人，签订发起人协议，明确各自权利义务。

（2）制定公司章程。

（3）向设区的市级以上工商行政管理部门申请名称预先核准。预先核准的公司名称保留期为 6 个月。预先核准的公司名称在保留期内，不得用于从事经营活动，不得转让。

（4）申请与核准。向社会公开募集股份设立股份公司的，应取得中国证监会的核准。

（5）股份发行、认购和缴纳股款。全体发起人的货币出资金额不得低于公司注册资本的 30%。

（6）召开创立大会，并建立公司组织机构。

（7）设立登记并公告。

（8）发放股票。股票是公司签发的证明股东所持股份的凭证。股份有限公司成立后，即向股东正式交付股票。公司成立前不得向股东交付股票。

二、股份有限公司的发起人

发起人是指依照有关法律规定为设立公司而签署公司章程、向公司认购股份并履行公司设立职责的人。股份有限公司发起人的资格见表2-1。

表 2-1　股份有限公司发起人资格

自然人、法人作为发起人	①自然人作为发起人应有完全民事行为能力，必须可以独立承担民事责任 ②法人作为发起人时，它应与营利性质相适应，如工会、国家拨款的大学不宜作为股份有限公司的发起人 ③实行企业化经营、国家不再核拨经费的事业单位和从事经营活动的科技性社会团体，具备企业法人条件的，应当先申请企业法人登记，然后才可作为发起人 ④公司作为发起人，其出资须符合《公司法》第十五条、第十六条的规定（"公司可以向其他企业投资；但是，除法律另有规定外，不得成为对所投资企业的债务承担连带责任的出资人。公司向其他企业投资，依照公司章程的规定，由董事会或者股东会、股东大会决议；公司章程对投资总额及单项投资的数额有限额规定的，不得超过规定的限额"）	
外商投资企业作为发起人	必须符合的条件	①认缴出资额已经缴足 ②已经完成原审批项目 ③已经开始缴纳企业所得税
	在公司中所占股本比例的相关规定	①属于国家鼓励外商直接投资的企业，外商投资企业所占股本比例不受限制（国家另有规定的除外） ②限制外商控股或仅限于外商合资、合作的行业，应遵从《外商投资产业指导目录》的规定 ③外商投资企业不得作为国家禁止外商投资行业的公司的发起人 ④以公司作为组织形式的外商投资企业向其他公司投资时，依照公司章程的规定，由董事会或者股东会、股东大会决议；公司章程对投资总额及单项投资的数额有限额规定的，不得超过规定的限额

三、股份有限公司的章程

1. 公司章程的性质

股份有限公司章程是规范股份有限公司的组织及运营的基本准则，是公司的自治规范。章程应当采取法律规定的书面形式，在公司登记机关注册后生效，因此公司章程的效力起始于公司成立，终止于公司被依法核准注销。

对于以募集方式设立的股份公司，发起人拟订的章程草案须经出席创立大会的认股人所持表决权的过半数通过。

2. 公司章程的内容

我国《公司法》第八十二条规定了以下 12 项必须记载的事项：①公司名称和住所；②公司经营范围；③公司设立方式；④公司股份总数、每股金额和注册资本；⑤发起人的姓名或者名称、认购的股份数、出资方式和出资时间；⑥董事会的组成、职权和议事规则；⑦公司法定代表人；⑧监事会的组成、职权和议事规则；⑨公司利润分配办法；⑩公司的解散事由与清算办法；⑪公司的通知和公告办法；⑫股东大会会议认为需要规定的其他事项。上市公司应按证监会 2006 年 3 月修订的《上市公司章程指引》起草或修订章程。

3. 公司章程的修改

有下列情况之一的，公司应当修改章程。

（1）《公司法》或有关法律、行政法规修改后，章程规定的事项与修改后的法律、行政法规的规定相抵触。

（2）公司的情况发生变化，与章程记载的事项不一致。

（3）股东大会决定修改章程。股份有限公司修改公司章程，必须经出席股东大会会议的股东所持表决权的 2/3 以上通过。

四、有限责任公司与股份有限公司的互为变更

（一）有限责任公司与股份有限公司的差异

有限责任公司和股份有限公司的特征主要是对比体现出来的，我们

通过表 2-2 对它们进行以下比较。

表 2-2　股份有限公司与有限责任公司的区别

比较内容	股份有限公司	有限责任公司
成立条件	由 2 人以上、200 人以下发起人发起；股份有限公司的股东人数只有最低要求（2 人以上），没有最高要求	股东人数有最高要求（不超过 50 人）
募集资金方式	经核准可以向社会公开募集股份	只能由发起人集资，不能向社会公开募集股份
股权转让难易程度不同	股东转让自己的股权比较方便，可依法自由转让	股东转让自己的股权有严格的要求，受到的限制较多，比较困难
股权证明形式不同	股东的股权证明形式是股票，股票是公司签发的证明股东所持股份的凭证，可以转让、流通	股东的股权证明形式是出资证明书，出资证明书不能转让、流通
公司治理结构简化程度不同	无论公司大小，均应设立股东大会、董事会、经理和监事会；对股东大会的权限有所限制，董事会的权限较大	公司治理结构相对简化，人数较少和规模较小的，可以设 1 名执行董事，不设董事会；可以设 1～2 名监事，不设监事会。由于它召开股东会比较方便，因此，立法上赋予股东会的权限较大
财务状况的公开程度不同	财务会计报告应当在召开股东大会年会的 20 日前置备于本公司，供股东查阅；上市公司必须公告其财务会计报告	有限责任公司应当依照公司章程规定的期限将财务会计报告送交各股东

（二）有限责任公司与股份有限公司的变更

（1）有限责任公司变更为股份有限公司，应当符合《公司法》规定的股份有限公司的设立条件；股份有限公司变更为有限责任公司，应当符合《公司法》规定的有限责任公司的设立条件。

（2）有限责任公司变更为股份有限公司的，或者股份有限公司变更为有限责任公司的，公司变更前的债权、债务由变更后的公司承继。

（3）有限责任公司变更为股份有限公司时，折合的实收股本总额不得高于公司净资产额。有限责任公司变更为股份有限公司，为增加资本公开发行股份时，应当依法办理。

第二节　股份有限公司的股份和公司债券

一、股份有限公司的资本

（一）资本的含义

股份有限公司的资本是指在公司登记机关登记的资本总额，即注册资本，由股东认购或公司募足的股款构成，其基本构成单位是股份，所以，也可以称为"股份资本"或"股本"。

（二）资本"三原则"

①资本确定原则。我国目前遵循的是法定资本制的原则，不仅要求公司在章程中规定资本总额，而且要求在设立登记前认购或募足完毕。②资本维持原则。资本维持原则是指股份有限公司在从事经营活动的过程中，应当努力保持与公司资本数额相当的实有资本。③资本不变原则。资本不变原则是指除依法定程序外，股份有限公司的资本总额不得变动。

（三）资本的增加和减少

股份有限公司增加或减少资本，应当修改公司章程，须经出席股东大会的股东所持表决权的2/3以上通过。变动后，应由法定验资机构出具验资证明，并依法向公司登记机关办理变更登记。

①增加资本。公司增资的方式有：向社会公众发行股份；向特定对象发行股份；向现有股东配售股份；向现有股东派送红股；以公积金转增股本；公司债转换为公司股份等。以公开发行新股方式增资的，应当经过中国证监会的核准。

②减少资本。减资的方法主要有减少股份数额、减少每股面值，或同时减少股份数额和每股面值。公司减少资本后的注册资本不得低于法

定的最低限额。股份有限公司需要减少注册资本时，必须编制资产负债表及财产清单。公司应当自作出减少注册资本决议之日起 10 日内通知债权人，并于 30 日内在报纸上公告。债权人自接到通知书之日起 30 日内，或未接到通知书的自第一次公告之日起 45 日内，有权要求公司清偿债务或提供相应的担保。

二、股份有限公司的股份

（一）股份的含义和特点

股份一般有以下三层含义：①股份是股份有限公司资本的构成成分；②股份代表了股份有限公司股东的权利与义务；③股份可以通过股票价格的形式表现其价值。股份的特点：金额性、平等性、不可分性、可转让性。

（二）股份的分派、收回、设质和注销

（1）股份的分派：指公司根据发起人和（或）其他股份认购人认购股份的情况，将股份按照一定分派方法分配给认购人。

（2）股份的收回：包括无偿收回和有偿收回两种。无偿收回是指股份有限公司无偿地收回已经分派的股份。有偿收回又称"收买"、"回购"，是指股份有限公司按一定的价格从股东手中买回股份。

公司减少公司资本，可能会影响该公司的股票在市场上的价格。因此，《公司法》第一百四十三条规定，公司不得收购本公司股份。但是，下列情况除外：减少公司注册资本；与持有本公司股份的其他公司合并；将股份奖励给本公司职工；股东因对股东大会作出的公司合并、分立决议持异议，要求公司收购其股份的。

公司因将股份奖励给本公司职工而收购本公司股份的，不得超过本公司已发行股份总额的 5%；至于收购的资金来源，应当从公司的税后利润中支出；公司收购的股份应当在 1 年内转让给职工。

（3）股份的设质。股份的设质是指将依法可以转让的股份质押，设定质权。公司不得接受本公司的股票作为质押权的标的。

（4）股份的注销。股份的注销是指股份有限公司依照程序减少公司的一部分股份。公司股份的全部注销只有在公司解散时才发生。

三、股份有限公司的公司债券

公司债券是指公司依照法定程序发行的，约定在一定期限还本付息的有价证券。与一般的公司债务相比，公司债券具有以下特点。

（1）公司债券是公司与不特定的社会公众形成的债权债务关系。

（2）公司债券是一种可转让的债权债务关系，而一般的公司债务是依法限制转让的债权债务关系。

（3）公司债券通过债券的方式表现，而一般的公司债务通过其他债权文书形式表现出来。

（4）同次发行的公司债券的偿还期是一样的，而一般的公司债务可以有不同的偿还期。

第三节 股份有限公司的组织机构

一、股份有限公司的股东和股东大会

股份有限公司的股东是指持有股份有限公司股份的自然人或法人，即公司股份的所有者。

（一）股份有限公司的股东的权利与义务（见表2-3）

表2-3 股东的权利与义务

股东的权利	股东的义务
①依照其所持有的股份份额获得股利和其他形式的利益分配 ②依法请求、召集、主持、参加或者委派股东代理人参加股东大会，并行使相应的表决权	①遵守法律、行政法规和公司章程 ②依其所认购的股份和入股方式缴纳股金 ③除法律、法规规定的情形外，不得退股

股东的权利	股东的义务
③对公司的经营进行监督，提出建议或者质询 ④依照法律、行政法规及公司章程的规定转让、赠与或质押其所持有的股份 ⑤查阅公司章程、股东名册、公司债券存根、股东大会会议记录、董事会会议决议、监事会会议决议、财务会计报告 ⑥公司终止或者清算时，按其所持有的股份份额参加公司剩余财产的分配 ⑦对股东大会作出的公司合并、分立决议持异议的股东，要求公司收购其股份 ⑧法律、行政法规、部门规章或公司章程规定的其他权利	④不得滥用股东权利损害公司或者其他股东的利益；不得滥用公司法人独立地位和股东有限责任损害公司债权人的利益；公司股东滥用股东权利给公司或者其他股东造成损失的，应当依法承担赔偿责任；公司股东滥用公司法人独立地位和股东有限责任，逃避债务，严重损害公司债权人利益的，应当对公司债务承担连带责任 ⑤法律、行政法规及公司章程规定应当承担的其他义务

（二）控股股东和实际控制人

控股股东是指其出资额占有限责任公司资本总额 50％以上或者其持有的股份占股份有限公司股本总额 50％以上的股东；出资额或者持有股份的比例虽然不足 50％，但依其出资额或者持有的股份所享有的表决权已足以对股东会、股东大会的决议产生重大影响的股东。实际控制人是指虽不是公司的股东，但通过投资关系、协议或者其他安排，能够实际支配公司行为的人。

行为规范要求：公司的控股股东、实际控制人、董事、监事、高级管理人员不得利用其关联关系损害公司利益。

（注：国家控股的企业之间不会因为同受国家控股而具有关联关系。）

（三）股东大会的职权

股东大会的职权可以概括为决定权和审批权。根据《公司法》的规定，股东大会行使下列职权。

（1）决定公司的经营方针和投资计划。

（2）选举和更换由非职工代表担任的董事、监事，决定有关董事、监事的报酬事项。

(3) 审议批准董事会的报告。

(4) 审议批准监事会或者监事的报告。

(5) 审议批准公司的年度财务预算方案、决算方案。

(6) 审议批准公司的利润分配方案和弥补亏损方案。

(7) 对公司增加或者减少注册资本作出决议。

(8) 对发行公司债券作出决议。

(9) 对公司合并、分立、解散、清算或者变更公司形式作出决议。

(10) 修改公司章程。

(11) 对公司聘用、解聘会计师事务所作出决议。

(12) 审议代表公司发行在外有表决权股份总数的 3% 以上的股东的提案。

(13) 公司章程规定的其他职权。

股东大会选举董事、监事，可以依照公司章程的规定或者股东大会的决议，实行累积投票制。累积投票制是指股东大会选举董事或者监事时，每一股份拥有与应选董事或者监事人数相同的表决权，股东拥有的表决权可以集中使用。

（四）股东大会的运作和议事规则

1. 股东大会的召集

(1) 股东大会的主持。根据《公司法》第一百零二条的规定，股东大会会议由董事会召集，董事长主持；董事长不能履行职务或者不履行职务的，由副董事长主持；副董事长不能履行职务或者不履行职务的，由半数以上董事共同推举一名董事主持。

董事会不能履行或者不履行召集股东大会会议职责的，监事会应当及时召集和主持；监事会不召集和主持的，连续 90 日以上单独或者合计持有公司 10% 以上股份的股东可以自行召集和主持。

(2) 股东大会的会议通知。召开股东大会，公司应当将会议召开的时间、地点和审议的事项于会议召开 20 日前通知各股东；临时股东大会应当于会议召开 15 日前通知各股东。发行无记名股票的，应当于会议召开 30 日前公告会议召开的时间、地点和审议事项。

（3）股东大会会议。公司应当每年召开1次年会（年度股东大会）。年会应当于上一会计年度结束之日起的6个月内举行，即最迟不得晚于当年6月30日召开。

（4）股东的出席和代理出席。股东可以亲自出席会议，也可以委托代理人代为出席和表决，但股东应以书面形式委托代理人，代理人应当向公司提交股东授权委托书，并在授权范围内行使表决权。

2. 股东临时提案

单独或者合计持有公司3%以上股份的股东，可以在股东大会召开10日前提出临时提案并书面提交董事会；董事会应当在收到提案后2日内通知其他股东，并将该临时提案提交股东大会审议。当然，临时提案的内容应当属于股东大会职权范围，并有明确议题和具体决议事项。

3. 召开临时股东大会

有下列情形之一的，应当在两个月内召开临时股东大会：①董事人数不足本法规定人数或者公司章程所定人数的2/3时；②公司未弥补的亏损达实收股本总额1/3时；③单独或者合计持有公司10%以上股份的股东请求时；④董事会认为必要时；⑤监事会提议召开时；⑥公司章程规定的其他情形。

（五）股东大会决议

股东（包括股东代理人）出席股东大会会议，所持每一股份有一表决权。但是，公司持有的本公司股份没有表决权。股东大会决议分为普通决议和特别决议。其比较见表2-4。

表2-4　股东大会普通决议和特别决议

分类	表决人数	决议事项
普通决议	应当由出席股东大会会议的股东（包括股东代理人）所持表决权的过半数通过	①董事会和监事会的工作报告 ②董事会拟订的利润分配方案和弥补亏损方案 ③董事会和监事会成员的任免及其报酬和支付方法 ④公司年度预算方案、决算方案 ⑤公司年度报告 ⑥除法律、行政法规规定或者公司章程规定应当以特别决议通过以外的其他事项

续上表

分类	表决人数	决议事项
特别决议	应当由出席股东大会的股东（包括股东代理人）所持表决权的 2/3 以上通过	①公司章程的修改 ②公司增加或者减少注册资本 ③公司的合并、分立和解散 ④变更公司形式 ⑤公司章程规定和股东大会以特别决议认定会对公司产生重大影响的、需要以特别决议通过的其他事项

　　股东大会应当将所议事项的决定做成会议记录，主持人、出席会议的董事应当在会议记录上签名。会议记录应当与出席股东的签名册及代理出席的委托书一并保存。

二、股份有限公司的董事会

（一）董事的资格和任免机制

　　（1）董事的资格。公司董事为自然人，有以下情形的，不得担任股份有限公司的董事：①无民事行为能力或限制民事行为能力者；②因贪污、贿赂、侵占财产、挪用财产罪和破坏社会主义市场经济秩序，被判处刑罚，执行期满未逾 5 年，或者因犯罪被剥夺政治权利，执行期满未逾 5 年；③担任破产清算的公司、企业的董事或厂长、经理，并对该公司、企业的破产负有个人责任的，自该公司、企业破产清算完结之日起未逾 3 年；④担任因违法被吊销营业执照、责令关闭的公司、企业的法定代表人，并负有个人责任的，自该公司、企业被吊销执照之日起未逾 3 年；⑤个人所负数额较大的债务到期未清偿。

　　（2）董事的任免机制。《公司法》规定股份有限公司的董事会成员为 5～19 人。董事会成员中可以有公司职工代表。董事会中的职工代表由公司职工通过职工代表大会、职工大会或者其他形式民主选举产生。非职工代表董事由股东大会选举或更换，任期由公司章程规定，但每届任期不得超过 3 年。董事任期从股东大会决议通过之日起计算，至本届董事会任期届满时止。董事任期届满，连选可以连任。

（二）董事的职权、义务

（1）董事的职权。①出席董事会，并行使表决权；②报酬请求权；③签名权，此项权力同时亦是义务，如在以公司名义颁发的有关文件如募股文件、公司设立登记文件等上签名；④公司章程规定的其他职权。

（2）董事的义务。董事、监事、高级管理人员应当遵守法律、行政法规和公司章程，对公司负有忠实义务和勤勉义务。

（三）董事长、董事会会议运作和议事规则

董事会是由董事组成的、对内掌管公司事务、对外代表公司的经营决策机构。董事会设董事长1人，可以设副董事长。董事长和副董事长由董事会以全体董事的过半数选举产生。董事长行使下列职权：①主持股东大会和召集、主持董事会会议；②督促、检查董事会决议的执行；③董事会授予的其他职权。

董事会每年度至少召开两次会议。

董事会议事规则是指董事会开会期间必须遵守的一系列程序性规定。董事会议事规则内容一般包括：总则、董事的任职资格、董事的行为规范、董事长的权利和义务、董事会的工作程序、工作费用以及其他事项。

（四）董事会的决议

董事会会议应有过半数的董事出席方可举行。董事会作出决议，必须经全体董事的过半数通过。董事会决议的表决，实行一人一票。

董事会应当对会议所议事项的决定作成会议记录，出席会议的董事应当在会议记录上签名。董事应当对董事会的决议承担责任。董事会的决议违反法律、行政法规或者公司章程、股东大会决议，致使公司遭受严重损失的，参与决议的董事对公司负赔偿责任。但经证明在表决时曾表明异议并记载于会议记录的，该董事可免除责任。

三、股份有限公司的经理

股份有限公司设经理，经理的任职资格与董事相同，不适于担任董事的规定也同样适用于经理。股份有限公司的经理是由董事会聘任或解聘的、具体负责公司日常经营管理活动的高级管理人员。高级管理人员是指公司的经理、副经理、财务负责人、上市公司董事会秘书和公司章程规定的其他人员。

公司董事可以兼任经理。

四、股份有限公司的监事会

（一）监事的任职资格、任免机制和任期

股份有限公司设监事会，有关董事任职资格的限制规定同样适用于监事。监事应具有法律、会计等方面的专业知识或工作经验。此外，董事、高级管理人员不得兼任监事。股份有限公司的监事会是由监事组成的、对公司业务和财务活动进行合法性监督的机构。

监事会成员不得少于三人，监事会的人员和结构应确保监事会能够独立有效地行使对董事、经理和其他高级管理人员及公司财务的监督和检查的权力。

监事会由股东代表和适当比例的公司职工代表组成，其中职工代表的比例不得低于1/3，具体比例由公司章程规定。监事的任期每届为3年。

（二）监事的职权、义务和责任

（1）监事的职权：出席监事会，并行使表决权；报酬请求权；签字权；列席董事会的权力，并对董事会决议事项提出质询或者建议；提议召开临时监事会会议权。

（2）监事的义务和责任：遵守公司章程，执行监事会决议；监事除依照法律规定或者经股东大会同意外，不得泄露公司秘密，不得擅自传达董事会、监事会和经理办公会会议的内容；对未能发现和制止公司违反法律、法规的经营行为承担相应的责任；监事在工作中违反法律、法规或者公司章程的规定，给公司造成损害的，应当承担相应的责任；监事应当依照法律、行政法规和公司章程的规定，忠实履行监督职责。

（三）监事会主席、会议运作和议事规则

（1）监事会主席和会议运作。监事会设主席1人，可以设副主席。监事会主席和副主席由全体监事过半数选举产生。监事会每6个月至少召开1次会议。监事会主席召集和主持监事会会议；监事会主席不能履行职务或者不履行职务的，由监事会副主席召集和主持监事会会议；监事会副主席不能履行职务或者不履行职务的，由半数以上监事共同推举1名监事召集和主持监事会会议。

（2）监事会议事规则。监事会的议事方式和表决程序除《公司法》有规定的外由公司章程规定。

（四）监事会的职权

监事会行使下列职权：检查公司财务；对董事、高级管理人员执行公司职务的行为进行监督，对违反法律、行政法规、公司章程或者股东会决议的董事、高级管理人员提出罢免的建议；当董事、高级管理人员的行为损害公司利益时，要求董事、高级管理人员予以纠正；提议召开临时股东会会议，在董事会不履行《公司法》规定的召集和主持股东会会议职责时召集和主持股东会会议；向股东会会议提出提案；依照《公司法》第一百五十二条的规定，对董事、高级管理人员提起诉讼；监事会发现公司经营情况异常，可以进行调查；必要时，可以聘请会计师事务所等协助其工作；公司章程规定的其他职权。

（五）监事会的决议

监事会作出决议，应当经半数以上的监事通过。监事会应当对所议事项的决定作成会议记录，出席会议的监事应当在会议记录上签名。监事会决议致使公司、股东和员工的合法权益遭受损害的，参与决议的监事应负相应责任；但表决时曾表示异议并记载于会议记录中的，该监事免除责任。

第四节 上市公司组织机构的特别规定

一、上市公司股东大会的特别规定

（一）股东大会的特别职权

（1）审议批准如下担保事项：①本公司及本公司控股子公司的对外担保总额，达到或超过最近1期经审计净资产的50％以后提供的任何担保；②公司的对外担保总额，达到或超过最近 1 期经审计总资产的 30％以后提供的任何担保；③为资产负债率超过 70％的担保对象提供的担保；④单笔担保额超过最近 1 期经审计净资产 10％的担保；⑤对股东、实际控制人及其关联方提供的担保。

（2）审议公司在 1 年内购买、出售重大资产超过公司最近 1 期经审计总资产 30％的事项。

（3）审议批准变更募集资金用途事项。

（4）审议股权激励计划。

（5）审议法律、行政法规、部门规章或公司章程规定应当由股东大会决定的其他事项。

其中，在审议第（2）、（4）、（5）条时，应当由出席股东大会会议的股东所持表决权的 2/3 以上通过。

（二）上市公司选举董事、监事的累积投票制度

股东大会就选举董事、监事进行表决时，根据公司章程的规定或者股东大会的决议，可以实行累积投票制。累积投票制是指股东大会选举董事或者监事时，每一股份拥有与应选董事或者监事人数相同的表决权，股东拥有的表决权可以集中使用。

二、上市公司董事和董事会的特别规定

（一）董事义务的特别规定

（1）忠实义务。不得利用其关联关系损害公司利益；法律、行政法规、部门规章及公司章程规定的其他忠实义务。董事违反此规定所得的收入应当归公司所有；给公司造成损失的，应当承担赔偿责任。

（2）勤勉义务。应谨慎、认真、勤勉地行使公司赋予的权利，应公平对待所有股东；及时了解公司业务经营管理状况；应当对公司定期报告签署书面确认意见，保证公司所披露的信息真实、准确、完整；应当如实向监事会提供有关情况和资料，不得妨碍监事会或者监事行使职权；法律、行政法规、部门规章及《上市公司章程指引》规定的其他勤勉义务。

（二）上市公司设立独立董事

独立董事是董事会的成员，由股东大会选举和更换。上市公司的独

立董事是指不在公司担任除董事外的其他职务，并与其所受聘的上市公司及其主要股东不存在可能妨碍其进行独立、客观判断的关系的董事。在我国，担任独立董事应当符合的基本条件见表 2-5。

表 2-5 独立董事的任职条件

基本条件	①根据法律、行政法规及其他有关规定，具备担任上市公司董事的资格 ②具有《关于在上市公司建立独立董事制度的指导意见》所要求的独立性 ③具备上市公司运作的基本知识，熟悉相关法律、行政法规、规章及规则 ④具有 5 年以上法律、经济或者其他履行独立董事职责所必需的工作经验 ⑤公司章程规定的其他条件。
下列人员不得担任独立董事	①在上市公司或者其附属企业任职的人员及其直系亲属和主要社会关系（直系亲属是指配偶、父母、子女等，主要社会关系是指兄弟姐妹、岳父母、儿媳、女婿、兄弟姐妹的配偶、配偶的兄弟姐妹等） ②直接或间接持有上市公司已发行股份 1% 以上或者是上市公司前 10 名股东中的自然人股东及其直系亲属 ③在直接或间接持有上市公司已发行股份 5% 以上的股东单位或者在上市公司前 5 名股东单位任职的人员及其直系亲属 ④最近 1 年内曾经具有前 3 项所列举情形的人员 ⑤为上市公司或者其附属企业提供财务、法律、咨询等服务的人员 ⑥公司章程规定的其他人员 ⑦中国证监会认定的其他人员

1. 独立董事的提名、选举和更换

独立董事的提名、选举和更换应当依据以下要求进行。

（1）上市公司董事会、监事会、单独或者合并持有上市公司已发行股份 1% 以上的股东可以提出独立董事候选人，并经股东大会选举决定。

（2）独立董事的提名人在提名前应当征得被提名人的同意。

（3）在选举独立董事的股东大会召开之前，上市公司应将所有被提名人的有关材料同时报送中国证监会、公司所在地中国证监会派出机构和公司股票挂牌交易的证券交易所。

（4）独立董事的每届任期与该上市公司其他董事的任期相同，任期届满，连选可以连任，但是，连任时间不得超过 6 年。

（5）独立董事连续 3 次未亲自出席董事会会议的，由董事会提请股东大会予以撤换。

（6）独立董事在任期届满前可以提出辞职。

2. 独立董事的特别职权

（1）重大关联交易（指上市公司拟与关联人达成的总额高于 300 万元或高于上市公司最近经审计净资产值的 5％的关联交易）应由独立董事认可后，提交董事会讨论；独立董事作出判断前，可以聘请中介机构出具独立财务顾问报告，作为其判断的依据。

（2）向董事会提议聘用或解聘会计师事务所。

（3）向董事会提请召开临时股东大会。

（4）提议召开董事会。

（5）独立聘请外部审计机构和咨询机构。

（6）可以在股东大会召开前公开向股东征集投票权。

当然，独立董事行使上述职权应当取得全体独立董事 1/2 以上同意。如上述提议未被采纳或上述职权不能正常行使，上市公司应将有关情况予以披露。如果上市公司董事会下设薪酬、审计、提名等委员会的，独立董事应当在委员会成员中占有 1/2 以上的比例。

（三）上市公司设董事会秘书

《公司法》第一百二十四条规定："上市公司设董事会秘书，负责公司股东大会和董事会会议的筹备、文件保管以及公司股东资料的管理，办理信息披露事务等事宜。"上市公司的董事会秘书是公司高级管理人员，对董事会负责。董事会秘书由董事长提名，经董事会聘任或解聘。公司董事或者其他高级管理人员可以兼任公司董事会秘书。

（四）上市公司关联关系董事表决权的限制

《公司法》第一百二十五条规定："上市公司董事与董事会会议决议事项所涉及的企业有关联关系的，不得对该项决议行使表决权，也不得代理其他董事行使表决权。该董事会会议由过半数的无关联关系董事出席即可举行，董事会会议所作决议须经无关联关系董事过半数通过。出席董事会的无关联关系董事人数不足三人的，应将该事项提交上市公司股东大会审议。"关联关系是指公司控股股东、实际控制人、董事、监事、高级管理人员与其直接或者间接控制的企业之间的关系,以及可能导致公司利益转移的其他关系。但是,国家控股的企业之间不会因为同受国家控股而具有关联关系。

（五）董事会专门委员会的职权

上市公司董事会可以设立战略、审计、提名、薪酬与考核等专门委员会。专门委员会成员全部由董事组成。

其中,审计委员会、提名委员会、薪酬与考核委员会中,独立董事应占多数并担任召集人;审计委员会中,至少应有1名董事是会计专业人士。

三、上市公司经理的特别规定

为了规范经理办公会议制度,进一步强化公司的经营管理,防范经营风险,完善集体决策程序,应当制定《经理工作细则》。《经理工作细则》报董事会批准后实施。《经理工作细则》包括下列内容:经理会议召开的条件、程序和参加的人员;经理及其他高级管理人员各自具体的职责及其分工;公司资金、资产运用,签订重大合同的权限,以及向董事会、监事会的报告制度;董事会认为必要的其他事项。

第五节 股份有限公司的财务会计

一、关于股份有限公司财务会计的一般规定

公司应当依照法律、行政法规和国务院财政部门的规定建立本公司的财务、会计制度。公司应当在每一会计年度终了时编制财务会计报告,并依法经会计师事务所审计。

上市公司在每一会计年度结束之日起4个月内向中国证监会和证券交易所报送年度财务会计报告,在每一会计年度前6个月结束之日起2个月内向中国证监会派出机构和证券交易所报送半年度财务会计报告。财务会计报告应当依照法律、行政法规和国务院财政部门的规

定制作。

根据《公司法》第一百六十六条的规定，股份有限公司的财务会计报告应当在召开股东大会年会的 20 日前置备于本公司，供股东查阅；公开发行股票的股份有限公司必须公告其财务会计报告。

二、股份有限公司的利润分配

利润分配是指公司将可供分配的利润（包括期初未分配利润和本期累计净利润）按照一定的原则和顺序进行分配。根据规定，公司分配当年税后利润时，应当提取利润的 10% 列入公司法定公积金。公司法定公积金累计额为公司注册资本 50% 以上的，可以不再提取。公司的法定公积金不足以弥补以前年度亏损的，在依照前款规定提取法定公积金之前，应当先用当年利润弥补亏损。

公司从税后利润中提取法定公积金后，经股东会或者股东大会决议，还可以从税后利润中提取任意公积金。

公司弥补亏损和提取公积金后所余税后利润，股份有限公司按照股东持有的股份比例分配，但股份有限公司章程规定不按持股比例分配的除外。

股东大会或者董事会违反规定，在公司弥补亏损和提取法定公积金之前向股东分配利润的，股东必须将违反规定分配的利润退还公司。公司持有的本公司股份不得分配利润。

上市公司股东大会对利润分配方案作出决议后，公司董事会须在股东大会召开后 2 个月内完成股利（或股份）的派发事项。

三、公司的公积金及其用途

股份有限公司以超过股票票面金额的发行价格发行股份所得的溢价款以及国务院财政部门规定列入资本公积金的其他收入，应当列为公司资本公积金。

公司的公积金用于弥补公司的亏损、扩大公司生产经营或者转为增加公司资本。但是，资本公积金不得用于弥补公司的亏损。法定公积金转为资本时，所留存的该项公积金不得少于转增前公司注册资本的 25%。

四、公司会计师事务所的聘用和会计账簿的设置

（1）公司聘用、解聘承办公司审计业务的会计师事务所，依照公司章程的规定，由股东大会决定，董事会不得在股东大会决定前委任会计师事务所。公司股东大会就解聘会计师事务所进行表决时，应当允许会计师事务所陈述意见。公司聘用取得"从事证券相关业务资格"的会计师事务所进行会计报表审计、净资产验证及其他相关的咨询服务等业务，聘期 1 年，可以续聘。

（2）公司应当向聘用的会计师事务所提供真实、完整的会计凭证、会计账簿、财务会计报告及其他会计资料，不得拒绝、隐匿、谎报。

（3）公司除法定的会计账簿外，不得另立会计账簿。对公司资产，不得以任何个人名义开立账户存储。

第六节　股份有限公司的合并、分立、解散和清算

一、股份有限公司的合并与分立

（一）合　并

公司合并可以采取吸收合并或者新设合并的方式。公司合并时，合并各方的债权、债务应当由合并后存续的公司或者新设的公司承继。

股份有限公司的合并应当依照以下程序进行：董事会拟订合并方案；股东大会依照章程的规定作出决议并公告；各方当事人签订合并合同；处理债权、债务等各项合并事宜；办理解散登记或者变更登记。

公司应当自作出合并决议之日起 10 日内通知债权人，并于 30 日内在报纸上公告。债权人自接到通知书之日起 30 日内，未接到通知书的自公告之日起 45 日内，有权要求公司清偿债务或提供相应担保。

（二）分　立

股份有限公司的分立是指一个股份有限公司因生产经营需要或其他原因而分开设立为两个或两个以上公司。股份有限公司的分立可以分为

新设分立和派生分立。股份有限公司的分立一般需要经过以下程序：董事会拟订分立方案；股东大会依照章程的规定作出决议并公告；各方当事人签订分立合同；处理债权、债务等各项分立事宜；办理解散登记或者变更登记。

公司应当自作出分立决议之日起 10 日内通知债权人，并于 30 日内在报纸上公告。公司分立前的债务由分立后的公司承担连带责任。但是，公司在分立前与债权人就债务清偿达成的书面协议另有约定的除外。

公司需要减少注册资本时，必须编制资产负债表及财产清单。公司应当自作出减少注册资本决议之日起 10 日内通知债权人，并于 30 日内在报纸上公告。

债权人自接到通知书之日起 30 日内，未接到通知书的自公告之日起 45 日内，有权要求公司清偿债务或提供相应担保。公司减资后的注册资本不得低于法定的最低限额。

公司合并或者分立，登记事项发生变更的，应当依法向公司登记机关办理变更登记；公司解散的，应当依法办理公司注销登记；设立新公司的，应当依法办理公司设立登记。

二、股份有限公司的解散和清算

（一）解散的概念

股份有限公司的解散是指股份有限公司法人资格的消失。公司解散时，应当进行必要的清算活动。

（二）解散的原因

公司有以下原因之一的，可以解散。

（1）公司章程规定的营业期限届满或者公司章程规定的其他解散事由出现。

（2）股东大会决议解散。

（3）因公司合并或者分立需要解散。

（4）依法被吊销营业执照、责令关闭或者被撤销。

（5）人民法院依照《公司法》第一百八十三条的规定予以解散。当公司经营管理发生严重困难，继续存续会使股东利益受到重大损失，通过其他途径不能解决的，持有公司全部股东表决权 10% 以上的股东，可以请求人民法院解散公司。

（三）解散的清算

（1）清算组的人员组成。公司因上述"解散的原因"第 1、2、4、5 项而解散的，应在解散事由出现之日起 15 日内成立清算组，开始清算。清算组由董事或者股东大会确定的人员组成。逾期不成立清算组进行清算的，债权人可以申请人民法院指定有关人员组成清算组进行清算。人民法院应受理该申请，并及时组织清算组进行清算。

（2）清算组的职权。清算组在清算期间行使下列职权：①清理公司财产，分别编制资产负债表和财产清单；②通知、公告债权人；③处理与清算有关的公司未了结的业务；④清缴所欠税款以及清算过程中产生的税款；⑤清理债权、债务；⑥处理公司清偿债务后的剩余财产；⑦代表公司参与民事诉讼活动。

（3）清算组的规范运作。①通知债权人申报债权。清算组应自成立之日起 10 日内通知债权人，并于 60 日内在报纸上公告。债权人应自接到通知书之日起 30 日内，未接到通知书的自公告之日起 45 日内，向清算组申报其债权。债权人申报债权，应当说明债权的有关事项，并提供证明材料。清算组应对债权进行登记。在申报债权期间，清算组不得对债权人进行清偿。②清算组制订清算方案。清算组在清理公司财产、编制资产负债表和财产清单后，应当制订清算方案，并报股东会、股东大会或者人民法院确认。③清偿顺序。公司财产在分别支付清算费用、职工的工资、社会保险费用和法定补偿金，缴纳所欠税款，清偿公司债务后的剩余财产，按照股东持有的股份比例分配。④清算义务和责任。清算组成员应当忠于职守，依法履行清算义务。在清算期间，即使公司存续，也不得开展与清算无关的经营活动；公司财产在未依照规定清偿前，不得分配给股东；清算组成员不得利用职权收受贿赂或者其他非法收入，不得侵占公司财产；清算组成员因故意或者重大过失给公司或者债权人造成损失的，应当承担赔偿责任。⑤破产。清算组在清理公司财产、编制资产负债表和财产清单后，发现公司财产不足以清偿债务的，应当依法向人民法院申请宣告破产。公司经人民法院裁定宣告破产后，清算组应当将清算事务移交给人民法院。公司被依法宣告破产的，依照有关企业破产的法律实施破产清算。⑥制作、确认清算报告和公告公司终止。

 精选考题同步演练

一、单项选择题（以下各小题所给出的四个选项中，只有一项最符合题目要求，请将正确选项的代码填入括号内）

1. 设立股份有限公司，应当至少有（　　）个发起人，其中，必须有半数以上的发起人在中国境内有住所。

A. 2　　　　　　B. 5　　　　　　C. 8　　　　　　D. 10

2. 目前我国股份有限公司资本确定采取（　　）原则。

A. 实际资本制　　　　　　　　　B. 法定资本制

C. 授权资本制　　　　　　　　　D. 折中资本制

3. 董事任期由公司章程规定，但每届任期不得超过（　　）年。

A. 3　　　　　　B. 4　　　　　　C. 5　　　　　　D. 7

4. 在董事、监事的选举中，根据公司章程的规定或者股东大会的决议，可以实行（　　）。

A. 累积投票制度　　　　　　　　B. 普通投票制度

C. 多数投票制度　　　　　　　　D. 少数投票制度

5. 上市公司独立董事连续（　　）未亲自出席董事会会议的，由董事会提请股东大会予以撤换。

A. 2次　　　　　　B. 3次　　　　　　C. 5次　　　　　　D. 6次

6. 根据我国《公司法》规定，公司分配当年税后利润时，应当提取利润的（　　）列入公司的法定公积金。

A. 5%　　　　　　B. 10%　　　　　　C. 5%～10%　　　　　D. 15%

7. 关于公司解散，下列说法正确的是（　　）。

A. 股份有限公司的解散是指股份有限公司法人资格的消失

B. 公司解散时，不需要进行必要的清算活动

C. 公司解散后，仍具有部分进行业务活动的能力

D. 股份有限公司的解散是指股份有限公司法人资格的递延

8. 破产财产按以下（　　）顺序清偿。公司破产财产不能满足同一顺序债权的清偿要求的，按比例分配。公司清偿完毕后仍有剩余的，由公司按照股东持有的股份比例分配。

A. 公司所欠税款→公司所欠职工资和劳动保险费用→公司债务

B. 公司所欠职工工资和劳动保险费用→公司债务→公司所欠税款

C. 公司债务→公司所欠职工工资和劳动保险费用→公司所欠税款

D. 公司所欠职工工资和劳动保险费用→公司所欠税款→公司债务

二、不定项选择题（以下各小题给出的多个选项中，有一个或者一个以上的选项符合题目要求，请将符合题目要求选项代码填入括号内）

1. 关于有限责任公司和股份有限公司，下列说法正确的是（　　）。

A. 有限责任公司依法变更为股份有限公司的，原有限责任公司的债权、债务由变更后的股份有限公司承继

B. 有限责任公司变更为股份有限公司，应当符合《公司法》规定的股份有限公司的条件，并依照《公司法》有关设立股份有限公司的程序办理

C. 原有限责任公司的股东作为拟设立的股份有限公司的发起人，将其净资产按1：1的比例投入到拟设立的股份有限公司

D. 有限责任公司具有资合、开放性及设立程序简单的特点，股份有限公司具有人合兼资合、封闭及设立程序相对复杂的特点

2. 依据《中华人民共和国公司法》的规定，公司不得收购本公司股份。但是下列（　　）情况除外。

A. 减少公司注册资本

B. 与持有本公司股份的其他公司合并

C. 将股份奖励给本公司职工

D. 为了维持本公司股票价格的稳定，不以盈利为目的的收购本公司股份

3. 下列属于控股股东的是（　　）。

A. 持有的股份占股份有限公司股本总额50％以上的股东

B. 持有的股份虽然不足 50%，但其所享有的表决权已足以对股东大会的决议产生重大影响的股东

C. 此人单独或与他人一致行动时，持有公司 30% 以上的股份

D. 此人单独或与他人一致行动时，可以以其他方式在事实上控制公司

4. 不能担任股份有限公司董事的有（   ）。

A. 曾担任国家公务员

B. 因犯有贪污、贿赂、侵犯财产、挪用财产罪和破坏社会经济秩序罪，被判处刑罚，执行期满未逾 5 年

C. 因犯罪被剥夺政治权利，执行期满未逾 5 年

D. 担任因违法被吊销营业执照的公司的法定代表人，并负有个人责任的，自该公司被吊销营业执照之日起未逾 5 年

5. 监事会成员由（   ）组成，具体比例由公司章程规定。

A. 股东代表   B. 适当比例的公司职工代表

C. 工会代表   D. 董事

6. 上市公司股东大会可审议批准（   ）担保事项。

A. 本公司及本公司控股子公司的对外担保总额，达到或超过最近 1 期经审计净资产的 30% 以后提供的任何担保

B. 公司的对外担保总额，达到或超过最近 1 期经审计总资产的 20% 以后提供的任何担保

C. 为资产负债率超过 70% 的担保对象提供的担保

D. 单笔担保额超过最近 1 期经审计净资产 10% 的担保

7. 关于独立董事，下列说法正确的是（   ）。

A. 重大关联交易应由董事会进行讨论，无需经过独立董事的认可

B. 独立董事不能向董事会提议聘用或解聘会计师事务所

C. 独立董事可以独立聘请外部审计机构和咨询机构

D. 独立董事可以在股东大会召开前公开向股东征集投票权

8. 关于股份有限公司的利润和利润分配，下列说法正确的是（   ）。

A. 利润是指公司在一定时间内生产经营的财务成果，包括营业利润、投资收益（减损失）、补贴收入和营业外收支净额的几个

部分

B. 时间性差异是指某一会计期间，由于会计制度和税法规定的计算利润口径的不同，所产生的税前会计利润和应纳税所得额的差异

C. 根据《公司法》的规定，公司分配当年税后利润时，应当提取利润的 10% 列入公司法定公积金

D. 公司的法定公积金不足以弥补上一年度公司亏损的，在提取法定公积金和法定公益金之前，应当先用当年利润弥补亏损

三、判断题（判断以下各小题的对错，正确的用 A 表示，错误的用 B 表示）

1. 以发起设立方式设立股份的，发起人以书面认足公司章程规定发行的股份后，须立即缴纳全部股款 50% 以上。（　　）

2. 股份有限公司的章程经创立大会通过后立即生效。（　　）

3. 股份有限公司增加或减少资本，经董事会 2/3 以上的董事表决通过即可执行。（　　）

4. 股东大会会议由全体股东推选的代表主持。（　　）

5. 上市公司董事在任期届满前不得提出辞职。（　　）

6. 上市公司应当保证独立董事享有比其他董事更高的知情权。（　　）

7. 某公司的注册资本为人民币 5 000 万元，法定盈余公积金累计为 1 250 万元，该公司可以不再提取法定盈余公积金。（　　）

8. 股份有限公司的破产案件由债权人所在地及股份有限公司住址所在地的人民法院管辖。法院在接到破产申请后进行审查，对于符合法律条件的申请，依法受理。（　　）

 精选考题答案解析

一、单项选择题

1.【答案及解析】A　根据《公司法》第七十九条的规定，设立股

份有限公司，应当有 2 人以上 200 人以下为发起人，其中，必须有半数以上的发起人在中国境内有住所。故选 A。

2.【答案及解析】B　我国目前遵循的是法定资本制的原则，不仅要求公司在章程中规定资本总额，而且要求在设立登记前认购或募足完毕。故选 B。

3.【答案及解析】A　董事由股东大会选举或更换，任期由公司章程规定，但每届任期不得超过 3 年。董事任期从股东大会决议通过之日起计算，至本届董事会任期届满时为止。董事任期届满，连选可以连任。董事在任期届满前，股东大会不得无故解除其职务。故选 A。

4.【答案及解析】A　股东大会就选举董事、监事进行表决时，根据公司章程的规定或者股东大会的决议，可以实行累积投票制。累积投票制是指股东大会选举董事或者监事时，每一股份拥有与应选董事或者监事人数相同的表决权，股东拥有的表决权可以集中使用。故选 A。

5.【答案及解析】B　独立董事连续三次未亲自出席董事会会议的，由董事会提请股东大会予以撤换。除了出现上述情况及《中华人民共和国公司法》中规定的不得担任董事的情形外，独立董事在任期届满前不得无故被免职。提前免职的，上市公司应将其作为特别披露事项予以披露；被免职的独立董事认为公司的免职理由不当的，可以作出公开声明。故选 B。

6.【答案及解析】B　根据我国《公司法》规定，公司分配当年税后利润时，应当提取利润的 10％列入公司的法定公积金。故选 B。

7.【答案及解析】A　公司解散时，应当进行必要的清算活动。公司解散后，也就丧失了进行业务活动的能力，公司法人资格也随之消失。故选 A。

8.【答案及解析】D　破产财产按以下顺序清偿，支付公司所欠职工工资、劳动保险费用、法定补偿金、公司所欠税款、公司债务。故选 D。

二、不定项选择题

1.【答案及解析】ABC　D 项表述不对，因为有限责任公司是人合兼资合，股份有限公司是资合。故选 ABC。

2.【答案及解析】ABC 《中华人民共和国公司法》第一百四十三条规定，公司不得收购本公司股份。但是下列情况除外：①减少公司注册资本；②与持有本公司股份的其他公司合并；③将股份奖励给本公司职工；④股东因对股东大会作出的公司合并、分立决议持异议，要求公司收购其股份的。故选 ABC。

3.【答案及解析】AB 控股股东是指其出资额占有限责任公司资本总额 50% 以上或者其持有的股份占股份有限公司股本总额 50% 以上的股东；出资额或者持有股份的比例虽然不足 50%，但依其出资额或者持有的股份所享有的表决权已足以对股东会、股东大会的决议产生重大影响的股东。故选 AB。

4.【答案及解析】BC D 项的正确表述应为，担任因违法被吊销营业执照的公司的法定代表人，并负有个人责任的，自该公司被吊销营业执照之日起未逾 3 年。此外，不能担任股份有限公司董事的条件还包括：①无民事行为能力或限制民事行为能力者；②担任破产清算的公司、企业的董事或厂长、经理，并对该公司、企业的破产负有个人责任的，自该公司、企业破产清算完结之日起未逾 3 年；③个人所负数额较大的债务到期未清偿。故选 BC。

5.【答案及解析】AB 监事会成员不少于 3 人，由股东代表和适当比例的公司职工代表组成，具体比例由公司章程规定。监事的任期每届为 3 年。监事任期届满，连选可以连任。故选 AB。

6.【答案及解析】CD A、B 项的正确表述为：上市公司股东大会可审议批准本公司及本公司控股子公司的对外担保总额，达到或超过最近 1 期经审计净资产的 50% 以后提供的任何担保；公司的对外担保总额，达到或超过最近 1 期经审计总资产的 30% 以后提供的任何担保。故选 CD。

7.【答案及解析】CD A 项重大关联交易应由独立董事认可后，提交董事会讨论，故 A 项错误；B 项向董事会提议聘用或解聘会计师事务所是上市公司赋予独立董事的特别职权之一，故 B 项错误。故选 CD。

8.【答案及解析】ACD B 项应为永久性差异，是指某一会计期间，由于会计制度和税法在计算收益、费用或损失时的口径不同，所产生的税前会计利润与应纳税所得额之间的差异。故选 ACD。

三、判断题

1.【答案及解析】B　以发起设立方式设立股份有限公司的，发起人应当书面认足公司章程规定其认购的股份；一次缴纳的，应即缴纳全部出资；分期缴纳的，应即缴纳首期出资。

2.【答案及解析】B　章程应当采取法律规定的书面形式，在公司登记机关登记注册后生效。因此，公司章程的效力起始于公司成立，终止于公司被依法核准注销。

3.【答案及解析】B　股份有限公司增加或减少资本，应当修改公司章程，须经出席股东大会的股东所持表决权的 2/3 以上通过。变动后，应由法定验资机构出具验资证明，并依法向公司登记机关办理变更登记。

4.【答案及解析】B　股东大会会议由董事会依法召集，由董事长主持。董事长不能履行职务或者不履行职务的，由副董事长主持；副董事长不能履行职务或者不履行职务的，由半数以上董事共同推举 1 名董事主持。

5.【答案及解析】B　董事可以在任期届满以前提出辞职。董事辞职应当向董事会提交书面辞职报告。

6.【答案及解析】B　上市公司应当保证独立董事享有与其他董事相等的知情权。

7.【答案及解析】B　公司法定公积金累计额为公司注册资本的 50% 以上的，可不再提取。本题公司法定盈余公积金仅达到该公司注册资本的 25%，应继续提取法定盈余公积金。

8.【答案及解析】B　破产案件的受理由股份有限公司所在地的人民法院管辖。

第三章

企业的股份制改组

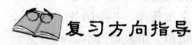复习方向指导

熟悉企业股份制改组的目的和要求；掌握拟发行上市公司改组的要求以及企业改组为拟上市的股份有限公司的程序。

熟悉股份制改组时清产核资的内容和程序，国有资产产权的界定及折股、土地使用权的处置、非经营性资产的处置和无形资产的处置，资产评估的含义和范围、资产评估的程序，会计报表审计；掌握股份制改组法律审查的具体内容。

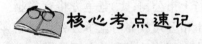核心考点速记

第一节　企业股份制改组的目的、要求和程序

一、企业股份制改组的目的

企业股份制改组的目的：确立法人财产权；建立规范的公司治理结构；筹集资金。

公司法人财产的独立性，是公司参与市场竞争的首要条件，是作为独

立民事主体存在的基础，也是公司作为市场生存和发展主体的必要条件。

二、《证券法》对股份有限公司申请股票上市的要求

中国证监会长期以来要求在股票发行工作中实行"先改制运行，后发行上市"。

《证券法》对股份有限公司申请股票上市的要求有：①股票经国务院证券监督管理机构核准已公开发行；②公司股本总额不少于人民币3 000万元；③公开发行的股份达到公司股份总数的25%以上；公司股本总额超过人民币4亿元的，公开发行股份的比例为10%以上；④公司最近3年无重大违法行为，财务会计报告无虚假记载。

证券交易所可以规定高于上述规定的上市条件，并报国务院证券监督管理机构批准。目前交易所上市规则规定拟上市公司股本总额不少于人民币5 000万元。

三、拟发行上市公司改组的原则要求

拟发行上市的公司改组应遵循以下原则：突出公司主营业务，形成核心竞争力和持续发展的能力；按照《上市公司治理准则》的要求独立经营，运作规范；有效避免同业竞争，减少和规范关联交易。

其中，存在同业竞争的，可采取以下措施：①通过收购、委托经营等方式，将相互竞争的业务集中到拟发行上市公司；②竞争方将有关业务，转让给无关联的第三方；③拟发行上市公司放弃与竞争方存在同业竞争的业务；④竞争方就解决方式，作出有法律约束力的书面承诺。

为减少关联交易，应注意以下问题：主要为拟发行上市公司进行的专业化服务，应由关联方纳入拟发行上市公司，或转由无关联的第三方经营。

无法避免的关联交易，其价格或收费原则上应不偏离市场独立第三方的标准。

四、企业改组为拟上市股份有限公司的程序

①拟订总体改组方案；②选聘中介机构；③开展改组工作；④发起人出资；⑤召开公司筹委会会议，发出召开创立大会通知；⑥召开创立

大会及第一届董事会会议、第一届监事会会议；⑦办理工商注册登记
手续。

第二节　股份制改组的清产核资、产权界定、资产评估、报表审计和法律审查

一、股份制改组的清产核资概念与内容

清产核资，是指国有资产监督管理机构根据国家专项工作要求或者
企业特定经济行为需要，按照规定的工作程序、方法和政策，组织企业
进行账务清理、财产清查，并依法认定企业的各项资产损益，从而真实
反映企业的资产价值和重新核定企业国有资本金的活动。

（一）清产核资的内容

按照国有资产监督管理委员会（简称"国资委"）的规定，国有企
业在改制前，首先应进行清产核资，在清产核资的基础上，再进行资产
评估。清产核资主要包括账务清理、资产清查、价值重估、损益认定、
资金核实和完善制度等内容。

（二）清产核资的程序

除国家另有规定外，企业清产核资应当按照下列程序进行：企业提
出申请；国有资产监督管理机构批复同意立项；企业制订工作实施方
案，并组织账务清理、资产清查等工作；聘请社会中介机构对清产核资
结果进行专项财务审计和对有关损益提出鉴证证明；企业上报清产核资
工作结果报告及社会中介机构专项审计报告；国有资产监督管理机构对
资产损益进行认定，对资金核实结果进行批复；企业根据清产核资金
核实结果批复调账；企业办理相关产权变更登记和工商变更登记；企业
完善各项规章制度。

二、股份制改组的产权界定

（一）国有资产产权的界定及折股

（1）国有资产的界定：产权界定是指国家依法划分财产所有权和经

营权等产权归属，明确各类产权形式的财产范围和管理权限的一种法律行为。依据"谁投资、谁拥有产权"的原则进行。

（2）国有股权的界定：组建股份有限公司，视投资主体和产权管理主体的不同情况，其所占用的国有资产分别构成国家股和国有法人股。性质均属国家所有，统称为国有股。

国家股是指有权代表国家投资的机构或部门，向股份公司投资形成或依法定程序取得的股份。国有法人股是指具有法人资格的国有企业、事业及其他单位，以其依法占用的法人资产，向独立于自己的股份公司出资形成或依法定程序取得的股份。

国家股和国有法人股的区别见表 3-1。

表 3-1　国有股权的界定

	国家股	国有法人股
国有企业改组为股份公司	有权代表国家投资的机构或部门直接设立的国有企业： （1）以其全部资产改建为股份有限公司的，原企业的国家净资产折成的股份； （2）以部分资产改建的，进入股份公司的净资产累计高于原企业所有净资产的 50%（含 50%），所折成的股份	有权代表国家投资的机构或部门，以部分资产改建为股份公司的： 若进入股份公司的净资产低于 50%（不含 50%），所折成的股份
新设立的股份公司	国家授权投资的机构或部门直接向新设立的股份公司投资形成的股份	国有企业或其子企业，以其依法占用的法人资产直接向新设立的股份公司投资入股所形成的股份

（3）国有资产的折股。国有企业改组设立股份公司，在资产评估和产权界定后，须将净资产一并折股，股权性质不得分设；其股本由依法确定的国有持股单位统一持有，不得分割持有。

国有企业进行股份制改组，要保证国家股或者、国有法人股的控股地位。

（二）土地使用权的处置

（1）以土地使用权作价入股。根据需要，国家可以一定年限的国有土地使用权作价入股，经评估作价后，界定为国家股，由土地管理部门委托国家股持股单位统一持有。如果原公司已经缴纳出让金，取得了土地使用权，也可以将土地作价，以国有法人股的方式投入上市公司。

（2）缴纳土地出让金，取得土地使用权。拟上市的股份有限公司以自己的名义与土地管理部门签订土地出让合同，缴纳出让金，直接取得土地使用权。

（3）缴纳土地租金。国家以租赁方式将土地使用权交给股份有限公司，定期收取租金。以租赁方式取得的土地不得转让、转租和抵押。改组前的企业取得土地使用权的，可以由上市公司与原企业签订土地租赁合同，由上市公司实际占用土地。

（4）授权经营。对于省级以上人民政府批准实行授权经营或国家控股公司试点的企业，可采用授权经营方式配置土地。

（三）非经营性资产的处置

企业改组为上市公司时，必须对承担政府管理职能的非经营性资产进行剥离。

（1）将非经营性资产和经营性资产完全划分开，非经营性资产或留在原企业，或组建为新的第三产业服务性单位。该部分由国有股持股单位所分得的红利予以全部或部分的支持，使其生存和发展。

（2）完全分离经营性资产和非经营性资产，公司的社会职能分别由保险公司、教育系统、医疗系统等社会公共服务系统承担，其他非经营性资产以变卖、拍卖、赠与等方式处置。

（四）无形资产的处置

无形资产是指得到法律认可和保护，不具有实物形态，并在较长时间内（超过1年）使企业在生产经营中受益的资产。主要包括商标权、专利权、著作权、专有技术、土地使用权、商誉、特许经营权、开采权等。无形资产的处置方式如下：

（1）当企业整体改组为上市公司的时候，无形资产产权一般全部转移到上市公司，由国有股权的持股单位，即原企业的上级单位享有无形资产产权的折股。

（2）当企业以分立或合并的方式改组，成立了对上市公司控股的公司的时候，有多种处置方式：①直接作为投资折股，产权归上市公司，控股公司不再使用该无形资产；②产权归上市公司，但允许控股公司或其他关联公司有偿或无偿使用该无形资产；③无形资产产权由上市公司的控股公司掌握，控股公司与上市公司签订关于无形资产使用的许可协议，由上市公司有偿使用；④由上市公司出资取得无形资产的产权。

三、股份制改组的资产评估

资产评估是指由专门评估机构和人员根据国家规定和有关数据资料，根据特定评估目的，遵循公允、法定的原则，采用适当的评估原则、程序、评价标准，运用科学的评估方法，以统一的货币单位，对评估的资产进行评定和估算。

（一）资产评估的范围

资产评估的范围包括固定资产、长期投资、流动资产、无形资产、其他资产及负债。资产评估根据评估范围的不同，可以分为单项资产评估、部分资产评估及整体资产评估。

公司改组为上市公司时，应当根据公司改组和资产重组的方案确定资产评估的范围，基本原则是：进入股份有限公司的资产都必须进行评估。拟改组上市的公司在进行资产评估时，必须由取得证券从业资格的资产评估机构进行评估。

注意，企业有下列行为之一的，可以不对相关国有资产进行评估：①经各级人民政府或其国有资产监督管理机构批准，对企业整体或者部分资产实施无偿划转；②国有独资企业与其下属独资企业之间（或下属独资企业之间）的合并、资产（产权）置换和无偿划转。

（二）资产评估的基本方法

我国采用资产评估的方法主要有收益现值法、重置成本法、现行市价法和清算价格法。

（1）收益现值法。收益现值法是将评估对象剩余寿命期间每年（或每月）的预期收益，用适当的折现率折现，累加得出评估基准日的现值，以此估算资产价值的方法。通常用于有收益企业的整体评估及无形资产评估等。

（2）重置成本法。重置成本法是在现时条件下，被评估资产全新状态的重置成本减去该项资产的实体性贬值、功能性贬值和经济性贬值，估算资产价值的方法。重置成本法的计算公式是：

$$被评估资产价值＝重置全价－实体性陈旧贬值－功能性陈旧贬值－$$
$$经济性陈旧贬值$$

或 　　　　　　被评估资产价值＝重置全价×成新率

（3）现行市价法。是通过市场调查，选择一个或 n 个与评估对象相同或类似的资产作为比较对象，分析比较对象的成交价格和交易条件，进行对比调整，估算出资产价值的方法。

现行市价法的计算公式是：

被评估资产价值＝被评估资产全新市价－折旧或被评估资产价值＝被评估资产全新市价×成新率

现行市价法的适用条件：一是存在着 3 个及 3 个以上具有可比性的参照物；二是价值影响因素明确并可量化。

（4）清算价格法。清算价格法适用于依照国家破产法规的规定，经人民法院宣告破产的公司。公司在股份制改组中一般不使用这一办法。采用清算价格法评估资产，应当根据公司清算时其资产可变现的价值，评定重估价值。

对不同公司投入股份有限公司的同类资产，应当采用同一价格标准评估。

（三）境外募股公司的资产评估与一般资产评估的区别（见表3-2）

表3-2　一般资产评估与境外募股公司资产评估的区别

区别	一般资产评估	境外募股公司的资产评估
评估对象	根据国有资产管理部门的规定，境内评估机构应当对投入股份有限公司的全部资产和负债进行资产评估	境外评估机构根据上市地有关法律、上市规则的要求，通常仅对公司的物业和机器设备等固定资产进行评估

区别	一般资产评估	境外募股公司的资产评估
评估机构	一家国内的评估机构	境外募股公司除了需要一家国内的评估机构按国有资产管理部门的有关规定进行评估以外，一般还需要根据募股或上市地的法律或上市规则的要求，聘请一家在当地有评估资格的机构进行评估
评估结果的协调	我国国有公司改组为上市公司时，资产评估结果需要报国有资产管理部门审核确认	改组为境外募股公司时，如果有境外的会计师查验账目，结果与国有资产管理部门确认的资产评估结果不一致，需要调整时，也要由原资产评估结果确认的国有资产管理部门审核同意

（四）股份制改组的会计报表审计

会计报表的审计是指从审计工作开始到审计报告完成的整个过程，一般包括三个主要阶段，即计划阶段、实施审计阶段和审计完成阶段。

（1）计划阶段。主要工作包括：调查、了解被审计单位的基本情况；与被审计单位签订审计业务约定书；执行分析程序；确定重要性水平；分析审计风险；编制审计计划。

审计风险是指注册会计师对有重要错报的会计报表仍发表无保留意见的可能性。

审计风险由固有风险、控制风险和检查风险组成，三者关系如下：

审计风险＝固有风险×控制风险×检查风险

（2）实施审计阶段。主要工作包括：对被审计单位内部控制制度的建立及遵守情况进行符合性测试，根据测试结果修订审计计划；对会计报表项目的数据进行实质性测试，根据测试结果进行评估和鉴定。

（3）审计完成阶段。主要工作有：整理审计工作底稿与评价执行审计业务中收集到的各类审计证据，形成审计结论；会计师事务所注册会计师、项目经理（部门经理）、主任会计师分级复核工作底稿（签发审计报告前的审计工作底稿的复核，一般由主任会计师负责，是对整套工作底稿进行原则性复核）；审计期后事项和/或有损失；完成审计报告。

（五）股份制改组的法律审查

企业股份制改组与股份有限公司设立的法律审查，是指需由律师对企业改组与公司设立的文件及其相关事项的合法性进行审查。律师一般从以下几个方面进行审查，并出具法律意见书，且要保持独立性。

（1）企业申请进行股份制改组的可行性和合法性。

（2）发起人资格及发起协议的合法性（详见第二章相关内容）。

（3）发起人投资行为和资产状况的合法性。

（4）无形资产权利的有效性和处理的合法性。

（5）原企业重大变更的合法性和有效性。

（6）原企业重大合同及其他债权、债务的合法性。

（7）诉讼、仲裁或其他争议的解决。

（8）其他应当审查的事项。

 精选考题同步演练

一、单项选择题（以下各小题所给出的四个选项中，只有一项最符合题目要求，请将正确选项的代码填入括号内）

1. 根据我国《证券法》第五十条规定，股份有限公司股本总额超过人民币 4 亿元的，若拟申请其股票在证券交易所上市交易，其向社会公开发行股份的比例为（   ）。

    A. 10％以上   B. 15％以上

    C. 20％以上   D. 25％以上

2. 从根本上讲，我国国有企业改革的目的在于（   ），塑造真正的市场竞争主体，以适应市场经济的要求。

    A. 明确产权   B. 建立企业竞争机制

    C. 建立企业激励机制   D. 建立企业管理结构

3. 按照国有资产监督管理委员会《关于规范国有企业改制工作意见》，国有企业在改制前，首先应进行（   ）。

    A. 产权界定   B. 报表审计

C. 清产核资　　　　　　　　　D. 资产评估

4. 关于国有资产的折股，下列说法不正确的是（　　　）。

A. 国有企业（指单一投资主体的企业）改组设立股份公司，在资产评估和产权界定后，须将总资产一并折股，股权性质不得分设

B. 其股本由依法确定的国有持股单位统一持有，不得由不同的部门或机构分割持有

C. 国有企业进行股份制改组，要按《在股份制试点工作中贯彻国家产业政策若干问题的暂行规定》，保证国家股或国有法人股（该国有法人单位应为国有独资企业或国有独资公司）的控股地位

D. 国有资产折股时，不得低估作价并折股，一般应以评估确认后的净资产折为国有股股本

5. 根据我国现行规定，下列通常不作为无形资产作价入股的是（　　　）。

A. 商誉　　　　　　　　　　　B. 非专利技术

C. 土地使用权　　　　　　　　D. 商标权

6. 占有国有资产的单位设立拟发行上市公司时，资产评估报告应报送（　　　）。

A. 国家发改委　　　　　　　　B. 商务部

C. 国有资产监督管理机构　　　D. 中国证监会

7. 企业在海外募股上市的，通常只对（　　　）进行评估。

A. 机器设备　　　　　　　　　B. 无形资产

C. 物业和机器设备等固定资产　D. 有形资产

8. 关于股份制改组的法律审查，下列说法错误的是（　　　）。

A. 律师应查阅改组企业签订的尚未履行完结的重要合同，审查重大合同的合法性和履行合同可能产生的负面影响或取得的权利是否存在瑕疵

B. 律师应尽责了解原企业尚未完结的诉讼、仲裁或其他争议，并依法对这些诉讼、仲裁或争议的处理结果以及可能带来的经济后果发表意见

C. 律师必须审查企业商标权、专利权等知识产权是否仍在保护期内

D. 鉴于券商是各中介机构的主协调人，因此律师作出法律意见时

应与券商保持一致

二、不定项选择题（以下各小题给出的多个选项中，有一个或者一个以上的选项符合题目要求，请将符合题目要求选项代码填入括号内）

1. 拟发行上市的公司改组应遵循的原则是（　　）。

A. 突出公司主营业务，形成核心竞争力和持续发展的能力

B. 按照《上市公司治理准则》的要求独立经营，运作规范

C. 有效避免同业竞争，减少和规范关联交易

D. 先发行上市，后改制运行

2. 发起人投入拟发行上市公司的业务和资产应独立完整，下列应遵循的原则是（　　）。

A. 人员、机构、资产相结合原则

B. 人员、机构、资产按照业务划分原则

C. 债务、收入、成本、费用相配比原则

D. 债务、收入、成本、费用等因素与业务划分相配比原则

3. 拟发行上市公司的（　　）应专职在公司工作并领取薪酬，不得在持有公司 5% 以上股权的股东单位及其下属企业担任除董事、监事以外的任何职务，不得在与公司业务相同或相近的其他企业任职。

A. 总经理　　　　　　　　　B. 副总经理

C. 财务负责人　　　　　　　D. 核心技术人员

4. 公司提出上市申请前，存在数量较大的关联交易，应制定有针对性减少关联交易的实施方案，应该注意的问题包括（　　）。

A. 发起人或股东不得通过保留采购、销售机构，以及垄断业务渠道等方式干预拟发行上市公司的业务经营

B. 从事生产经营的拟发行上市公司应拥有独立的产、供、销系统，主要原材料和产品销售不得依赖股东及其下属企业

C. 专为拟发行上市公司生产经营提供服务的机构，应由关联方或无关联的第三方经营

D. 主要为拟发行上市公司进行的专业化服务，应由关联方纳入（通过出资投入或出售）拟发行上市公司，或转由无关联的第三方经营

5. 下列界定为国有法人股的是（　　）。

A. 国家授权投资的机构或部门，直接向新设立的股份公司投资形成的股份

B. 国有企业（行业性总公司和具有政府行政管理职能的公司除外）以其依法占用的法人资产直接向新设立的股份公司投资入股形成的股份

C. 国有法人单位（行业性总公司和具有政府行政管理职能的公司除外）所拥有的企业，以全部或部分资产改建为股份公司，进入股份公司的净资产折成的股份

D. 国有企业（集团公司）的全资子企业（子公司）和控股子企业（控股子公司）以其依法占用的法人资产直接向新设立的股份公司投资入股形成的股份

6. 国有企业改组为上市公司时，其占用的国有土地的处置方式主要有（　　）。

A. 以土地所有权作价入股

B. 以土地使用权作价入股

C. 缴纳土地出让金取得土地使用权

D. 缴纳土地年租金

7. 当企业以分立或者合并的方式改组，成立了对上市公司控股的公司的时候，无形资产产权的处置方式有（　　）。

A. 直接作为投资折股，产权归上市公司

B. 产权归上市公司，但允许控股公司或者其他关联公司有偿或无偿使用该无形资产

C. 无形资产产权由上市公司的控股公司掌握，上市公司可有偿或无偿使用

D. 由上市公司出资取得无形资产的产权

8. 会计报表的审计是指从审计工作开始到审计报告完成的整个过程，一般包括（　　）。

A. 计划阶段 　　　　　　　　　　B. 实施审计阶段

C. 审计复核阶段 　　　　　　　　D. 审计完成阶段

三、判断题（判断以下各小题的对错，正确的用 A 表示，错误的用 B 表示）

1. 股份有限公司在公开发行股票后，若拟申请其股票在证券交易所上市交易，其公开发行的股份应达到公司股份总数的 35%以上。（　　）

2. 拟发行上市公司不得为控股股东及下属单位、其他关联企业提供担保，但可将以拟发行上市公司名义的借款转借给股东单位使用。（　　）

3. 股东大会对有关关联交易进行表决时，关联股东或有关联关系的董事应当参加投票表决。（　　）

4. 发起人以非货币性资产出资，无形资产可以不投入拟发行上市公司。（　　）

5. 经国务院国有资产监督管理机构批准经济行为的事项涉及的资产评估项目，由中央企业负责备案。（　　）

6. 非国家控股公司的股份制企业资产评估，由董事会或股东大会批准资产评估申报和对评估结果确认。（　　）

7. 采用清算价格法评估资产，应当根据公司清算时其净资产可变现的价值，评定重估价值。（　　）

8. 如果一项潜在损失是可能的，且损失的数额是可以合理地估计出来的，则该项损失应作为应计项目，在会计报表中反映。如果可能损失的金额无法合理估计，或者如果损失仅仅有些可能，则不能在附注中反映。（　　）

 精选考题答案解析

一、单项选择题

1.【**答案及解析**】A　《证券法》第五十条规定，股份有限公司申请股票上市，应当符合下列条件：①股票经国务院证券监督管理机构核准已公开发行；②公司股本总额不少于人民币 3 000 万元；③公开发行的股份达到公司股份总数的 25%以上；公司股本总额超过人民币 4 亿元的，公开发行股份的比例为 10％以上；④公司最近 3 年无重大违法行为，财务会计报告无虚假记载。故选 A。

2.【答案及解析】A　企业股份制改组的目的在于：①确立法人财产权；②建立规范的公司治理结构；③筹集资金。从根本上讲，我国企业改革的目的在于明确产权。故选 A。

3.【答案及解析】C　按照国有资产监督管理委员会《关于规范国有企业改制工作意见》，国有企业在改制前，首先应进行清产核资，在清产核资的基础上，再进行资产评估。故选 C。

4.【答案及解析】A　国有企业（指单一投资主体的企业）改组设立股份公司，在资产评估和产权界定后，须将净资产一并折股，股权性质不得分设。注意总资产和净资产的区别。故选 A。

5.【答案及解析】A　发起人不得以劳务、信用、自然人姓名、商誉、特许经营权或者设定担保的财产等作价出资。股份有限公司的发起人在出资时可以用货币出资，也可以用实物、工业产权、非专利技术或土地使用权作价出资。对作为出资的实物、工业产权、非专利技术或者土地使用权，必须进行评估作价，核实财产，并折合为股份。故选 A。

6.【答案及解析】C　资产评估项目的备案程序包括：企业收到资产评估机构出具的评估报告后，将备案材料逐级报送到国有资产监督管理机构或其所出资企业，自评估基准日起 9 个月内提出备案申请；国有资产监督管理机构或者所出资企业收到备案材料后，对材料齐全的，在 20 个工作日内办理备案手续，必要时可组织有关专家参与备案审查。故选 C。

7.【答案及解析】C　根据国有资产管理部门的规定，境内评估机构应对投入股份有限公司的全部资产和负债进行资产评估，而境外募股时境外评估机构根据上市地有关法律、上市规则的要求。通常仅对公司的物业和机器设备等固定资产进行评估。故选 C。

8.【答案及解析】D　律师应该独立发表意见，不一定要与券商保持一致。故选 D。

二、不定项选择题

1.【答案及解析】ABC　拟发行上市的公司改组应遵循的原则是：

①突出公司主营业务，形成核心竞争力和持续发展的能力；②按照《上市公司治理准则》的要求独立经营，运作规范；③有效避免同业竞争，减少和规范关联交易。故 ABC 选项正确；中国证监会长期以来要求在股票发行工作中实行"先改制运作，后发行上市"，所以 D 项表述错误。故选 ABC。

2.【答案及解析】BD 发起人投入拟发行上市公司的业务和资产应独立完整，遵循人员、机构、资产按照业务划分以及债务、收入、成本、费用等因素与业务划分相配比的原则。故选 BD。

3.【答案及解析】ABC 拟发行上市公司的总经理、副总经理、财务负责人、董事会秘书等高级管理人员应专职在公司工作并领取薪酬，不得在持有拟发行上市公司 5% 以上股权的股东单位及其下属企业担任除董事、监事以外的任何职务，也不得在与所任职的拟发行上市公司业务相同或相近的其他企业任职。故选 ABC。

4.【答案及解析】ABD 专为拟发行上市公司生产经营提供服务的机构，应重组进入拟发行上市公司。而不应由关联方或无关联的第三方经营，C 项错。故选 ABD。

5.【答案及解析】BCD 国有法人股是指具有法人资格的国有企业、事业及其他单位，以其依法占用的法人资产，向独立于自己的股份公司出资形成或依法定程序取得的股份。国家授权投资的机构或部门，直接向新设立的股份公司投资形成的股份界定为国家股。故选 BCD。

6.【答案及解析】BCD 对上市公司占用的国有土地主要采取的处置方式有：以土地使用权作价入股；缴纳土地出让金；缴纳土地年租金；授权经营方式配置土地。故选 BCD。

7.【答案及解析】ABD 当企业以分立或合并的方式改组，成立了对上市公司控股的公司时，无形资产的处置方式有：①直接投资作为投资折股，产权归上市公司，控股公司不再使用该无形资产；②产权归上市公司，但允许控股公司或其他关联公司有偿或无偿使用该无形资产；③无形资产产权由上市公司的控股公司掌握，控股公司与上市公司签订关于购买无形资产使用的许可协议，由上市公司有偿使用；④由上市公司出资取得无形资产的产权。故选 ABD。

8.【答案及解析】ABD　会计报表的审计是指从审计工作开始到审计报告完成的整个过程，一般包括三个主要的阶段，即计划阶段、实施审计阶段和审计完成阶段。故选 ABD。

三、判断题

1.【答案及解析】B　股份有限公司在公开发行股票后，若拟申请其股票在证券交易所上市交易，其公开发行的股份应达到公司股份总数的 25％以上。

2.【答案及解析】B　拟发行上市公司不得为控股股东及其下属单位、其他关联企业提供担保，或将以拟发行上市公司名义的借款转借给股东单位使用。

3.【答案及解析】B　股东大会对有关关联交易进行表决时，应严格执行公司章程规定的回避制度，关联股东或有关联关系的董事不应当参加投票表决。

4.【答案及解析】B　发起人或股东以非货币性资产出资，应将业务所必需的固定资产、在建工程、无形资产以及其他资产完整投入拟发行上市公司。

5.【答案及解析】B　经国务院国有资产监督管理机构批准经济行为的事项涉及的资产评估项目，由国务院国有资产监督管理机构负责备案；经国务院国有资产监督管理机构所出资企业及其各级子企业批准经济行为的事项涉及的资产评估项目，由中央企业负责备案。

6.【答案及解析】B　国家控股的股份制企业的资产评估，由董事会（没有股东会）批准资产评估申报和对评估结果的确认。

7.【答案及解析】B　采用清算价格法评估资产，应当根据公司清算时其资产（不是净资产）可变现的价值，评定重估价值。

8.【答案及解析】B　如果一项潜在损失是可能的，且损失的数额是可以合理地估计出来的，则该项损失应作为应计项目，在会计报表中反映。如果可能损失的金额无法合理估计，或者如果损失仅仅有些可能，则只能在附注中反映，而不在会计报表中列为应计项目。

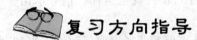

第四章

首次公开发行股票的准备和推荐核准程序

复习方向指导

掌握发行承销过程中的具体保荐业务；熟悉首次公开发行股票申请文件；掌握招股说明书、招股说明书摘要、资产评估报告、审计报告、盈利预测审核报告（如有）、法律意见书和律师工作报告以及辅导报告的基本要求。

掌握主板及创业板首次公开发行股票的条件、辅导要求。了解首次公开发行申请文件的目录和形式要求，了解主板和创业板首次公开发行股票的核准程序、发审委对首次公开发行股票的审核工作。了解发行审核委员会会后事项。掌握发行人报送申请文件后变更中介机构的要求。

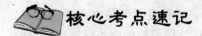

第一节 首次公开发行股票申请文件的准备

一、保荐业务

（一）保荐人机构和保荐代表人开展保荐业务的基本要求

2008 年 10 月 17 日发布了《证券发行上市保荐业务管理办法》，要求发行人就下列事项聘请具有保荐机构资格的证券公司履行保荐职责：首次公开发行股票并上市；上市公司发行新股、可转换公司债券及中国证监会认定的其他情形。

（1）证券公司从事证券发行上市保荐业务，应依照本规定向中国证监会申请保荐机构资格。保荐机构履行保荐职责，应当指定依照本规定取得保荐代表人资格的个人具体负责保荐工作。未经中国证监会核准，任何机构和个人不得从事保荐业务。

（2）保荐机构及其保荐代表人应当遵守法律、行政法规和中国证监会的相关规定，恪守业务规则和行业规范，诚实守信，勤勉尽责，尽职推荐发行人证券发行上市，持续督导发行人履行规范运作、信守承诺、信息披露等义务。

保荐机构及其保荐代表人不得通过从事保荐业务谋取任何不正当利益。保荐代表人应当遵守职业道德准则，珍视和维护保荐代表人职业声誉，保持应有的职业谨慎，保持和提高专业胜任能力。

保荐代表人应当维护发行人的合法利益，对从事保荐业务过程中获知的发行人信息保密。保荐代表人应当恪守独立履行职责的原则，不因迎合发行人或者满足发行人的不当要求而丧失客观、公正的立场，不得唆使、协助或者参与发行人及证券服务机构实施非法的或者具有欺诈性的行为。保荐代表人及其配偶不得以任何名义或者方式持有发行人的股份。

（3）同次发行的证券，其发行保荐和上市保荐应当由同一保荐机构承担。保荐机构依法对发行人申请文件、证券发行募集文件进行核查，向中国证监会、证券交易所出具保荐意见。保荐机构应当保证所出具的文件真实、准确、完整。

证券发行规模达到一定数量的，可以采用联合保荐，但参与联合保荐的保荐机构不得超过2家。证券发行的主承销商可以由该保荐机构担任，也可以由其他具有保荐机构资格的证券公司与该保荐机构共同担任。

保荐机构及其控股股东、实际控制人、重要关联方持有发行人的股份合计超过7%，或者发行人持有、控制保荐机构的股份超过7%的，保荐机构在推荐发行人证券发行上市时，应联合 1 家无关联保荐机构共同履行保荐职责，且该无关联保荐机构为第一保荐机构。

（二）保荐业务规程

包括保荐业务管理和保荐业务规则。保荐机构应当尽职推荐发行人证券发行上市。发行人证券上市后，保荐机构应当持续督导发行人履行规范运作、信守承诺、信息披露等义务。具体内容有：尽职调查，推荐发行和推荐上市，配合中国证监会审核，持续督导。

（三）保荐业务协调

1. 保荐机构及其保荐代表人与发行人

保荐机构应当与发行人签订保荐协议，明确双方的权利和义务，按照行业规范协商确定履行保荐职责的相关费用。保荐机构及其保荐代表人履行保荐职责可以对发行人行使的权利。保荐代表人对发行人在持续督导期间出现的情形承担相应责任。发行人发生规定情形的，应当及时通知或者咨询保荐机构，并将相关文件送交保荐机构。

2. 保荐机构与其他证券服务机构

保荐机构应当组织协调证券服务机构及其签字人员参与证券发行上市的相关工作。

（四）保荐业务工作底稿

中国证监会于 2009 年 3 月制定了《证券发行上市保荐业务工作底稿指引》，要求保荐机构应当按照指引的要求编制工作底稿。工作底稿是指保荐机构及其保荐代表人在从事保荐业务全部过程中获取和编写的，与保荐业务相关的各种重要资料和工作记录的总称。工作底稿应当至少保存 10 年。

二、首次公开发行股票申请文件

申请主板 IPO 的发行人，应按照《公开发行证券的公司信息披露内容与格式准则第 9 号——首次公开发行股票并上市申请文件》的要求制作申请文件。

申请创业板 IPO 的发行人，应按照《公开发行证券的公司信息披露内容与格式准则第 28 号——创业板招股说明书》的要求制作申请文件。

发行人报送申请文件，初次报送应提交原件 1 份，复印件 3 份；在提交发审委审核前，根据中国证监会要求的份数补报申请文件。

申请文件目录包括两部分：要求在指定报刊及网站披露的文件和不要求在指定报刊及网站披露的文件。共十章：

第一章　招股说明书与发行公告
第二章　发行人关于本次发行的申请及授权文件
第三章　保荐机构关于本次发行的文件
第四章　会计师关于本次发行的文件
第五章　发行人律师关于本次发行的文件
第六章　发行人的设立文件
第七章　关于本次发行募集资金运用的文件
第八章　与财务会计资料相关的其他文件
第九章　其他文件
第十章　定向募集公司还应提供的文件

三、招股说明书

招股说明书是发行人发行股票时，就发行中的有关事项向公众作出披露，并向非特定投资人提出购买或销售其股票的要约邀请性文件。公司首次公开发行股票必须制作招股说明书。发行人应当按照中国证监会的有关规定编制和披露招股说明书。招股说明书是发行人向中国证监会申请公开发行申报材料的必备部分。

招股说明书由发行人在保荐机构及其他中介机构的辅助下完成，由公司董事会表决通过。审核通过的招股说明书应当依法向社会公众披露。

此外，保荐机构应对招股说明书中的重要信息、数据和其他对保荐业务或投资者决策有重大影响的内容进行验证。验证方法为在需要验证的文字后插入脚注，并对其进行注释，说明对应的工作底稿目录编号以及相应的文件名称。

四、招股说明书摘要

招股说明书摘要是对招股说明书内容的概括，是由发行人编制，随招股说明书一起报送批准后，在由中国证监会指定的至少一种全国性报刊上及发行人选择的其他报刊上刊登，供公众投资者参考的关于发行事项的信息披露法律文件。招股说明书摘要应简要提供招股说明书的主要内容，但不得误导投资者。招股说明书摘要的目的仅为向公众提供有关本次发行的简要情况，无须包括招股说明书全文各部分的主要内容。

五、资产评估报告

资产评估报告是评估机构完成评估工作后出具的专业报告。该报告涉及国有资产的，须经国有资产管理部门、有关的主管部门核准或备案；该报告不涉及国有资产的，须经股东会或董事会确认后生效。资产评估报告的有效期为评估基准日起的 1 年。资产评估报告由封面、目录、正文、附录、备查文件组成。

资产评估报告的正文主要包括：评估机构与委托单位的名称；评估目的与评估范围；资产状况与产权归属；评估基准日期；评估原则；评估依据；评估方法和计价标准；资产评估说明；资产评估结论；评估附件名称；评估日期；评估人员签章。

资产评估附件主要包括：评估资产的汇总表与明细表；评估方法说明和计算过程；与评估基准日有关的会计报表；被评估单位占有不动产的产权证明文件的复印件；评估机构和评估人员资格证明文件的复印件；其他与评估有关的文件资料。

六、审计报告

（一）审计报告的内容

审计报告是注册会计师根据独立审计准则的要求，实施必要的审计程序后，对被审计单位的会计报表发表审计意见的书面文件。审计报告是审计工作的最终结果，具有法定的证明效力。

审计报告应当包括以下基本内容：标题；收件人；责任段；意见段；签章和会计师事务所的地址；报告日期。

当注册会计师出具无保留意见的审计报告时，如果认为必要，可以在意见段之后，增加对重要事项的说明。

（二）审计意见的类型

注册会计师应当根据审计结论，出具下列审计意见之一的审计报告：

（1）无保留意见，合规、公允、一致，未受阻碍限制；

（2）非无保留意见，在会计政策的选用、会计估计的作出或财务报表的披露方面存在分歧，审计范围受限制；

（3）保留意见，个别事项不合规定，个别处理方法不符合一贯原则，审计范围局部限制；

（4）否定意见，严重违反规定，严重失实，拒绝调整；

（5）无法表示意见，审计范围受到委托人、被审计单位或客观环境的严重限制，不能获得必要的审计证据；注册会计师明知应当出具保留意见和否定意见的审计报告时，不得以拒绝表示意见的审计报告代替。

七、盈利预测审核报告（如有）

盈利预测是指发行人对未来会计期间的经营成果预计和测算。

盈利预测的数据（合并会计报表）至少应包括会计年度营业收入、利润总额、净利润、每股盈利。

预测应是在对一般经济条件、经营环境、市场情况、发行人的生产经营条件和财务状况等进行合理假设的基础上，按照发行人正常的发展速度，本着审慎的原则作出的。

预测期间的确定原则为：如果预测是在发行人会计年度的前6个月作出的，则为预测时起至该会计年度结束时止的期限；如果预测是在发行人会计年度的后6个月作出的，则为预测时起至不超过下一个会计年度结束时止的期限。拟上市公司应当本着审慎的原则作出当年的盈利预测，并经过具有证券业从业资格的注册会计师审核。如果存在影响盈利预测的不确定因素，则应作出敏感性分析与说明。如果拟上市公司不能作出盈利预测，则应在发行公告和招股说明书的显要位置作出风险警示。

八、法律意见书和律师工作报告

法律意见书和律师工作报告是发行人向中国证监会申请公开发行证券的必备文件。

法律意见书是律师对发行人本次发行上市的法律问题依法明确作出的结论性意见。

律师工作报告是对律师工作过程、法律意见书所涉及的事实及其发展过程、每一法律意见所依据的事实和有关法律规定作出的详尽、完整的阐述，说明律师制作法律意见书的工作过程。

律师应对发行人是否符合股票发行上市条件，发行人的行为是否违法、违规，招股说明书及其摘要引用的法律意见书和律师工作报告的内容是否适当，明确发表总体结论性意见。律师已勤勉尽责仍不能发表肯定性意见的，应发表保留意见，并说明相应的理由及对本次发行上市的影响程度。

法律意见书的必备内容包括律师的声明以及对本次股票发行上市的一些事项明确发表结论性意见，所发表的结论性意见应包括是否合法合规、是否真实有效、是否存在纠纷或潜在风险。

律师在制作法律意见书和律师工作报告的同时，应制作工作底稿。工作底稿的保存期限不得少于7年。

九、辅导报告

辅导报告是保荐人对拟发行证券的公司的辅导工作结束以后，就辅导情况、效果及意见向有关主管单位出具的书面报告。

辅导报告除了应详细阐明辅导事项和辅导效果外，还应载明以下内容：公司设立情况、辅导工作情况、辅导内容、公司规范运作、对辅导的效果进行检查、辅导的形式、在辅导过程中发现需要整改的事项及整改措施、辅导后股份公司的管理与运作效果、信息披露制度的建立健全等。辅导报告作为公司申请股票发行和上市的必备文件，与公开发行股票公司申报材料一并报中国证监会的派出机构。

第二节　首次公开发行股票的条件、
辅导和推荐核准

一、首次公开发行股票的条件

（一）在主板上市公司首次公开发行股票的主体资格

依据中国证监会 2006 年 5 月发布实施的《首次公开发行股票并上市管理办法》和《证券期货法律适用意见第 1 号》、《证券期货法律适用意见第 3 号》的规定，在主板上市公司首次公开发行股票的主体资格如下。

（1）发行人应当是依法设立且合法存续的股份有限公司。经国务院批准，有限责任公司在依法变更为股份有限公司时，可以采取募集设立方式公开发行股票。

（2）自股份有限公司成立后，持续经营时间应当在 3 年以上，但经国务院批准的除外。

（3）发行人的注册资本已足额缴纳，发起人或者股东用作出资的资产的财产权转移手续已办理完毕，发行人的主要资产不存在重大权属纠纷。

（4）发行人的生产经营符合法律、行政法规和公司章程的规定，符合国家产业政策。

（5）发行人最近 3 年内主营业务和董事、高级管理人员没有发生重大变化，实际控制人没有发生变更。

（6）股权清晰，控股股东和受控股股东、实际控制人支配的股东持有的发行人股份不存在重大权属纠纷。

（二）在创业板上市公司首次分开发行股票的基本条件

发行人是依法设立且持续经营 3 年以上的股份有限公司。

有限责任公司按原账面净资产值折股整体变更为股份有限公司的，持续经营时间可以从有限责任公司成立之日起计算。

对于在主板市场和创业板市场申请上市要求的区别见表 4-1。

表 4-1 申请上市的财务与会计要求

	主板市场	创业板市场
经营要求	最近 3 个会计年度： （1）净利润均为正，且累计超过人民币 3 000 万元； （2）经营活动产生的现金流量净额累计超过人民币 5 000 万元，或营业收入累计超过人民币 3 亿元	最近两年连续盈利，净利润累计不少于 1 000 万元，且持续增长；或者，最近 1 年盈利，且净利润不少于 500 万元，营业收入不少于 5 000 万元，最近两年营业收入增长率均不低于 30%
股本要求	发行前股本总额不少于人民币 3 000 万元	发行后股本总额不少于 3 000 万元
资产要求	最近 1 期末，无形资产（扣除土地使用权、水面养殖权和采矿权等）占净资产的比例不高于 20% 最近 1 期末，不存在未弥补亏损	最近 1 期末，净资产不少于 2 000 万元，且不存在未弥补亏损

二、首次公开发行股票的辅导

中国证监会分别于 2006 年 5 月、2008 年 12 月实施了《首次公开发行股票并上市管理办法》和《证券发行上市保荐业务管理办法》。根据规定，保荐机构在推荐发行人首次公开发行股票并上市前，应当对发行人进行辅导。保荐机构及其保荐代表人应当遵循勤勉尽责、诚实守信的原则，认真履行审慎核查和辅导义务，并对其所出具的发行保荐书的真实性、准确性、完整性负责。中国证监会不再对辅导期限作硬性要求。保荐机构在推荐发行人首次公开发行股票并上市前，应当对发行人进行辅导，对发行人的董事、监事和高级管理人员、持有 5% 以上股份的股东和实际控制人（或者其法定代表人）进行系统的法规知识、证券市场知识培训。

保荐机构辅导工作完成后，应由发行人所在地的中国证监会派出机构进行辅导验收。

三、首次公开发行股票的核准

（一）首次公开发行股票的核准程序

具体见表 4-2。

表 4-2　首次公开发行股票的核准程序

申报	按照有关规定制作申请文件，由保荐人保荐并向中国证监会申报
受理	中国证监会收到申请文件后，在 5 个工作日内作出是否受理的决定
初审	由相关职能部门对发行人的申请文件进行初审。①将征求发行人注册地省级人民政府是否同意发行人发行股票的意见；②就发行人的募集资金投资项目是否符合国家产业政策和投资管理的规定征求国家发改委的意见
预披露	申请文件被受理后、发审委审核前，发行人应将招股说明书（申报稿）在中国证监会网站预先披露。发行人可将其刊登于企业网站，但披露内容应与证监会网站一致，且不得早于在证监会网站的披露时间
发审委审核	初审完成后，由发审委组织发审委会议进行审核
决定	中国证监会依照法定条件对发行人的发行申请作出予以核准或者不予核准的决定，并出具相关文件。①自中国证监会核准发行之日起，发行人应在 6 个月内发行股票；②超过 6 个月未发行的，核准文件失效，须重新经中国证监会核准后方可发行

（二）发审委对首次公开发行股票的审核工作

中国证监会于 2006 年 5 月发布实施了《中国证券监督管理委员会发行审核委员会办法》。该办法规定，中国证监会设立发行审核委员会，审核发行人股票发行申请和可转换公司债券等中国证监会认可的其他证券的发行申请（统称"股票发行申请"）。

（1）基本组成。

人员构成：发审委委员由有关行政机关、行业自律组织、研究机构和高等院校等推荐，由中国证监会聘任。

人数：主板发审委委员为 25 名，其中证监会人员为 5 名，证监会以外人员为 20 名；创业板发审委委员为 35 名，其中证监会的人员为 5

名，证监会以外的人员为 30 名。

任期：发审委委员每届任期 1 年，可以连任，但连续任期最长不超过 3 届。

工作方式：发审委通过召开发审委会议进行审核工作，每次参加发审委会议的发审委委员为 7 名。表决投票时，同意票数达到 5 票为通过。

（2）发审委的职责。根据有关规定，审核股票发行申请是否符合相关条件；审核保荐人、会计师事务所、律师事务所、资产评估机构等证券服务机构及相关人员为股票发行所出具的有关材料及意见书；审核中国证监会有关职能部门出具的初审报告；依法对股票发行申请提出审核意见。

四、会后事项

发审会会后事项监管及封卷工作的具体要求如下。

第一，公司发行股票前，发行人应提供会后重大事项说明，保荐机构及发行人律师、会计师应就公司在通过发审会审核后是否发生重大事项分别出具专业意见。

第二，是否需要重新提交发审会审核的标准。

第三，拟发行公司若最近 1 年实现的净利润低于上年的净利润或盈利预测数（如有），或净资产收益率未达到公司承诺的收益率，由发行监管部决定是否重新提交发审会讨论。

第四，封卷时，公司应在提供的招股说明书或招股意向书上明确注明"封卷稿"字样及封卷稿提交时间，注明全体董事及相关中介机构签署意见的时间。

第五，中国证监会在公开发行前两周左右通知通过发审会的发行人和中介机构，要求其按照 15 号文第四条的要求，报送会后事项的有关材料。

第六，发行公司在发审会通过后有重大事项发生或者需要重新上发审会审核的，发行监管部将暂缓安排发行；无重大事项发生的，办理最终封卷手续。

第七，在中国证监会将核准文件交发行人的当日或者发行公司刊登招股说明书（招股意向书）的前 1 个工作日中午 12：00 以前，发行人和中介机构应向发行监管部提交"承诺函"，承诺自提交会后事项材料日至提交承诺函日止（即最近两周左右时间内），无 15 号文所述重大事项发生。如有重大事项发生的，应重新提交会后事项材料。

第八，按时提交承诺函且无重大事项发生的，中国证监会安排发行；未能按时提交承诺函或有重大事项发生的，中国证监会暂缓安排发行。

第九，在招股说明书或招股意向书刊登后至获准上市前，如公司发生重大事项，提交有关说明后，经审阅无异议的，公司方能于第 2 日刊登补充公告。

五、关于发行人报送申请文件后变更中介机构的要求

（一）更换保荐机构（主承销商）

发行人更换保荐机构（主承销商）应重新履行申报程序，并重新办理发行人申请文件的受理手续。

更换后的保荐机构（主承销商）应重新制作发行人的申请文件，并对申请文件进行质量控制。

（二）更换签字会计师或会计师事务所、签字律师或律师事务所等其他中介机构

更换后的会计师或会计师事务所应对申请首次公开发行股票公司的审计报告出具新的专业报告，更换后的律师或律师事务所应出具新的法律意见书和律师工作报告。

保荐机构（主承销商）对更换后的其他中介机构出具的专业报告应重新履行核查义务。发行人在通过发审会后更换中介机构的，中国证监会视具体情况决定发行人是否需要重新上发审会。

 精选考题同步演练

一、单项选择题（以下各小题所给出的四个选项中，只有一项最符合题目要求，请将正确选项的代码填入括号内）

1. 申请首次公开发行股票的公司应按（　　）的要求制作申请文件。

A.《首次公开发行股票申请文件主承销商核对要点》

B.《公开发行证券的公司信息披露内容与格式准则第 9 号》

C.《首次公开发行股票辅导工作办法》

D.《关于公司公告拟公开发行股票并上市有关事宜的通知》

2. 审计报告日期是指（　　）。

A. 注册会计师完成外勤审计工作的日期

B. 注册会计师完成审计报告的日期

C. 注册会计师开始外勤审计工作的日期

D. 注册会计师开始审计撰写报告的日期

3. 盈利预测是在合理假设的基础上，按照发行人正常的发展速度，本着（　　）的原则作出的。

A. 诚实信用　　　　　　　　B. 责任明确

C. 透明　　　　　　　　　　D. 审慎

4. 提交中国证监会的法律意见书和律师工作报告应是经（　　）名以上具有执行证券期货相关业务资格的经办律师和其所在律师事务所的负责人签名。

A. 2　　　　　　　　　　　B. 3

C. 4　　　　　　　　　　　D. 5

5. 发行人首次公开发行股票，主承销商应在（　　）中说明内核情况。

A. 推荐函　　　　　　　　　B. 招股说明书

C. 发行公告　　　　　　　　D. 法律意见书

6. 中国证监会于 2008 年 10 月 17 日发布了（　　），要求发行人针对首次公开发行股票并上市，应聘请具有保荐机构资格的证券公司履行保荐职责。

A.《发行证券的公司信息披露内容与格式准则第 27 号——发行保荐书和发行保荐工作报告》

B.《证券发行上市保荐业务管理办法》

C.《首次公开发行股票并上市管理办法》

D.《上海证券交易所上市公司募集资金管理规定》

二、不定项选择题（以下各小题给出的多个选项中，有一个或者一个以上的选项符合题目要求，请将符合题目要求选项代码填入括号内）

1. 在首次公开发行股票的申请文件中，需要在指定报刊及网站披露的文件有（　　　）。

A. 法律意见书　　　　　　　　B. 发行公告

C. 招股说明书　　　　　　　　D. 招股说明书摘要

2. 评估基准日期应当是评估中确定（　　　）时所实际采用的基准日期。

A. 股价标准　　　　　　　　　B. 汇率和利率标准

C. 税率和费率标准　　　　　　D. 价格标准

3. 当注册会计师出具（　　　）的审计报告时，应在范围段与意见段之间增加说明段。

A. 无保留意见　　　　　　　　B. 保留意见

C. 否定意见　　　　　　　　　D. 拒绝表示意见

4. 首次公开发行股票，发行人的董事、监事和高级管理人员符合法律、行政法规和规章规定的任职资格，且不得有（　　　）情形。

A. 被中国证监会采取证券市场禁入措施尚在禁入期的

B. 最近 48 个月内受到中国证监会行政处罚

C. 最近半年内受到证券交易所公开谴责

D. 因涉嫌犯罪被司法机关立案侦查或者涉嫌违法违规被中国证监会立案调查，尚未有明确结论意见

5. 关于发审委委员应当符合的条件，下列说法正确的是（　　　）。

A. 坚持原则，公正廉洁，忠于职守，严格遵守国家法律、行政法规和规章

B. 熟悉证券、会计业务及有关的法律、行政法规和规章

C. 精通所从事行业的专业知识，在所从事的领域内有较高声誉

D. 没有数量较多的负债

6. 在创业板上市公司首次公开发行股票的基本条件是（　　　）。

A. 发行人是依法设立且持续经营 3 年以上的股份有限公司

B. 最近两年连续盈利，最近两年净利润累计不少于 1 000 万元，且持续增长；或者最近 1 年盈利，且净利润不少于 500 万元，最近 1 年营业收入不少于 5 000 万元，最近两年营业收入增长率均不低于 30%

C. 最近 1 期末净资产不少于 1 000 万元，且不存在未弥补亏损

D. 发行后股本总额不少于 3 000 万元

三、判断题（判断以下各小题的对错，正确的用 A 表示，错误的用 B 表示）

1. 预先披露的招股说明书（申报稿）是发行人发行股票的正式文件，应含有价格信息，但发行人不得据此发行股票。　　　（　　）

2. 发行人在招股说明书有效期内未能发行股票的，应重新修订招股说明书。发行人可在特别情况下申请适当延长招股说明书的有效期限，但至多不超过 3 个月。　　　（　　）

3. 盈利预测报告中预测期间的确定原则为预测时起至不超过下一个会计年度结束时止的期限。　　　（　　）

4. 募集资金应当有明确的使用方向，原则上应当用于投资业务。　　　（　　）

5. 中国证券业协会可对证券经营机构担任某只证券的承销商提出否决意见；对自收到完整的备案材料的 30 个工作日内中国证券业协会未提出否决意见的，视为得到认可。　　　（　　）

6. 保荐工作底稿应当真实、准确、完整地反映整个保荐工作的全过程，保存期不少于 7 年。　　　（　　）

 精选考题答案解析

一、单项选择题

1.【答案及解析】B　申请首次公开发行股票的公司应按《公开发行证券的公司信息披露内容与格式准则第 9 号——首次公开发行股票并

上市申请文件》（2006 年修订）的要求制作申请文件。故选 B。

2.【答案及解析】A　审计报告日期是指注册会计师完成外勤审计工作的日期。审计报告日期不应早于被审计单位管理当局确认和签署会计报表的日期。故选 A。

3.【答案及解析】D　预测应是在对一般经济条件、经营环境、市场情况、发行人的生产经营条件和财务状况等进行合理假设的基础上，按照发行人正常的发展速度，本着审慎的原则作出的。故选 D。

4.【答案及解析】A　提交中国证监会的法律意见书和律师工作报告应是经两名以上具有执行证券期货相关业务资格的经办律师和其所在律师事务所的负责人签名，并经该律师事务所加盖公章、签署日期的正式文本。故选 A。

5.【答案及解析】A　推荐函至少应包括以下内容：明确的推荐意见及其理由、对发行人发展前景的评价、有关发行人是否符合发行上市条件及其他有关规定的说明、发行人主要问题和风险的提示、主承销商内部审核程序简介及内核意见、参与本次发行的项目组成员及相关经验等。故选 A。

6.【答案及解析】B　中国证监会于 2008 年 10 月 17 日发布了《证券发行上市保荐业务管理办法》，要求发行人针对首次公开发行股票并上市，应聘请具有保荐机构资格的证券公司履行保荐职责。故选 B。

二、不定项选择题

1.【答案及解析】BCD　法律意见书是律师对发行人本次发行上市的法律问题依法明确作出的结论性意见。发行人所聘请的律师事务所及其委派的律师应按有关法规的要求出具法律意见书、律师工作报告并制作工作底稿，但不需在指定报刊及网站披露。故选 BCD。

2.【答案及解析】BCD　评估基准日期表述应当是评估中确定汇率、税率、费率、利率和价格标准时所实际采用的基准日期。故选 BCD。

3.【答案及解析】BCD 当注册会计师出具保留意见、否定意见或拒绝表示意见的审计报告时，应在范围段与意见段之间增加说明段，清楚地说明所持意见的理由，并在可能的情况下，指出其对会计报表的影响程度。当注册会计师出具无保留意见的审计报告时，如果认为必要，可以在意见段之后，增加对重要事项的说明。故选 BCD。

4.【答案及解析】AD 发行人的董事、监事和高级管理人员符合法律、行政法规和规章规定的任职资格，且不得有下列情形：①被中国证监会采取证券市场禁入措施尚在禁入期的；②最近 36 个月内受到中国证监会行政处罚，或者最近 12 个月内受到证券交易所公开谴责；③因涉嫌犯罪被司法机关立案侦查或者涉嫌违法违规被中国证监会立案调查，尚未有明确结论意见。故选 AD。

5.【答案及解析】ABC 除 ABC 三项外，发审委委员还应当符合的条件还有中国证监会认为需要符合的其他条件。故选 ABC。

6.【答案及解析】ABD 选项 ABD 均为创业板上市公司首次公开发行股票的基本条件。选项 C 的正确表述应为最近 1 期末净资产不少于2 000万元。故选 ABD。

三、判断题

1.【答案及解析】B 预先披露的招股说明书（申报稿）不是发行人发行股票的正式文件，不能含有价格信息，发行人不得据此发行股票。

2.【答案及解析】B 发行人可在特别情况下申请适当延长招股说明书的有效期限，但至多不超过 1 个月。

3.【答案及解析】B 盈利预测报告中预测期间的确定原则是：如果预测是在发行人会计年度的前 6 个月作出的，则为预测时起至该会计年度结束时止的期限；如果预测是在发行人会计年度的后 6 个月作出的，则为预测时起至不超过下一会计年度结束时止的期限。

4.【答案及解析】B 募集资金应当有明确的使用方向，原则上应当用于主营业务。

5.【答案及解析】B　中国证券业协会自收到完整的备案材料的 15 个工作日内中国证券业协会未提出异议的，视为承销商备案材料得到认可。

6.【答案及解析】B　中国证监会于 2009 年 3 月制定了《证券发行上市保荐业务工作底稿指引》，要求保荐机构应当按照指引的要求编制工作底稿。工作底稿应当至少保存 10 年。

第五章

首次公开发行股票的操作

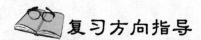 **复习方向指导**

了解新股发行体制改革的总体原则、基本目标和内容。了解新股发行体制改革第二阶段的主要改革措施。

掌握股票的估值方法，了解投资价值分析报告的基本要求。掌握首次公开发行股票的询价与定价制度。

掌握股票发行的基本要求，掌握战略投资者配售的概念与操作，掌握超额配售选择权的概念及其实施、行使和披露。了解回拨机制和中止发行机制。掌握网上发行、网下配售的机制安排；掌握中止发行及重新启动发行的机制安排。

熟悉首次公开发行的具体操作，包括推介、询价、定价、申购、发售、验资、承销等；了解网下电子化发行的一般规定；掌握承销的有关规定。要求掌握主承销商自主推荐机构投资者的机制安排。

掌握股票上市的条件与审核。掌握股票锁定的一般规定，掌握董事、监事和高级管理人员所持股票的特别规定；掌握股票上市保荐和持续督导的一般规定；熟悉上市保荐书的内容。熟悉股票上市申请和上市协议。了解剩余证券的处理方法。

熟悉中小企业板块上市公司的保荐和持续督导的内容；熟悉中小企

业板块发行及上市流程。

掌握创业板发行、上市、持续督导等操作上的一般规定；熟悉创业板推荐工作指引的有关规定；掌握推荐创业板上市的鼓励领域及产业；熟悉创业板上市首日交易监控和风险控制的有关规定。

熟悉创业板发行及上市保荐书的内容；了解创业板上市成长性意见的内容。掌握关于创业板上市公司董事、监事和高级管理人员买卖本公司股票的规定。

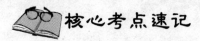 核心考点速记

第一节 中国证监会关于新股发行体制改革的指导意见

一、新股发行体制改革的总体原则

新股发行体制改革遵循的改革原则是：坚持市场化方向，促进新股定价进一步市场化，注重培育市场约束机制，推动发行人、投资人、承销商等市场主体归位尽责，重视中小投资人的参与意愿。

二、新股发行体制改革的基本内容

在新股定价方面，完善询价和申购的报价约束机制，淡化行政指导，形成进一步市场化的价格形成机制。在发行承销方面，增加承销与配售的灵活性，理顺承销机制，强化买方对卖方的约束力和承销商在发行活动中的责任，逐步改变完全按资金量配售股份；适时调整股份发行政策，增加可供交易股份数量；优化网上发行机制，股份分配适当向有申购意向的中小投资者倾斜，缓解巨额资金申购新股状况；完善回拨机制和中止发行机制。同时，加强新股认购风险提示，明晰发行市场的风险。

三、新股发行体制改革的预期目标

新股发行体制改革的预期目标：一是市场价格发现功能得到优化，买方、卖方的内在制衡机制得以强化；二是提升股份配售机制的有效性，

缓解巨额资金申购新股状况，提高发行的质量和效率；三是在风险明晰的前提下，中小投资者的参与意愿得到重视，向有意向申购新股的中小投资者适当倾斜；四是增强揭示风险的力度，强化一级市场风险意识。

四、新股发行体制改革的措施

（一）完善询价和申购的报价约束机制，形成进一步市场化的价格形成机制

询价对象应真实报价，询价报价与申购报价应当具有逻辑一致性，主承销商应当采取措施杜绝高报不买和低报高买。发行人及其主承销商应当根据发行规模和市场情况，合理设定每笔申购的最低申购量。对最终定价超过预期价格导致募集资金量超过项目资金需要量的，发行人应当提前在招股说明书中披露用途。

（二）优化网上发行机制，将网下网上申购参与对象分开

每一只股票发行时，任一股票配售对象只能选择网下或者网上一种方式进行新股申购，所有参与该只股票网下报价、申购、配售的股票配售对象均不再参与网上申购。

（三）对网上单个申购账户设定上限

发行人及其主承销商应当根据发行规模和市场情况，合理设定单一网上申购账户的申购上限，原则上不超过本次网上发行股数的1‰。单个投资者只能使用一个合格账户申购新股。

（四）加强新股认购风险提示，提示所有参与人明晰市场风险

发行人及其主承销商应当刊登新股投资风险特别公告，充分揭示一级市场风险，提醒投资者理性判断投资该公司的可行性。证券经营机构应当采取措施，向投资者提示新股认购风险。

其他改革措施在统筹兼顾市场发展的速度、改革的力度和市场的承受程度的基础上择机推出。

五、《关于深化新股发行体制改革的指导意见》

鉴于第一阶段新股发行体制改革的各项措施已得到落实，中国证监会于2010年10月11日发布《关于深化新股发行体制改革的指导意

见》，提出第二阶段改革措施。

内容主要包括：进一步完善报价申购和配售约束机制；扩大询价对象范围，充实网下机构投资者；增强定价信息透明度；完善回拨机制和中止发行机制。

第二节　首次公开发行股票的估值和询价

股票的发行价格可以等于票面金额，也可以超过票面金额，但不得低于票面金额。股票的定价不仅仅是估值及撰写股票发行定价分析报告，还包括了发行期间的具体沟通、协商、询价、投标等一系列定价活动。

股票发行采取溢价发行的，其发行价格由发行人与承销的证券公司协商确定。首次公开发行股票应通过询价的方式确定股票发行价格。

一、股票的估值方法

对拟发行股票的合理估值是定价的基础。通常的估值方法有两大类：一类是相对估值法，另一类是绝对估值法。

（一）相对估值法

相对估值法亦称"可比公司法"，是指对股票进行估值时，对可比较的或者代表性的公司进行分析，尤其注意有着相似业务的公司的新近发行以及相似规模的其他新近的首次公开发行，以获得估值基础。在利用可比公司法时，可采用比率指标进行比较，最常用的比率指标是市盈率和市净率。

（1）市盈率法。市盈率（Price to Earnings Ratio，简称 P/E），是指股票市场价格与每股收益的比率，计算公式为：

市盈率＝股票市场价格/每股收益（每股收益通常指每股净利润）

每股净利润的确定方法。①全面摊薄法。全面摊薄法就是用全年净利润除以发行后总股本，直接得出每股净利润。②加权平均法。在加权平均法下，每股净利润的计算公式为：

每股净利润＝

$$\frac{\text{全年净利润}}{\text{发行前总股本数＋本次公开发行股本数}\times(12-\text{发行月份})\div12}$$

通过市盈率法估值时，首先应计算出发行人的每股收益；然后根据二级市场的平均市盈率、发行人的行业情况（同类行业公司股票的市盈率）、发行人的经营状况及其成长性等拟订发行市盈率；最后，依据发行市盈率与每股收益的乘积决定估值。

（2）市净率法。市净率（Price to Book Value Ratio，简称 P/B），是指股票市场价格与每股净资产的比率，计算公式为：

市净率＝股票市场价格÷每股净资产

通过市净率定价法估值时，首先应根据审核后的净资产计算出发行人的每股净资产；然后，根据二级市场的平均市净率、发行人的行业情况（同类行业公司股票的市净率）、发行人的经营状况及其净资产收益率等拟订发行市净率；最后，依据发行市净率与每股净资产的乘积决定估值。

（二）绝对估值法

绝对估值法亦称"贴现法"，主要包括公司贴现现金流量法（DCF）、现金分红折现法（DDM）。

相对估值法反映的是市场供求决定的股票价格，绝对估值法体现的是内在价值决定价格，即通过对企业估值，而后计算每股价值，从而估算股票的价值。

贴现现金流量法是通过预测公司未来的现金流量，按照一定的贴现率计算公司的整体价值，从而进行股票估值的一种方法。运用贴现现金流量法的计算步骤如下。

（1）预测公司未来的自由现金流量。预测的前提是本次发行成功地筹集到必要的现金并运用于相关项目投资。公司自由现金流量，指公司在持续经营的基础上除了在库存、厂房、设备、长期股权等类似资产上所需投入外，能够产生的额外现金流量。现金流量的预测期一般为5～10年，预测期越长，预测的准确性越差。

（2）预测公司的永续价值。永续价值是公司预测时期末的市场价值，可以参照公司的账面残值和当时的收益情况，选取适当的行业平均市盈率倍数或者市净率进行估算。

（3）计算加权平均资本成本：

$$WACC = \sum K_i \cdot b_i$$

式中　$WACC$——加权平均资本成本；

　　　　K_i——各单项资本成本；

　　　　b_i——各单项资本所占的比重。

（4）计算公司的整体价值：

$$公司整体价值 = \sum_{t=1}^{n} \frac{FCF_t}{(1+WACC)^t} + \frac{V_n}{(1+WACC)^n}$$

式中　FCF_t——企业自由现金流量；

　　　　V_n——n 时刻目标企业的终值。

（5）公司股权价值：

公司股权价值＝公司整体价值－净债务值

（6）公司每股股票价值：

公司每股股票价值＝公司股权价值÷发行后总股本

在以下情况下，使用贴现现金流量法进行估值时将遇到较大困难：第一，陷入财务危机的公司；第二，收益呈周期性分布的公司；第三，正在进行重组的公司；第四，拥有某些特殊资产的公司。

二、投资价值研究报告的基本要求

主承销商应当在询价时向询价对象提供投资价值研究报告。发行人、主承销商和询价对象不得以任何形式公开披露投资价值研究报告的内容。投资价值研究报告应当由承销商的研究人员独立撰写并署名，承销商不得提供承销团以外的机构撰写的投资价值研究报告。出具投资价值研究报告的承销商应当建立完善的投资价值研究报告质量控制制度，撰写投资价值研究报告的人员应当遵守证券公司内部控制制度。

三、首次公开发行股票的询价与定价

询价分为初步询价和累计投标询价。发行人及其主承销商应当通过初步询价确定发行价格区间。在发行价格区间内，通过累计投标询价确定发行价格。

询价对象可以自主决定是否参与初步询价，询价对象申请参与初步询价的，主承销商无正当理由不得拒绝。未参与初步询价或者参与初步询价但未有效报价的询价对象，不得参与累计投标询价和网下配售。

询价结束后，公开发行股票数量在 4 亿股以下，提供有效报价的询价对象不足 20 家的，或者公开发行股票数量在 4 亿股以上，提供有效报价的询价对象不足 50 家的，发行人及其主承销商不得确定发行价格，并应当中止发行。

发行人及其主承销商中止发行后重新启动发行工作的，应当及时向中国证监会报告。

询价对象应当遵循独立、客观、诚信的原则合理报价，不得协商报价或者故意压低或抬高价格。

主承销商的证券自营账户不得参与本次发行股票的询价、网下配售和网上发行。

与发行人或其主承销商具有实际控制关系的询价对象，不得参与本次发行股票的询价、网下配售，可以参与网上发行。

发行人及其主承销商在发行价格区间和发行价格确定后，应当分别报中国证监会备案，并予以公告。

发行人及其主承销商在推介过程中不得误导投资者，不得干扰询价对象正常报价和申购，不得披露招股意向书等公开信息以外的发行人其他信息；推介资料不得有虚假记载、误导性陈述或者重大遗漏。

第三节　首次公开发行股票的发行方式

一、首次公开发行股票的基本原则

为确保股票的顺利发行，发行人和主承销商应遵循以下基本原则：①"公开、公平、公正"原则；②高效原则；③经济原则。

二、向战略投资者配售的概念与操作

首次公开发行股票数量在 4 亿股以上的，可以向战略投资者配售股票。

发行人应当与战略投资者事先签署配售协议，并报中国证监会备案。

战略投资者不得参与首次公开发行股票的初步询价和累计投标询价，并应当承诺获得本次配售的股票持有期限不少于 12 个月，持有期自本次公开发行的股票上市之日起计算。

三、向参与网下配售的询价对象配售

公开发行股票数量少于 4 亿股的，配售数量不超过本次发行总量的 20%；公开发行股票数量在 4 亿股以上的，配售数量不超过向战略投资者配售后剩余发行数量的 50%。询价对象应当承诺获得本次网下配售的股票持有期限不少于 3 个月，持有期自本次公开发行的股票上市之日起计算。

本次发行的股票向战略投资者配售的，发行完成后无持有期限制的股票数量不得低于本次发行股票数量的 25%。

股票配售对象参与累计投标询价和网下配售应当全额缴付申购资金，单一指定证券账户的累计申购数量不得超过本次向询价对象配售的股票总量。

发行人及其主承销商通过累计投标询价确定发行价格的，当发行价格以上的有效申购总量大于网下配售数量时，应当对发行价格以上的全部有效申购进行同比例配售。

为规范首次公开发行股票，提高网下申购及资金结算效率，证监会要求网下部分通过证券交易所进行电子化发行。

首次公开发行股票网下发行电子化业务，是指通过证券交易所的网下申购电子化平台，及中国证券登记结算有限责任公司的登记结算平台，以完成初步询价、累计投标询价、资金代收付及股份初始登记。

四、向参与网上发行的投资者配售

向参与网上发行的投资者配售方式是指通过交易所交易系统公开发行股票。

网上发行时发行价格尚未确定的，参与网上发行的投资者应当按价格区间上限申购。

以上海证券交易所为例，介绍以上网资金申购方式公开发行股票的

办法。

（1）上网资金申购的流程见表 5-1。

表 5-1　上网资金申购流程

申购时间	沪市投资者可以使用其所持的上海证券交易所账户在申购日（下文简称"T 日"）向上证所申购在上证所发行的新股，申购时间为 T 日上午 9：30～11：30，下午 1：00～3：00
申购单位及上限	每 1 申购单位为 1 000 股，申购数量不少于 1 000 股，超过 1 000 股的必须是 1 000 股的整数倍，但最高不得超过当次社会公众股上网发行数量或者 9 999.9 万股。每 1 个证券账户只能申购 1 次
申购配号	申购委托前，投资者应把申购款全额存入与上证所联网的证券营业部指定的资金账户。投资者以发行价格填写委托单。每 1 有效申购单位配 1 个号，对所有有效申购单位按时间顺序连续配号
资金交收及透支申购的处理	中国证券登记结算有限责任公司上海分公司（下文简称"中国结算上海分公司"）负责申购资金的结算。如结算参与人发生透支申购（即申购总额超过结算备付金余额）的情况，则透支部分确认为无效申购，不予配号

（2）上网发行资金申购流程见表 5-2。

表 5-2　上网发行资金申购流程

投资者申购	申购当日（T 日），投资者在规定的申购时间内通过与上证所联网的证券营业部，根据发行人发行公告规定的价格区间上限和申购数量缴足申购款，进行申购委托
资金冻结	申购日后的第 1 天（T＋1 日），由中国结算上海分公司将申购资金冻结
验资及配号	申购日后的第 2 天（T＋2 日），中国结算上海分公司配合上证所指定的具备资格的会计师事务所对申购资金进行验资 发行人和主承销商应在 T＋2 日前（含 T＋2 日）提供确定的发行价格

续上表

摇号抽签、中签处理	申购日后的第 3 天（T＋3 日），发行人和主承销商公布确定的发行价格和中签率，并进行摇号抽签，中签处理
资金解冻	申购日后的第 4 天（T＋4 日），公布中签结果，未中签部分的申购款予以解冻

（3）上网发行资金申购的缩短流程。

沪市上网发行资金申购的时间一般为 4 个交易日，根据发行人和主承销商的申请，沪市上网发行资金申购的时间可以缩短 1 个交易日，申购流程见表 5-3。

表 5-3   上网发行资金申购的缩短流程

序号	流程	内容
1	投资者申购（T 日）	申购当日（T 日）按《发行公告》和申购办法等规定进行申购
2	资金冻结、验资及配号（T＋1 日）	申购日后的第 1 天（T＋1 日），资金冻结。即 16：00 后按相关规定进行验资、确认有效申购和配号
3	摇号抽签、中签处理（T＋2 日）	申购日后的第 2 天（T＋2 日），公布确定的发行价格和中签率，并按相关规定进行摇号抽签、中签处理
4	资金解冻（T＋3 日）	申购日后的第 3 天（T＋3 日）公布中签结果，资金解冻和新股认购款划付

五、股票发行中的其他发行方式

我国股票发行历史上还曾采取过全额预缴款方式、储蓄存款挂钩方式、上网竞价和市值配售等方式。前两种股票发行方式都属于网下发行的方式，其中全额预缴款方式又包括"全额预缴款、比例配售、余款即退"方式和"全额预缴款、比例配售、余款转存"两种方式。

（1）"全额预缴款、比例配售、余款即退"方式，是指投资者在规定的申购时间内，将全额申购款存入主承销商在收款银行设立的专户中；申购结束后，转存银行专户进行冻结，在对到账资金进行验资和确定有效申购后，根据股票发行量和申购总量计算配售比例，进行股票配售，余款返还投资者的股票发行方式。

（2）"全额预缴款、比例配售、余款转存"方式。这种方式在全额预缴、比例配售阶段的处理方式与"全额预缴款、比例配售、余款即退"的处理方式相同，但申购余款转为存款，利息按同期银行存款利率计算。该存款为专项存款，不得提前存取，其具体操作程序比照"全额预缴款、比例配售、余款即退"方式的程序执行。

（3）"与储蓄存款挂钩"方式，是指在规定期限内无限量发售专项定期定额存单，根据存单发售数量、批准发行股票数量及每张中签存单可认购股份数量的多少确定中签率，通过公开摇号抽签方式决定中签者，中签者按规定的要求办理缴款手续的新股发行方式。"与储蓄存款挂钩"方式按具体做法不同，可分为专项存单方式和全额存款方式两种。

（4）上网竞价方式，是指利用证券交易所的交易系统，主承销商作为新股的唯一卖方，以发行人宣布的发行底价为最低价格，以新股实际发行量为总的卖出数，由投资者在指定的时间内竞价委托申购。确认投资者的有效申购后，就可以确定发行价格。当有效申购量等于或小于发行量时，发行底价就是最终的发行价格；当有效申购量大于发行量时，主承销商可以采用比例配售或者抽签的方式，确定每个有效申购实际应配售的新股数量。

上网竞价发行可以充分发挥证券市场的价格发现功能。上网竞价的过程实际上是一个广泛询价的过程，每个投资者都可以充分表达其申购愿望和价格取向，发行价格是在此基础上形成的。因此，这种定价方式体现了市场化原则。

（5）市值配售方式，是指在新股发行时，将一定比例的新股由上网公开发行改为向二级市场投资者配售，投资者根据其持有上市流通证券的市值和折算的申购限量，自愿申购新股。

六、超额配售选择权

首次公开发行股票数量在 4 亿股以上的，发行人及其主承销商可以在发行方案中采用超额配售选择权。

超额配售选择权是指发行人授予主承销商的一项选择权，获此授权的主承销商按同一发行价格超额发售不超过包销数额 15％ 的股份，即主承销商按不超过包销数额 115％ 的股份向投资者发售。

在本次包销部分的股票上市之日起 30 日内，主承销商有权根据市场情况，从集中竞价交易市场购买发行人股票，或者要求发行人增发股票，分配给对此超额发售部分提出认购申请的投资者。主承销商在未动用自有资金的情况下，通过行使超额配售选择权，可以平衡市场对该只股票的供求，起到稳定市价的作用。

超额配售选择权只是对其他发行方式的一种补充，既可用于上市公司增发新股，也可用于首次公开发行。

发行人计划实施超额配售选择权的，应提请股东大会批准。在承销协议中应明确授权，有关超额配售选择权的实施方案应在招股意向书和招股说明书中披露。

发行前，主承销商应向证券登记结算公司申请开立专门用于行使超额配售选择权的账户，并向证券交易所和证券登记结算公司提交授权委托书及授权代表的有效签字样本。

七、回拨机制

回拨机制是指在同一次发行中采取两种发行方式时，先人为设定不同发行方式下的发行数量，然后根据认购结果，按照预定规则在两者之间适当调整发行量。

网上申购不足时，可以向网下回拨，由参与网下配售的机构投资者申购；仍然申购不足的，可以由承销团推荐其他投资者参与网下申购。

八、中止发行机制

询价结束后，公开发行股票数量在 4 亿股以下、提供有效报价的询价对象不足 20 家的，或者公开发行股票在 4 亿股以上、提供有效报价的询价对象不足 50 家的，发行人及其主承销商不得确定发行价格，并中止发行。

网下机构投资者在既定的网下发售比例内有效申购不足，不得向网上回拨，可中止发行。

网下报价情况不及发行人和主承销商预期、网上申购不足且向网下回拨后仍然申购不足的，可以中止发行。

中止发行的具体情形可由发行人与主承销商约定，并予以披露。中止发行后，在核准文件有效期内，经向证监会备案，可重新启动发行。

第四节　首次公开发行的具体操作

一、推　介

发行人及其主承销商应当在刊登首次公开发行股票招股意向书后向询价对象进行推介和询价，并通过互联网向公众投资者进行推介。首次公开发行公司在发行前，必须通过因特网以网上直播（至少包括图像直播和文字直播）的方式，向投资者进行公司推介。首次公开发行公司关于进行网上直播推介活动的公告应与其招股说明书摘要（或招股意向书）同日同报刊登，并在拟上市证券交易所的指定网站同天发布。

二、询价与定价

具体内容参见本章第二节。

三、申　购

（一）上海证券交易所上网发行资金申购流程

T 日投资者申购；T＋1 日资金冻结；T＋2 日验资及配号；T＋3 日公布中签率，组织摇号抽签；T＋4 日公布中签号，未中签部分资金解冻；T＋4 日后，主承销商依据承销协议，将新股认购款扣除承销费用后划转到发行人指定的银行账户。

（二）深圳证券交易所上网发行资金申购流程

T 日投资者申购；T＋1 日资金冻结、验资及配号；T＋2 日组织摇号抽签，公布中签结果；T＋3 日资金解冻。

四、发　售

首次公开发行发售阶段涉及的向战略投资者配售、向参与网下配售的询价对象配售、向参与网上发行的投资者配售、超额配售和回拨机制等内容和规定，具体参照第三节"首次公开发行股票的发行方式"的相关内容。

五、验　资

投资者申购缴款结束后，主承销商应当聘请具有证券相关业务资格的会计师事务所（以下简称"会计师事务所"）对申购资金进行验证，并出具验资报告；首次公开发行股票的，还应当聘请律师事务所对向战略投资者、询价对象的询价和配售行为是否符合法律、行政法规及《证券发行与承销管理办法》的规定等进行鉴证，并出具专项法律意见书。

六、承　销

证券公司实施证券承销前，应当向中国证监会报送发行与承销方案。

证券公司承销证券，应当依照《中华人民共和国证券法》第二十八条的规定采用包销或者代销方式。

公开发行证券的，主承销商应在证券上市后 10 日内向证监会提交承销总结报告。

第五节　股票的上市保荐

一、股票上市的条件与审核

股票上市是指经核准同意股票在证券交易所挂牌交易。根据《证券法》及交易所上市规则的规定，股份有限公司申请其股票上市必须符合下列条件：

第一，股票经中国证监会核准已公开发行；

第二，公司股本总额不少于人民币5 000万元；

第三，公开发行的股份达到公司股份总数的25%以上；公司股本总额超过人民币4亿元的，公开发行股份的比例为10%以上；

第四，公司最近3年无重大违法行为，财务会计报告无虚假记载；

第五，交易所要求的其他条件。

上市审核由证券交易所上市审核委员会负责。

二、股票锁定一般规定

发行人首次公开发行股票前已发行的股份，自发行人股票上市之日起1年内不得转让。发行人向证券交易所申请其首次公开发行股票上市时，控股股东和实际控制人应当承诺：自发行人股票上市之日起36个月内，不转让或者委托他人管理其直接和间接持有的发行人首次公开发行股票前已发行股份，也不由发行人回购该部分股份。发行人应当在上市公告书中披露上述承诺。

上市公司董事、监事和高管在任职期间，每年通过各种方式转让的股份不得超过其所持本公司股份总数的25%，因司法强制执行、继承、依法分割财产等情况除外。但上述人员所持股份不超过1 000股的，可一次全部转让，不受前述转让比例的限制。

三、股票的上市保荐和持续督导

（一）上市保荐

根据交易所股票上市规则，交易所实行股票和可转换公司债券（含分离交易的可转换公司债券）的上市保荐制度。发行人（上市公司）申请其首次公开发行的股票、上市后发行的新股和可转换公司债券上市，以及公司股票被暂停上市后申请恢复上市的，应当由保荐人保荐。

首次公开发行股票的，持续督导的期间为证券上市当年剩余时间及其后两个完整会计年度；上市公司发行新股、可转换公司债券的，持续督导的期间为证券上市当年剩余时间及其后一个完整会计年度。持续督导的期间自证券上市之日起计算。

保荐人保荐股票上市（股票恢复上市除外）时，应当向交易所提交上市保荐书、保荐协议、保荐人和相关保荐代表人已经中国证监会注册登记并列入保荐人和保荐代表人名单的证明文件、保荐人向保荐代表人出具的由保荐人法定代表的签名授权书，以及与上市保荐工作有关的其他文件。

上市保荐书应当包括以下内容：发行股票、可转换公司债券的公司概况；申请上市的股票、可转换公司债券的发行情况；保荐机构按照有关规定应当承诺的事项；对公司持续督导工作的安排；保荐机构认为应当说明的其他事项；证券交易所要求的其他内容。

（二）持续督导

保荐人应当在发行人向交易所报送信息披露文件及其他文件之前，或者履行信息披露义务后 5 个交易日内，完成对有关文件的审阅工作，督促发行人及时更正审阅中发现的问题，并向交易所报告。

保荐人在履行保荐职责期间有充分理由确信发行人可能存在违法违规行为以及其他不当行为的，应当督促发行人做出说明并限期纠正；情节严重的，应当向中国证监会、证券交易所报告。

保荐人更换保荐代表人，应当通知发行人，并及时向交易所报告，说明原因并提供新更换的保荐代表人的相关资料。发行人应当在收到通知后及时披露保荐代表人变更事宜。

保荐人、相关保荐代表人和保荐工作其他参与人员不得利用从事保荐工作期间获得的发行人尚未披露的信息进行内幕交易，为自己或他人谋取利益。

四、股票上市申请

经中国证监会核准发行的股票发行结束后，发行人方可向证券交易所申请其股票上市。

发行人向证券交易所申请其首次公开发行的股票上市时，应当按照中国证监会有关规定编制上市公告书。证券交易所在收到发行人提交的全部上市申请文件后 7 个工作日内，做出是否同意上市的决定并通知发行人。出现特殊情况时，证券交易所可以暂缓做出是否同意上市的决定。证券交易所设立上市委员会对上市申请进行审议，做出独立的专业判断并形成审核意见，证券交易所根据上市审核委员会的审核意见，做出是否同意上市的决定。

发行人向证券交易所申请其股票上市时，控股股东和实际控股人应当承诺：自发行人股票上市之日起 36 个月内，不转让或者委托他人管理其直接或间接持有的发行人首次公开发行股票前已发行股份，也不由发行人回购该部分股份。

发行人在股票首次上市前，应与证券交易所签订股票上市协议。

五、剩余证券的处理

采用包销方式，可能会出现不能全部售出证券的情况。通常情况下，承销商可以在证券上市后，通过证券交易所的交易系统逐步卖出自行购入的剩余证券。证券交易所推出大宗交易制度后，承销商可以通过大宗交易的方式卖出剩余证券。

六、中小企业板块上市公司的保荐

中小企业板块是在深圳证券交易所主板市场中设立的一个运行独立、监察独立、代码独立、指数独立的板块，集中安排符合主板发行上市条件的企业中规模较小的企业上市。中小企业板块是现有主板市场的一个板块，其适用的基本制度规范与现有市场完全相同，适用的发行上市标准也与现有主板市场完全相同，必须满足信息披露、发行上市辅导、财务指标、盈利能力、股本规模、公众持股比例等各方面的要求。

根据《关于中小企业板上市公司实行公开致歉并试行弹性保荐制度的通知》，中小企业板上市公司试行弹性保荐制度。

如果上市公司及相关当事人发生下列情形的，保荐代表人应当及时向投资者公开致歉：①上市公司或其实际控制人、董事、监事、高级管理人员受到证监会公开批评或者深圳证券交易所公开谴责的；②最近 2 年经深圳证券交易所考评信息披露不合格的；③深圳证券交易所认定的其他情形。

另外，上市公司实际控制人发生变化时，深圳证券交易所也鼓励上市公司重新聘请保荐机构进行持续督导，持续督导时间为实际控制人发生变更当年剩余时间及其后一个完整的会计年度。

七、创业板发行、上市、持续督导

（一）创业板发行

（1）发行人申请首次公开发行股票应当符合下列条件。①发行人是依法设立且持续经营 3 年以上的股份有限公司。②最近两年连续盈利，最近两年净利润累计不少于 1 000 万元，且持续增长；或者最近 1 年盈利，且净利润不少于 500 万元，最近 1 年营业收入不少于 5 000 万元，最近两年营业收入增长率均不低于 30%。净利润以扣除非经常性损益前后孰低者为计算依据。③最近 1 期末净资产不少于 2 000 万元，且不存在未弥补亏损。④发行后股本总额不少于 3 000 万元。

（2）根据《深圳证券交易所创业板股票上市规则》，上市公司向深圳证券交易所申请办理新股发行事宜时，应当提交下列文件：①中国证监会的核准文件；②经中国证监会审核的全部发行申报材料；③发行的预计时间安排；④发行具体实施方案和发行公告；⑤相关招股意向书或者募集说明书；⑥深圳证券交易所要求的其他文件。

（3）根据 2010 年 3 月发布的《关于进一步做好创业板推荐工作的指引》，证监会鼓励保荐机构重点推荐符合国家战略性新兴产业发展方向的企业，特别是新能源、新材料、信息、生物与新医药、节能环保、航空航天、海洋、先进制造、高技术服务等领域。

（4）申请股票发行时，保荐机构应对发行人的成长性出具专项意见，并作为发行保荐书的附件。

发行保荐书应包括以下内容：①逐项说明本次发行是否符合《公司法》、《证券法》规定的发行条件和程序；②逐项说明本次发行是否符合证监会的有关规定，并载明依据和查证过程；③发行人存在的主要风险；④对发行人发展前景的评价；⑤保荐机构内部审核程序简介及内核意见；⑥保荐机构与发行人的关联关系；⑦相关承诺事项；⑧证监会要求的其他事项。

（二）创业板上市

发行人申请股票在深圳证券交易所上市，应当符合下列条件：①股票已公开发行；②公司股本总额不少于 3 000 万元；③公开发行的股份达到公司股份总数的 25% 以上；公司股本总额超过 4 亿元的，公开发行股份的比例为 10% 以上；④公司股东人数不少于 200 人；⑤公司最近 3 年无重大违法行为，财务会计报告无虚假记载；⑥深圳证券交易所要求的其他条件。

深圳证券交易所 2010 年 11 月 4 日发布了《关于进一步规范上市公司董事、监事和高级管理人员买卖本公司股票行为的通知》，要求如下：

（1）创业板上市公司董事、监事和高级管理人员在首次公开发行股票上市之日起 6 个月内申报离职的，自申报离职之日起 18 个月内不得转让其直接持有的本公司股份；

（2）在首次公开发行股票上市之日起第 7 个月至第 12 个月之间申报离职的，自申报离职之日起 12 个月内不得转让其直接持有的本公司股票；

（3）因上市公司进行权益分配导致上述人员直接持有本公司股份发生变化的，仍遵守上述规定。

（三）创业板督导

保荐机构应当与发行人签订保荐协议，明确双方在公司申请上市期间、申请恢复上市期间和持续督导期间的权利和义务。保荐协议应当约定保荐机构审阅发行人信息披露文件的时点。

首次公开发行股票的，持续督导期间为股票上市当年剩余时间及其后 3 个完整会计年度；上市后发行新股的，持续督导期间为股票上市当年剩余时间及其后两个完整会计年度；申请恢复上市的，持续督导期间为股票恢复上市当年剩余时间及其后 1 个完整会计年度。持续督导期间自股票上市或者恢复上市之日起计算。

精选考题同步演练

一、单项选择题（以下各小题所给出的四个选项中，只有一项最符合题目要求，请将正确选项的代码填入括号内）

1. 股票发行采取溢价发行的，其发行价格应由（　　）确定。

A. 发行人　　　　　　　　B. 承销商

C. 证券交易所　　　　　　D. 发行人与承销商

2. 运用可比公司定价法时采用的比率指标 P/B 代表（　　）

A. 市盈率　　　　　　　　B. 市净率

C. 负债率　　　　　　　　D. 利润率

3. 某上市公司的股价为 10 元，税前利润为 0.5 元，税后利润为 0.4 元，每股股息为 0.2 元，此股票的市盈率是（　　）。

A. 20 倍　　　　　　　　B. 25 倍

C. 50 倍　　　　　　　　D. 60 倍

4. 某股份有限公司发行股票 4 000 万股，缴款结束日为 9 月 30 日，当年预计税后净利润为 6 400 万元，公司发行新股前的总股本为 12 000 万股，用全面摊薄法计算的每股净收益为（　　）元。

A. 0.50　　　　　　　　B. 0.45

C. 0.40　　　　　　　　D. 0.30

5. 当有效申购量等于或小于发行量时，（　　）。

A. 应重新申购

B. 发行底价就是最终的发行价格

C. 主承销商可以采用比例配售方式确定每个有效申购实际应配售的新股数量

D. 主承销商可以采用抽签的方式确定每个有效申购实际应配售的新股数量

6. 发行公司可许可承销商超额发售一定比例的股份，这个比例通常在（　　）以内。

A. 10%　　　　　　　　　　B. 15%

C. 20%　　　　　　　　　　D. 25%

7. 首次公开发行股票公司的推介活动，不要求必须参加的是（　　）。

A. 公司董事长　　　　　　　B. 主承销商的项目负责人

C. 董事会秘书　　　　　　　D. 独立董事

8. 关于股票的上市保荐，下列说法不正确的是（　　）。

A. 股票上市实行保荐制度规定，发行人申请其首次公开发行的股票上市，应当由保荐人保荐

B. 保荐人应当为经中国证监会注册登记并列入保荐人名单，同时具有申请上市的证券交易所会员资格的证券经营机构；恢复上市保荐人还应当具有中国证券业协会《证券公司从事代办股份转让主办券商业务资格管理办法（试行）》中规定的从事代办股份转让主办券商业务资格

C. 保荐人应当与发行人签订保荐协议，明确双方在发行人申请上市期间、申请恢复上市期间和持续督导期间的权利和义务。保荐协议应当约定保荐人审阅发行人信息披露文件的时点

D. 上市保荐书只需要由保荐人的授权代表签字，注明日期并加盖保荐人公章

9. 为规范创业板上市公司董事、监事和高级管理人员买卖本公司股票的行为，要求：在首次公开发行股票上市之日起（　　）个月内申报离职的，自申报之日起（　　）个月内不得转让其直接持有的本公司股份。

A. 6、18　　　　　　　　　　B. 6、12

C. 12、18　　　　　　　　　　D. 12、24

二、不定项选择题（以下各小题给出的多个选项中，有一个或者一个以上的选项符合题目要求，请将符合题目要求的选项代码填入括号内）

1. 在市盈率的计算公式中，关于确定每股净利润的方法，下列说

法正确的是（　　）。

A. 全面摊薄法　　　　　　　B. 估值法

C. 现金流量贴现法　　　　　D. 加权平均法

2. 如果所承销的股票已上市，主承销商的承销总结报告至少应包括（　　）等内容。

A. 发行组织工作

B. 该股票的代码

C. 该股票二级市场表现（如已上市交易）

D. 推介情况

3. 主承销商于 T＋2 日 7：00 前将确定的配售结果数据通过 PROP 发送至登记结算平台，下列属于配售结果数据内容的是（　　）。

A. 发行价格　　　　　　　　B. 获配股数

C. 配售款　　　　　　　　　D. 证券账户

4. 关于上网发行资金申购流程，下列说法正确的是（　　）。

A. 申购日后的第二天，由中国结算上海分公司将申购资金冻结

B. 申购日后的第三天，中国结算上海分公司配合上证所指定的具备资格的会计师事务所对申购资金进行验资

C. 中国结算上海分公司于 T＋4 日根据中签结果进行新股认购中签清算

D. 申购日后的第四天，对未中签部分的申购款予以解冻

5. 新股发行体制改革的措施有（　　）。

A. 完善询价和申购的报价约束机制，形成进一步市场化的价格形成机制

B. 优化网上发行机制，将网下网上申购参与对象分开

C. 对网上单个申购账户设定上限

D. 加强新股认购风险提示，提示所有参与人明晰市场风险

6. 发行费用主要包括（　　）。

A. 承销费用　　　　　　　　B. 注册会计师费用

C. 资产评估费用　　　　　　D. 上网费用

7. 股份有限公司申请其股票上市必须符合的条件包括（　　）。

A. 股票经中国证监会批准已向社会公开发行

B. 公司股本总额不少于人民币 8 000 万元

C. 开业时间在 3 年以上，最近 3 年连续盈利

D. 公司在最近 3 年内无重大违法行为，财务会计报告无虚假记录

8. 发行人应当于其股票上市前 5 个交易日内，在指定媒体上披露下列（　　）文件和事项。

A. 上市公告书

B. 公司章程

C. 申请股票上市的股东大会决议

D. 上市计划书

9. 关于中止发行机制，下列说法中正确的有（　　）。

A. 公开发行股票数量在 4 亿股以下、提供有效报价的询价对象不足 20 家的，发行人及主承销商不得确定发行价格，并应中止发行

B. 公开发行股票数量在 4 亿股以上、提供有效报价的询价对象不足 50 家的，发行人及主承销商不得确定发行价格，并应中止发行

C. 网下机构投资者在既定的网下发售比例内有效申购不足，可以向网上回拨

D. 网下报价情况未及发行人和主承销商预期、网上申购不足、网上申购不足向网下回拨后仍然申购不足的，可以中止发行

三、判断题（判断以下各小题的对错，正确的用 A 表示，错误的用 B 表示）

1. 市盈率是指股票市场价格与每股股利之比。　　　　　　　（　　）

2. 贴现现金流量法是通过预测公司未来的现金流量，按照一定的利率计算公司的整体价值，从而进行股票估值的一种方法。　（　　）

3. 发行人及其主承销商应当通过初步询价确定发行价格区间，在发行价格区间内通过投标询价确定发行价格。　　　　　（　　）

4. 投资价值研究报告应当由发行人的研究人员独立撰写并署名。

（　　）

5. 初步询价后定价发行的，当网下有效申购总量小于网下配售数量时，应当对全部有效申购进行同比例配售。　　　　　　（　　）

6. T＋1 日 16：00 为网下申购资金入账的截止时点。　（　　）

7. 在上网定价发行方式中，申购日后的第三天（T＋3 日）进行摇号抽签，并公布抽签结果。　　　　　　　　　　　　（　　）

8. 中小企业板是现有主板市场的一个板块，其适用的基本制度规范和发行上市标准与现有主板市场有所不同。　　　　　（　　）

9. 中国证监会鼓励保荐机构重点推荐符合国家战略性新兴产业发展方向的企业，特别是新能源、新材料、信息、生物与新医药、节能环保、航空航天、海洋、先进制造、高技术服务等领域的企业。　（　　）

 # 精选考题答案解析

一、单项选择题

1. 【答案及解析】D 《证券法》第三十四条规定，股票发行采取溢价发行的，其发行价格由发行人与承销的证券公司协商确定。故选 D。

2. 【答案及解析】B 在运用可比公司法时，可采用比率指标进行比较，比率指标包括 P/E（市盈率）、P/B（市净率）、$EV/EBITDA$（企业价值与利息、所得税、折旧、摊销前收益的比率）等等。故选 B。

3. 【答案及解析】B 市盈率＝股票市场价格/每股净收益＝10÷0.4＝25。故选 B。

4. 【答案及解析】C 全面摊薄法是用全年净利润除以发行后总股本，直接得出每股净利润。因此，题中要求计算的每股净收益为 6 400/（4 000＋12 000）＝0.40 元。故选 C。

5. 【答案及解析】B 当有效申购量等于或小于发行量时，发行底价就是最终的发行价格；当有效申购量大于发行量时，主承销商可以采用比例配售或者抽签的方式，确定每个有效申购实际应配售的新股数量。故选 B。

6. 【答案及解析】B 超额配售选择权是指发行人授予主承销商的

一项选择权，获此授权的主承销商按同一发行价格超额发售不超过包销数额 15％ 的股份，即主承销商按不超过包销数额 15％ 的股份向投资者发售。故选 B。

7.【答案及解析】D　首次公开发行股票发行人的董事长、总经理、财务负责人、董事会秘书（其他高级管理人员不限）和主承销商的项目负责人应出席公司推介活动。故选 D。

8.【答案及解析】D　上市保荐书应当由保荐人的法定代表人（或者授权代表）和相关保荐代表人签字，注明日期并加盖保荐人公章。故选 D。

9.【答案及解析】A　深圳证券交易所 2010 年 11 月 4 日发布的《关于进一步规范创业板上市公司董事、监事和高级管理人员买卖本公司股票行为的通知》中要求：创业板上市公司董事、监事和高级管理人员在首次公开发行股票上市之日起 6 个月内申报离职的，自申报之日起 18 个月内不得转让其直接持有的本公司股份；在首次公开发行股票上市之日起第 7 个月至第 12 个月之间申报离职的，自申报之日起 12 个月内不得转让其直接持有的本公司股份。只有 A 选项符合《通知》要求。故选 A。

二、不定项选择题

1.【答案及解析】AD　每股净利润的确定方法包括：①全面摊薄法，就是用全年净利润除以发行后总股本，直接得出每股净利润；②加权平均法，该方法下，每股净利润的计算公式为：

$$每股净利润 = \frac{全年净利润}{发行前总股本数 + 本次公开发行股本数 \times (12 - 发行月份) \div 12}$$

故选 AD。

2.【答案及解析】ACD　如果所承销的股票已上市，承销总结报告至少应包括推介、定价、申购、该股票二级市场表现（如已上市交易）及发行组织工作等内容。故选 ACD。

3.【答案及解析】ABCD　主承销商于 T＋2 日 7：00 前将确定的配售结果数据，包括发行价格、获配股数、配售款、证券账户、获配股份限售期限、配售对象证件代码等通过 PROP 发送至登记结算平台。故选 ABCD。

4.【答案及解析】D　申购日后的第一天（T＋1 日），由中国结算上海分公司将申购资金冻结；申购日后的第二天（T＋2 日），中国结算上海分公司配合上证所指定的具备资格的会计师事务所对申购资金进行验资，并由会计师事务所出具验资报告，以实际到位资金作为有效申购；申购日后的第三天（T＋3 日），摇号抽签、中签处理。申购日后的第四天，对未中签部分的申购款予以解冻。故选 D。

5.【答案及解析】ABCD　新股发行体制改革的措施包括以下几项内容：完善询价和申购的报价约束机制，形成进一步市场化的价格形成机制；优化网上发行机制，将网下网上申购参与对象分开；对网上单个申购账户设定上限；加强新股认购风险提示，提示所有参与人明晰市场风险等。故选 ABCD。

6.【答案及解析】ABCD　发行费用是指发行人在股票发行申请和实际发行过程中发生的费用，该费用可在股票溢价发行收入中扣除，主要包括以下内容：上网费用、资产评估费用、律师费用、承销费用、注册会计师费用（审计费用）。故选 ABCD。

7.【答案及解析】ACD　根据《证券法》及交易所上市规则的规定，股份有限公司申请其股票上市必须符合下列条件：第一，股票经中国证监会核准已公开发行；第二，公司股本总额不少于人民币 5 000 万元；第三，公开发行的股份达到公司股份总数的 25％以上；公司股本总额超过人民币 4 亿元的，公开发行股份的比例为 10％以上；第四，公司最近 3 年无重大违法行为，财务会计报告无虚假记载；第五，交易所要求的其他条件。故选 ACD。

8.【答案及解析】ABC　发行人应当于其股票上市前 5 个交易日内，在指定媒体上披露下列文件和事项：①上市公告书；②公司章程；③申请股票上市的股东大会决议；④上市保荐书；⑤法律意见书；⑥交易所要求的其他文件和事项。故选 ABC。

9.【答案及解析】ABD　网下机构投资者在既定的网下发售比例内有效申购不足，不得向网上回拨，可以中止发行，C 选项说法错误，其他三项的说法均正确。故选 ABD。

三、判 断 题

1.【答案及解析】B　市盈率是指股票市场价格与每股收益之比。

2.【答案及解析】B　贴现现金流量法是通过预测公司未来的现金流量，按照一定的贴现率计算公司的整体价值，从而进行股票估值的一种方法。

3.【答案及解析】B　发行人及其主承销商应当通过初步询价确定发行价格区间，在发行价格区间内通过累计投标询价确定发行价格。

4.【答案及解析】B　投资价值研究报告应当由承销商的研究人员独立撰写并署名，承销商不得提供承销团以外的机构撰写的投资价值研究报告。

5.【答案及解析】B　初步询价后定价发行的，当网下有效申购总量"大于"网下配售数量时，应当对全部有效申购进行同比例配售。

6.【答案及解析】B　网下申购资金入账的截止时点是 T 日16：00。

7.【答案及解析】B　申购日后的第 3 天（T＋3 日），发行人和主承销商公布确定的发行价格和中签率，并进行摇号抽签、中签处理。申购日后的第 4 天（T＋4 日），发行人和主承销商公布中签结果。

8.【答案及解析】B　中小企业板是现有主板市场的一个板块，其适用的基本制度规范与现有市场完全相同，适用的发行上市标准也与现有主板市场完全相同，必须满足信息披露、发行上市辅导、财务指标、盈利能力、股本规模、公众持股比例等各方面的要求。

9.【答案及解析】A　根据中国证监会 2010 年 3 月发布的《关于进一步做好创业板推荐工作的指引》，特别鼓励题中所列领域的企业和其他领域中具有自主创新能力、成长性强的企业。

第六章

首次公开发行股票的信息披露

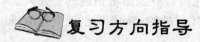

复习方向指导

掌握信息披露的制度规定、信息披露方式、信息披露的原则和信息披露的事务管理。

熟悉招股说明书的编制、预披露和披露要求及其保证与责任。掌握招股说明书的一般内容与格式。

熟悉申购、询价区间公告、发行结果公告的基本内容。了解确定发行价格后，披露网下申购情况、网下具体报价情况的机制安排。

熟悉股票招股意向书及上市公告书的编制和披露要求，股票招股意向书及上市公告书的内容与格式。

掌握创业板上市招股书及其备查文件的披露、发行公告、投资风险特别公告等信息披露方面的特殊要求。

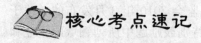

核心考点速记

第一节　信息披露概述

一、信息披露的制度规定

股份有限公司公开发行股票并上市，必须同时向所有投资者公开信息披露，依法披露的信息，必须真实、准确、完整，不得有虚假记载、误导性陈述或者重大遗漏。

公开发行证券的公司信息披露规范包括：内容与格式准则；编报规则；规范问答。首次公开发行股票的信息披露应遵守相关规范。

首次公开发行股票的信息披露文件主要包括：招股说明书及其附录和备查文件；招股说明书摘要；发行公告；上市公告书。

二、信息披露的方式

信息披露的方式主要包括：发行人及其主承销商应当将发行过程中披露的信息刊登在至少一种中国证监会指定的报刊，同时将其刊登在中国证监会指定的互联网网站，并置备于中国证监会指定的场所，供公众查阅。

信息披露文件应当采用中文文本。同时采用外文文本的，信息披露义务人应当保证两种文本的内容一致。两种文本发生歧义时，以中文文本为准。

三、信息披露的原则

信息披露的原则包括以下几项。

（1）真实性原则——所公开的情况不得有任何虚假成分，必须与自身的客观实际相符；

（2）准确性原则——所公开的信息必须详细、具体准确；

（3）完整性原则——把能够提供给投资者判断证券投资价值的情况全部公开；

（4）及时性原则——信息披露义务人在依照法律、法规、规章及其他规定要求的时间内以指定的方式披露。

四、信息披露的事务管理

（1）信息披露事务管理制度。上市公司信息披露事务管理制度应当经公司董事会审议通过，报注册地证监局和证券交易所备案。

（2）上市公司应当设立董事会秘书，作为公司与交易所之间的指定联络人。上市公司在履行信息披露义务时，应当指派董事会秘书、证券事务代表或者代行董事会秘书职责的人员负责与交易所联系，办理信息披露与股权管理事务。

上市公司董事会在聘任董事会秘书的同时，还应当聘任证券事务代表，协助董事会秘书履行职责。

（3）信息披露的监督管理和法律责任。中国证监会依法对信息披露文件及公告的情况、信息披露事务管理活动进行监督，对上市公司控股股东、实际控制人和信息披露义务人的行为进行监督。证券交易所应当对上市公司及其他信息披露义务人披露信息进行监督，督促其依法及时、准确地披露信息，对证券及其衍生品种交易实行实时监控。中国证监会可以对金融、房地产等特殊行业上市公司的信息披露作出特别规定。

上市公司董事、监事、高级管理人员应当对公司信息披露的真实性、准确性、完整性、及时性、公平性负责，但有充分证据表明其已经履行勤勉尽责义务的除外。

第二节　首次公开发行股票招股说明书及其摘要

一、招股说明书编制和披露的规定

（一）招股说明书信息披露的要求

中国证监会于 2001 年 3 月 15 日发布（2006 年 5 月 18 日修改）了《公开发行证券的公司信息披露内容与格式准则第 1 号——招股说明书》（下文简称"第 1 号准则"），其规定是对招股说明书信息披露的最低要求。

不论第 1 号准则是否有明确规定，凡对投资者做出投资决策有重大影响的信息，均应披露。若第 1 号准则的某些具体要求对发行人确实不适用的，发行人可根据实际情况，在不影响披露内容完整性的前提上作适当修改，但应在申报时作书面说明。

若发行人有充分依据证明第 1 号准则要求披露的某些信息涉及国家

机密、商业秘密及其他因披露可能导致其违反国家有关保密法律法规规定或严重损害公司利益的，发行人可向中国证监会申请豁免披露。

（二）招股说明书及其摘要披露的原则

发行人及其全体董事、监事和高级管理人员应当在招股说明书上签字、盖章，保证招股说明书的内容真实、准确、完整。招股说明书应当加盖发行人公章。保荐人及其保荐代表人应当对招股说明书的真实性、准确性、完整性进行核查，并在核查意见上签字、盖章。

发行人在招股说明书及其摘要中披露的财务会计资料应有充分的依据，所引用的发行人的财务报表、盈利预测报告（如有）应由具有证券、期货相关业务资格的会计师事务所审计或审核。

（三）招股说明书及其引用的财务报告的有效期及相关事项

招股说明书中引用的财务报告在其最近1期截止日后6个月内有效。特殊情况下，发行人可申请适当延长，但至多不超过1个月。财务报告应当以年度末、半年度末或者季度末为截止日。招股说明书的有效期为6个月，自中国证监会核准发行申请前招股说明书最后1次签署之日起计算。

（四）招股说明书预先披露

在申请文件被受理后、发行审核委员会审核前，发行人应当将招股说明书（申报稿）在中国证监会网站预先披露。发行人可以将招股说明书（申报稿）刊登于其公司网站，但披露内容应当完全一致。

预先披露的招股说明书（申报稿）不是发行人发行股票的正式文件，不能含有价格信息，发行人不得据此发行股票。

（五）对招股说明书的一般要求

（1）引用的数据应有充分、客观的依据，并注明资料来源。

（2）引用的数字应采用阿拉伯数字，货币金额除特别说明外，应指人民币金额，并以元、千元或万元为单位。

（3）发行人可根据有关规定或其他需求，编制招股说明书外文译本，但应保证中、外文文本的一致性，并在外文文本上注明"本招股说明书分别以中、英（或日、法等）文编制，在对中外文文本的理解上发生歧义时，以中文文本为准"；在境内外同时发行股票的，应按照从严原则编制招股说明书，并保证披露内容的一致性。

（4）招股说明书全文文本应采用质地良好的纸张印刷，幅面为 209 毫米×295 毫米（相当于标准的 A4 纸规格）。

（5）招股说明书应使用事实描述性语言，保证其内容简明扼要、通俗易懂，突出事件实质，不得有祝贺性、广告性、恭维性或诋毁性的词句。

发行人应在招股说明书及其摘要披露后 10 日内，将正式印刷的招股说明书全文文本一式 5 份，分别报送中国证监会及其在发行人注册地的派出机构。

（六）招股说明书的一般内容与格式

（1）招股说明书的封面、书脊、扉页、目录和释义。

（2）董事会声明与发行人提示。

（3）招股说明书概览。

（4）本次发行概况。

（5）风险因素。

（6）发行人的基本情况。

（7）业务和技术。

（8）同业竞争与关联交易。

（9）董事、监事、高级管理人员与核心技术人员。

（10）公司治理。

（11）财务会计信息。

（12）管理层讨论与分析。

（13）业务发展目标。

（14）募股资金运用。

（15）股利分配政策。

（16）其他重要事项。

（17）董事、监事、高级管理人员及有关中介机构声明。

（18）备查文件。

二、招股说明书摘要的一般内容与格式

（1）发行人应在招股说明书摘要的显要位置作出声明。

（2）重大事项提示。

（3）本次发行概况。

（4）发行人基本情况。

（5）募股资金运用。

（6）风险因素和其他重要事项。

（7）本次发行各方当事人和发行时间安排。

（8）备查文件。

第三节 股票发行公告及发行过程中的有关公告

一、发行公告的披露

发行人及其主承销商应当在刊登招股意向书或者招股说明书摘要的同时刊登发行公告，对发行方案进行详细说明。

发行人及其主承销商发行过程中通常还将发布：初步询价结果及发行价格区间公告；发行定价、网下发行结果及网上中签率公告，网上资金申购发行摇号中签结果公告等。

首次公开发行股票向战略投资者配售股票的，发行人及其主承销商应当在网下配售结果公告中披露战略投资者的名称、认购数量及承诺持有期等情况。

二、发行公告的内容

发行公告是承销商对公众投资人作出的事实通知，其主要内容如下。

（1）提示：①本次发行股票及其发行方案已获得中国证监会具体文件的核准；②本公告仅对认购发行公司股票的有关事项和规定向社会公众作简要说明。投资者欲了解发行公司股票的一般情况，应详细阅读招股说明书概要或招股意向书；③其他需要在提示中说明的情况。

（2）发行额度、面值与价格。

（3）发行方式。

（4）发行对象。

（5）发行时间和范围。

（6）认购股数的规定。

（7）认购原则。

（8）认购程序。

（9）承销机构。

三、询价区间公告、发行结果公告

第一，招股意向书公告的同时，发行人及其主承销商应刊登初步询价公告。

第二，发行价格区间向中国证监会报备后，发行人及其主承销商应刊登初步询价结果公告。

初步询价结果公告应至少包含以下内容：初步询价基本情况，包括询价对象的数量和类别；询价对象的报价总区间（最高、最低），报价区间上限按询价对象机构类别的分类统计；发行价格区间及确定依据；发行价格区间对应的摊薄前后的市盈率区间等。

第三，股票配售完成后，发行人及其主承销商应刊登定价公告和网下配售结果公告。

第四节　股票上市公告书

一、股票上市公告书

上市公告书是发行人在股票上市前向公众公告发行与上市有关事项的信息披露文件。

在中华人民共和国境内首次公开发行股票，并申请在经国务院批准设立的证券交易所上市的公司，在股票上市前，应按《公司法》、《证券法》、《首次公开发行股票并上市管理办法》以及核准其挂牌交易的证券交易场所《上市规则》和《股票上市公告书内容与格式指引》（下文简称"指引")中的有关要求编制上市公告书,并经证券交易所审核同意后公告。

(一)《指引》的规定对发行人上市公告书信息披露的最低要求

不论指引是否有明确规定,凡在招股说明书披露日至上市公告书刊登日期间所发生的对投资者做出投资决策有重大影响的信息,均应披露。

指引的某些具体要求对发行人确实不适用的,发行人可根据实际情况,在不影响披露内容完整性的前提下作适当修改,但应作书面说明。发行人未披露本指引规定内容的,应以书面形式报告证券交易所同意。

由于商业秘密等特殊原因致使某些信息确实不便披露的,发行人可向证券交易所申请豁免。在不影响信息披露的完整性和不致引起阅读不便的前提下,发行人可采用相互引证的方法,对各相关部分的内容进行适当的技术处理,以避免重复和保持文字简洁。发行人在上市公告书中披露的所有信息应真实、准确、完整。

(二)上市公告书的一般要求

(1)引用的数据应有充分、客观的依据,并注明资料来源。

(2)引用的数字应采用阿拉伯数字,货币金额除特别说明外,应指人民币金额,并以元、千元或万元为单位。

(3)发行人可根据有关规定或其他需求,编制上市公告书外文译本,但应保证中、外文文本的一致性,并在外文文本上注明:"本上市公告书分别以中、英(或日、法等)文编制,在对中外文本的理解上发生歧义时,以中文文本为准。"

(4)上市公告书应采用质地良好的纸张印刷,幅面为209毫米×295毫米(相当于标准的A4纸规格)。

(5)上市公告书封面应载明发行人的名称、"上市公告书"的字样、公告日期等,可载有发行人的英文名称、徽章或其他标记、图案等。

(6)上市公告书应使用事实描述性语言,保证其内容简明扼要、通俗易懂,不得有祝贺性、广告性、恭维性或诋毁性的词句。

（三）披露上市公告书

发行人应在其股票上市前，将上市公告书全文刊登在至少一种由中国证监会指定的报刊及中国证监会指定的网站上，并将上市公告书文本置备于发行人住所、拟上市的证券交易所住所、有关证券经营机构住所及其营业网点，以供公众查阅。

发行人可将上市公告书刊载于其他报刊和网站，但其披露时间不得早于在中国证监会指定报刊和网站的披露时间。

上市公告书在披露前，任何当事人不得泄露有关信息，或利用这些信息谋取利益。

（四）报送上市公告书

发行人应在披露上市公告书后 10 日内，将上市公告书文本一式五份分别报送发行人注册地的中国证监会派出机构、上市的证券交易所。

二、股票上市公告书的内容与格式

（1）重要声明与提示。发行人应在上市公告书显要位置作重要声明与提示；发行人应披露董事、监事、高级管理人员就上市而作出的相关承诺。

（2）股票上市情况。①发行人应披露编制上市公告书的法律依据；股票发行的核准部门和文号；股票上市的核准单位和文号。②发行人应披露股票上市的相关信息，主要包括：上市地点；上市时间；股票简称；股票代码；总股本；首次公开发行股票增加的股份；上市保荐人等十二项事宜。

（3）发行人、股东和实际控制人情况。发行人应披露控股股东及实际控制人的名称或姓名，前 10 名股东的名称或姓名、持股数量及持股比例。

（4）股票发行情况。如发行数量；发行价格；发行方式；募集资金总额及注册会计师对资金到位的验证情况；发行费用总额及项目、每股发行费用；募集资金净额；发行后每股净资产；发行后每股收益。

（5）其他重要事项。

（6）上市保荐人及其意见。

第五节　创业板信息披露方面的特殊要求

一、首次公开发行股票并在创业板上市投资风险特别公告

创业板上市投资风险特别提示主要内容的特殊要求包括提示如下内容。本次发行后拟在创业板市场上市，该市场具有较高的投资风险。创业板公司具有业绩不稳定、经营风险高、退市风险大等特点，投资者面临较大的市场风险。投资者应充分了解创业板市场的投资风险及发行人所披露的风险因素，审慎作出投资决定。创业板市场在制度与规则方面与主板市场存在一定差异，包括但不限于上市条件、信息披露、退市制度设计等，这些差异若认知不到位，可能给投资者造成投资风险。

二、创业板招股说明书的编制和披露的特殊规定

（一）创业板投资风险提示

发行人应在招股说明书显要位置提示创业板投资风险。

（二）招股说明书的一般内容与格式的主要差异

（1）招股说明书封面：增加要求披露招股说明书封面，应明确提示创业板投资风险。

（2）概览：增加要求发行人应列示核心竞争优势的具体表现。

（3）风险因素：要求增加对创业板上市公司在经营业绩、内部管理、控制（权）、行业等相对特殊的风险。

（4）业务与技术：增加披露发行人业务的独特性、创新性以及持续创新机制。

（5）未来发展与规划：增加要求发行人审慎分析说明未来发展及在增强成长性和自主创新方面的情况。

（6）附件：增加的附件主要包括发行人成长性专项意见。

其他方面的信息披露与主板对于招股说明书的披露要求类似。

精选考题同步演练

一、单项选择题（以下各小题所给出的四个选项中，只有一项最符合题目要求，请将正确选项的代码填入括号内）

1. 在董事会秘书不能履行职责时，由证券事务代表行使其权利，并履行其职责。证券事务代表应经过（　　）培训，并取得资格证书。
A. 交易所的董事会秘书资格
B. 证监会的董事会秘书资格
C. 交易所的证券事务代表资格
D. 证监会的证券事务代表资格

2. 招股说明书的有效期为（　　）个月，自中国证监会下发核准通知前招股说明书最后一次签署之日起计算。
A. 3　　　　　　　　　　　B. 6
C. 9　　　　　　　　　　　D. 12

3. 关于招股说明书，下列说法错误的是（　　）。
A. 招股说明书引用的数字应采用阿拉伯数字
B. 招股说明书存在对中外文本的理解上发生歧义时，以外文文本为准
C. 招股说明书全文文本应采用质地良好的纸张印刷，幅面为 209 毫米×295 毫米（相当于标准的 A4 纸规格）
D. 招股说明书货币金额除特别说明外，应指人民币金额，并以元、千元或万元为单位

4. 发行人向单个客户的销售比例（　　），应披露其名称及销售比例。
A. 超过总额的 10% 的
B. 超过总额的 20% 或严重依赖于少数客户的
C. 超过总额的 30% 或严重依赖于少数客户的
D. 超过总额的 50% 或严重依赖于少数客户的

5. 业务发展目标与募股资金运用首次公开发行股票招股说明书应

披露发行当年和未来（　　）年内的发展计划。

A. 1   B. 2

C. 3   D. 5

6. 招股说明书应披露至少最近（　　）年实际股利分配情况。

A. 1   B. 2

C. 3   D. 5

7. 发行人应在其股票上市（　　）日前，将上市公告书全文刊登在至少一种由中国证监会指定的报刊及中国证监会指定的网站上。

A. 1   B. 2

C. 5   D. 10

8. 发行人应在披露上市公告书后（　　）日内，将上市公告书文本一式五份分别报送中国证监会及发行人所在地的派出机构、上市的证券交易所。

A. 5   B. 7

C. 8   D. 10

二、不定项选择题（以下各小题给出的多个选项中，有一个或者一个以上的选项符合题目要求，请将符合题目要求选项代码填入括号内）

1. 信息披露的方式主要包括（　　）。

A. 依规定程序在指定披露报刊公开刊登

B. 口头通知

C. 在指定信息披露网站公布

D. 自主网上披露

2. 发行人应在招股说明书中针对不同的发行方式，披露预计发行上市的重要日期，主要包括（　　）。

A. 询价推介时间   B. 定价公告刊登日期

C. 股票上市日期   D. 申购日期和缴款日期

3. 如发行过内部职工股，发行人应披露（　　）。

A. 内部职工股的审批及发行情况

B. 本次发行前的内部职工股托管情况

C. 发生过的违法、违规情况

D. 对尚存在内部职工股潜在问题和风险隐患的，披露有关责任的承担主体

4. 关于报告期内主要产品的原材料和能源及其供应情况，发行人应披露（　　）。

A. 主要原材料和能源的价格变动趋势

B. 主要原材料和能源占成本的比重

C. 报告期内各期向前 3 名供应商合计的采购额占当期采购总额的百分比

D. 如向单个供应商的采购比例超过总额的 30% 或严重依赖于少数供应商的，应披露其名称及采购比例

5. 发行人在招股说明书中应披露经审计财务报告期间的下列（　　）各项财务指标。

A. 流动比率

B. 应收账款周转率

C. 无形资产（土地使用权除外）占总（净）资产的比例

D. 研究与开发费用占主营业务收入比例

6. 关于募集资金的运用，发行人应披露（　　）。

A. 预计募集资金数额

B. 按投资项目的轻重缓急顺序，列表披露预计募集资金投入的时间进度

C. 按投资项目的先后顺序，列表披露项目履行的审批、核准或备案情况

D. 若所筹资金不能满足项目资金需求，应说明缺口部分的资金来源及落实情况

7. 发行公告是承销商对公众投资人作出的事实通知，其提示内容主要包括（　　）。

A. 本次发行股票及其发行方案已获得中国证监会具体文件的核准

B. 本公告已对认购发行公司股票的有关事项和规定向社会公众作简要说明。投资者欲了解发行公司股票的一般情况，应详细阅

读招股说明书摘要或招股意向书

C. 其他需要在提示中说明的情况

D. 发行额度、面值与价格

8. 上市公告书至少应披露的发行人的基本情况有（　　）。

A. 董事会秘书

B. 经营范围

C. 所属行业

D. 主营业务

三、判断题（判断以下各小题的对错，正确的用 A 表示，错误的用 B 表示）

1. 董事会秘书空缺期间超过 6 个月之后，董事长应当代行董事会秘书职责，直至公司正式聘任董事会秘书。　　　　　　　（　　）

2. 招股说明书中引用的财务报表在其最近 1 期截止日后 6 个月内有效。特别情况下发行人可申请适当延长，但至多不超过 3 个月。
　　　　　　　　　　　　　　　　　　　　　　　　（　　）

3. 对所披露的风险必须做定量分析。　　　　　　　（　　）

4. 发行人董事、监事、高级管理人员在最近 2 年内曾发生变动的，应披露变动情况和原因。　　　　　　　　　　　　　　（　　）

5. 发行人应披露发行当年和未来 3 年的发展计划，包括提高竞争能力、市场和业务开拓、筹资等方面的计划。　　　　　　　（　　）

6. 发行人应披露最近 1 年实际股利分配情况，说明是否符合有关规定。　　　　　　　　　　　　　　　　　　　　　　　（　　）

7. 发行人及其主承销商公告发行价格和发行市盈率时，每股收益应当按发行前一年经会计师事务所审计的、扣除非经常性损益前后孰低的净利润除以发行后总股本计算。　　　　　　　　　　　（　　）

8. 发行人可在上市公告书中相互引证，对相关部分进行适当技术处理。　　　　　　　　　　　　　　　　　　　　　　　（　　）

精选考题答案解析

一、单项选择题

1. 【答案及解析】A　在董事会秘书不能履行职责时，由证券事务代表行使其权利并履行其职责。在此期间，并不当然免除董事会秘书对公司信息披露事务所负有的责任。证券事务代表应当经过交易所的董事会秘书资格培训并取得董事会秘书资格证书。故选 A。

2. 【答案及解析】B　招股说明书的有效期为 6 个月，自中国证监会核准发行申请前招股说明书最后一次签署之日起计算。而招股说明书中引用的财务报表在其最近 1 期截止日后 6 个月内有效。故选 B。

3. 【答案及解析】B　招股说明书的一般要求有：①引用的数据应有充分、客观的依据，并注明资料来源；②引用的数字应采用阿拉伯数字，货币金额除特别说明外，应指人民币金额，并以元、千元或万元为单位；③发行人可根据有关规定或其他需求，编制招股说明书外文译本，但应保证中、外文文本的一致性，并在外文文本上注明"本招股说明书分别以中、英（或日、法等）文编制，在对中外文本的理解上发生歧义时，以中文文本为准"；在境内外同时发行股票的，应按照从严原则编制招股说明书，并保证披露内容的一致性；④招股说明书全文文本应采用质地良好的纸张印刷，幅面为 209 毫米×295 毫米；⑤招股说明书应使用事实描述性语言，保证其内容简明扼要、通俗易懂，突出事件实质，不得有祝贺性、广告性、恭维性或诋毁性的词句。故选 B。

4. 【答案及解析】D　报告期内各期向前 5 名客户合计的销售额占当期销售总额的百分比，如向单个客户的销售比例超过总额的 50% 或严重依赖少数客户的，应披露其名称及销售比例。故选 D。

5. 【答案及解析】B　发行人应披露发行当年和未来两年的发展计划，包括提高竞争能力、市场和业务开拓、筹资等方面的计划。故选 B。

6.【答案及解析】C 《公开发行证券的公司信息披露内容与格式准则第 1 号——招股说明书》第一百六十条规定，发行人应披露最近三年历次实际股利分配情况，说明是否符合有关规定。故选 C。

7.【答案及解析】C 发行人应在其股票上市 5 日前，将上市公告书全文刊登在至少一种由中国证监会指定的报刊及中国证监会指定的网站上。故选 C。

8.【答案及解析】D 《公开发行证券公司的信息披露内容与格式准则第 7 号股票上市公告书》第十三条规定，发行人应在披露上市公告书后 10 日内，将上市公告书文本一式五份分别报送中国证监会及发行人所在地的派出机构、上市的证券交易所。故选 D。

二、不定项选择题

1.【答案及解析】AC 信息披露的方式主要包括：发行人及其主承销商应当将发行过程中披露的信息刊登在至少一种中国证监会指定的报刊，同时将其刊登在中国证监会指定的互联网网站，并置备于中国证监会指定的场所，供公众查阅。故选 AC。

2.【答案及解析】ABCD 发行人应针对不同的发行方式，披露预计发行上市的重要日期，主要包括：①询价推介时间；②定价公告刊登日期；③申购日期和缴款日期；④股票上市日期。故选 ABCD。

3.【答案及解析】ABCD 如发行过内部职工股，发行人应披露以下情况：①内部职工股的审批及发行情况；②本次发行前的内部职工股托管情况；③发生过的违法违规情况，包括超范围和超比例发行的情况；④对尚存在内部职工股潜在问题和风险隐患的，应披露有关责任的承担主体等。故选 ABCD。

4.【答案及解析】AB 报告期内主要产品的原材料和能源及其供应情况包括，主要原材料和能源的价格变动趋势、主要原材料和能源占成本的比重；报告期内各期向前 5 名供应商合计的采购额占当期采购总额的百分比，如向单个供应商的采购比例超过总额的 50% 或严重依赖少数供应商的，应披露其名称及采购比例；受同一实际控制人控制的供应商，应合并计算采购额。故选 AB。

5.【答案及解析】ABCD　发行人应列表披露最近 3 年及 1 期的流动比率、速动比率、资产负债率（母公司）、应收账款周转率、存货周转率、息税折旧摊销前利润、利息保障倍数、每股经营活动产生的现金流量、每股净现金流量、每股收益、净资产收益率、无形资产占净资产的比例。故选 ABCD。

6.【答案及解析】ABD　发行人应披露：①预计募集资金数额；②按投资项目的轻重缓急顺序，列表披露预计募集资金投入的时间进度及项目履行的审批、核准或备案情况；③若所筹资金不能满足项目资金需求的，应说明缺口部分的资金来源及落实情况。故选 ABD。

7.【答案及解析】ABC　D 项属于发行公告的主要内容，不是提示内容。故选 ABC。

8.【答案及解析】ABCD　发行人的基本情况，包括发行人的中英文名称、注册资本、法定代表人、住所、经营范围、主营业务、所属行业、电话、传真、电子邮箱、董事会秘书。故选 ABCD。

三、判 断 题

1.【答案及解析】B　董事会秘书空缺期间超过 3 个月之后，董事长应当代行董事会秘书职责，直至公司正式聘任董事会秘书。

2.【答案及解析】B　招股说明书中引用的财务报表在其最近 1 期截止日后 6 个月内有效。特别情况下发行人可申请适当延长，但至多不超过 1 个月。财务报表应当以年度末、半年度末或者季度末为截止日。

3.【答案及解析】B　对披露的风险因素应做定量分析；无法进行定量分析的，应有针对性地作出定性描述。

4.【答案及解析】B　发行人应披露董事、监事、高级管理人员是否符合法律法规规定的任职资格；发行人董事、监事、高级管理人员在近 3 年内曾发生变动的，应披露变动情况和原因。

5.【答案及解析】B　发行人应披露发行当年和未来 2 年的发展计划，包括提高竞争能力、市场和业务开拓、筹资等方面的计划。

6.【答案及解析】B　发行人应披露最近 3 年股利分配政策、实际股利分配情况以及发行后的鼓励分配政策，说明是否符合有关规定。

7.【答案及解析】A　发行人及其主承销商公告发行价格和发行市盈率时，每股收益应当按发行前一年经会计师事务所审计的、扣除非经常性损益前后孰低的净利润除以发行后总股本计算。

8.【答案及解析】A　在不影响信息披露的完整性和不致引起阅读不便的前提下，发行人可采用相互引证的方法，对各相关部分的内容进行适当的技术处理，以避免重复和保持文字简洁。

第七章

上市公司发行新股

 复习方向指导

　　掌握新股公开发行和非公开发行的基本条件、一般规定、配股的特别规定、增发的特别规定。熟悉新股公开发行和非公开发行的申请程序。掌握主承销商尽职调查的工作内容。掌握新股发行申请文件的编制和申报的基本原则、申请文件的形式要求以及文件目录。

　　熟悉主承销商的保荐过程和中国证监会的核准程序。

　　掌握增发的发行方式、配股的发行方式。熟悉增发及上市业务操作流程、配股及上市业务操作流程。

　　熟悉新股发行申请过程中信息披露的规定及各项内容。了解上市公司发行新股时招股说明书的编制和披露。

 核心考点速记

第一节　上市公司发行新股的准备工作

一、上市公司公开发行新股的法定条件及关注事项

（一）基本条件

　　根据《证券法》第十三条的有关规定，上市公司公开发行新股，必须具备下列条件："具备健全且运行良好的组织机构；具有持续盈利能力，财务状况良好；最近三年财务会计文件无虚假记载，无其他重大违法行为；经国务院批准的国务院证券监督管理机构规定的其他条件。"

根据《证券法》第十三条的规定，上市公司发行新股，还必须满足下列要求："公司对公开发行股票所募集资金，必须按照招股说明书所列资金用途使用。改变招股说明书所列资金用途，必须经股东大会作出决议。擅自改变用途而未作纠正的，或者未经股东大会认可的，不得公开发行新股。"

（二）一般规定

根据中国证监会 2006 年 5 月 6 日发布的《上市公司证券发行管理办法》，上市公司申请发行新股，还应当符合以下具体要求。

（1）上市公司的组织机构健全、运行良好。

（2）上市公司的盈利能力具有可持续性。

（3）上市公司的财务状况良好。

（4）上市公司最近 36 个月内财务会计文件无虚假记载，且不存在重大违法行为。

（5）上市公司募集资金的数额和使用应当符合规定。

（6）上市公司存在下列情形之一的，不得公开发行证券：①本次发行申请文件有虚假记载、误导性陈述或重大遗漏；②擅自改变前次公开发行证券募集资金的用途而未作纠正；③上市公司最近 12 个月内受到过证券交易所的公开谴责；④上市公司及其控股股东或实际控制人最近 12 个月内存在未履行向投资者作出的公开承诺的行为；⑤上市公司或其现任董事、高级管理人员因涉嫌犯罪被司法机关立案侦查或涉嫌违法违规被中国证监会立案调查；⑥严重损害投资者的合法权益和社会公共利益的其他情形。

（三）配股的特别规定

向原股东配股，除符合上述一般规定外，还应当符合下列规定。

（1）拟配售股份数量不超过本次配售股份前股本总额的 30%。

（2）控股股东应当在股东大会召开前公开承诺认配股份的数量。

（3）采用《证券法》规定的代销方式发行。

控股股东不履行认配股份的承诺，或者代销期限届满，原股东认购股票的数量未达到拟配售数量70％的，发行人应当按照发行价并加算银行同期存款利息返还已经认购的股东。

（四）公开增发的特别规定

向不特定对象公开募集股份，除符合上述一般规定外，还应当符合下列规定。

（1）最近3个会计年度加权平均净资产收益率平均不低于6％。扣除非经常性损益后的净利润与扣除前的净利润相比，以低者作为加权平均净资产收益率的计算依据。

（2）除金融类企业外，最近1期末不存在持有金额较大的交易性金融资产和可供出售的金融资产、借予他人款项、委托理财等财务性投资的情形。

（3）发行价格应不低于公告招股意向书前20个交易日公司股票均价或前一个交易日的均价。

二、非公开发行股票的条件

非公开发行股票，是指上市公司采用非公开方式，向特定对象发行股票的行为。

（1）非公开发行股票的特定对象应当符合的规定：特定对象符合股东大会决议规定的条件；发行对象不超过10名。发行对象为境外战略投资者的，应当经国务院相关部门事先批准。

（2）上市公司非公开发行股票的规定。发行价格不低于定价基准日前20个交易日公司股票均价的90％；本次发行的股份自发行结束之日起，12个月内不得转让；控股股东、实际控制人及其控制的企业认购的股份，36个月内不得转让；募集资金使用符合《上市公司证券发行管理办法》第10条的规定；本次发行将导致上市公司控制权发生变化的，还应当符合中国证监会的其他规定。

（3）上市公司存在下列情形之一的，不得非公开发行股票：本次发行申请文件有虚假记载、误导性陈述或重大遗漏；上市公司的权益被控股股东或实际控制人严重损害且尚未消除；上市公司及其附属公司违规对外提供担保且尚未解除；现任董事、高级管理人员最近 36 个月内受到过中国证监会的行政处罚，或者最近 12 个月内受到过证券交易所公开谴责；上市公司或其现任董事、高级管理人员因涉嫌犯罪正被司法机关立案；最近 1 年及 1 期财务报表被注册会计师出具保留意见、否定意见或无法表示意见的审计报告（保留意见、否定意见或无法表示意见所涉及事项的重大影响已经消除或者本次发行涉及重大重组的除外）；严重损害投资者合法权益和社会公共利益的其他情形。

三、新股发行的申请程序

根据《上市公司证券发行管理办法》，上市公司发行新股的申请程序如下。

（1）聘请保荐人（主承销商）。公开发行，由证券公司承销；非公开发行股票，如发行对象均属于原前 10 名股东的，则可以由上市公司自行销售。上市公司申请公开发行新股或者非公开发行新股，应当由保荐人保荐，并向中国证监会申报。

（2）董事会作出决议。就下列事项作出决议：新股发行的方案、本次募集资金使用的可行性报告、前次募集资金使用的报告、其他必须明确的事项，并提请股东大会批准。

（3）股东大会批准。股东大会应当就本次发行证券的种类和数量、发行方式、发行对象及向原股东配售的安排、定价方式或价格区间、募集资金用途、决议的有效期、对董事会办理本次发行具体事宜的授权、其他必须明确的事项进行逐项表决。

上市公司发行新股决议 1 年有效；决议失效后，仍决定继续实施发行新股的，须重新提请股东大会表决。

（4）编制和提交申请文件。保荐人应当按照中国证监会的有关规定编制和报送发行申请文件。

（5）重大事项的持续关注。上市公司发行证券前发生重大事项的，应暂缓发行，并及时报告中国证监会。该事项对本次发行条件构成重大影响的，发行证券的申请应重新经过中国证监会核准。

四、保荐机构（主承销商）的尽职调查

尽职调查是保荐机构（主承销商）透彻了解发行人各方面情况、设计发行方案、成功销售股票以及明确保荐机构（主承销商）责任范围的基础和前提，对保荐机构（主承销商）和发行人均具有非常重要的意义。与首次公开发行股票一样，在上市公司新股发行过程中，保荐机构（主承销商）对上市公司的尽职调查贯穿始终。

提交发行申请文件前的尽职调查，须达到以下三个目的：①充分了解发行的经营情况以及面临的风险和问题；②有充分理由确信发行人符合《证券法》等法律法规及证监会规定的发行条件；③确信发行人申请文件和公开募集文件真实、准确、完整。

五、新股发行的申请文件

（一）申请文件编制和申报的基本原则

（1）申请文件是上市公司为发行新股向中国证监会报送的必备文件。

（2）上市公司全体董事、监事、高级管理人员应当在公开募集证券说明书上签字，保证不存在虚假记载、误导性陈述或者重大遗漏，并声明承担个别和连带的法律责任。

（3）公开募集证券说明书所引用的审计报告、盈利预测审核报告、资产评估报告、资信评级报告，应当由有资格的证券服务机构出具，并由至少两名有从业资格的人员签署。

公开募集证券说明书，自最后签署之日起6个月内有效。

（4）发行人应根据中国证监会对发行申请文件的审核反馈意见提供补充材料。有关中介机构应履行其对相关问题进行尽职调查或补充出具专业意见的义务。

（5）对未按规定要求制作和报送发行申请文件的，中国证监会可不予受理。

（二）申请文件的形式要求

（1）发行人和保荐机构报送发行申请文件，初次应提交原件1份，

复印件两份；在提交发审委审核之前，根据中国证监会要求的书面文件份数补报申请文件。

（2）纳入发行申请文件原件的文件，均应为原始文本。发行人不能提供有关文件的原始文本的，应由发行人律师提供鉴证意见，或由出文单位盖章，以保证与原始文件一致。

（3）发行申请文件的纸张应采用幅面为 209 毫米×295 毫米规格的纸张（相当于标准 A4 纸张规格），双面印刷（须提供原件的历史文件除外）。

（4）申请文件的封面和侧面应标明"×××公司配股/增发/可转换公司债券/分离交易的可转换公司债券申请文件"字样。

（5）发行申请文件的扉页应附发行人董事会秘书及有关中介机构项目负责人的姓名、电话、传真及其他有效的联系方式。

（6）发行申请文件章与章之间、节与节之间应有明显的分隔标识。申请文件中的页码必须与目录中的页码相符，例如第四章 4−1 的页码标注为：4−1−1、4−1−2、4−1−3…4−1−n。

（7）在每次报送书面文件的同时，发行人应报送两份相应的电子文件（应为标准 .doc 或 .rtf 文件）。发行结束后，发行人应将募集说明书的电子文件及历次报送的电子文件汇总报送中国证监会备案。

（三）上市公司公开发行证券申请文件目录

第一章　本次证券发行的募集文件

1−1 募集说明书（申报稿）

1−2 募集说明书摘要

1−3 发行公告（发审会后按中国证监会要求提供）

第二章　发行人关于本次证券发行的申请与授权文件

2−1 发行人关于本次证券发行的申请报告

2−2 发行人董事会决议

2−3 发行人股东大会决议

第三章　保荐机构关于本次证券发行的文件

3−1 证券发行保荐书

3−2 保荐机构尽职调查报告

第四章　发行人律师关于本次证券发行的文件

4−1 法律意见书

4—2 律师工作报告

<h2 style="text-align:center">第五章　关于本次证券发行募集资金运用的文件</h2>

5—1 募集资金投资项目的审批、核准或备案文件

5—2 发行人拟收购资产（包括权益）有关的财务报告、审计报告、资产评估报告

5—3 发行人拟收购资产（包括权益）的合同或其草案

<h2 style="text-align:center">第六章　其他文件</h2>

6—1 发行人最近 3 年的财务报告和审计报告及最近 1 期的财务报告

6—2 会计师事务所关于发行人内部控制制度的鉴证报告

6—3 会计师事务所关于前次募集资金使用情况的专项报告

6—4 经注册会计师核验的发行人最近 3 年加权平均净资产收益率和非经常性损益明细表

6—5 发行人董事会、会计师事务所及注册会计师关于非标准无保留意见审计报告的补充意见

6—6 盈利预测报告及盈利预测报告审核报告

6—7 最近 3 年内发生重大资产重组的发行人提供的模拟财务报告及审计报告和重组进入公司的资产的财务报告、资产评估报告和/或审计报告

6—8 控股股东（企业法人）最近 1 年的财务报告、审计报告以及保荐机构出具的关于实际控制人情况的说明

6—9 发行人公司章程（限于电子文件）

6—10 资信评级机构为本次发行可转换公司债券或分离交易的可转换公司债券出具的资信评级报告

6—11 本次发行可转换公司债券或分离交易的可转换公司债券的担保合同、担保函、担保人就提供担保获得的授权文件

6—12 特定行业（或企业）主管部门出具的监管意见书

6—13 承销协议（发行前按中国证监会要求提供）

6—14 发行人全体董事对发行申请文件真实性、准确性和完整性的承诺书

（四）上市公司非公开发行证券申请文件目录

<h2 style="text-align:center">第一章　发行人的申请报告及相关文件</h2>

1—1 发行人申请报告

1—2 本次发行的董事会决议和股东大会决议

1—3 本次非公开发行股票预案

1—4 公告的其他相关信息披露文件

<h2 style="text-align:center">第二章　保荐人和律师出具的文件</h2>

2—1 保荐人出具的证券发行保荐书

2—2 保荐人尽职调查报告

2—3 发行人律师出具的法律意见书

2—4 发行人律师工作报告

第三章　财务信息相关文件

3—1 发行人最近 1 年的财务报告和审计报告及最近 1 期的财务报告

3—2 最近 3 年及 1 期的比较式财务报表（包括合并报表和母公司报表）

3—3 本次收购资产相关的最近 1 年及 1 期的财务报告及其审计报告、资产评估报告

3—4 发行人董事会、会计师事务所及注册会计师关于上市公司最近 1 年及 1 期的非标准无保留意见审计报告的补充意见

3—5 会计师事务所关于前次募集资金使用情况的专项报告

第四章　其他文件

4—1 有关部门对募集资金投资项目的审批、核准或备案文件

4—2 特定行业主管部门出具的监管意见书

4—3 国务院相关主管部门关于引入境外战略投资者的批准文件

4—4 附条件生效的股份认购合同

4—5 附条件生效的资产转让合同

4—6 发行人全体董事对相关申请文件真实性、准确性和完整性的承诺书

编制说明：前述申请文件目录是对发行申请文件的最低要求，中国证监会根据审核需要，可以要求发行人和中介机构补充材料。某些材料对发行人不适用的，可不必提供，但应作出书面说明。保荐机构报送申请文件，初次报送应提交原件 1 份、复印件及电子文件 3 份。

第二节　上市公司发行新股的推荐核准程序

上市公司公开发行新股的推荐核准，包括由保荐人（主承销商）进行的内核、出具发行保荐书以及对承销商备案材料的合规性审核，以及由中国证监会进行的受理文件、初审、发行审核委员会审核、核准发行等。

一、保荐机构（主承销商）的推荐

（1）内核。是指保荐人（主承销商）的内核小组对拟向中国证监会报送的发行申请材料进行核查，确保证券发行不存在重大法律和政策障

码以及发行申请材料具有较高质量的行为。

（2）出具发行保荐书和发行保荐工作报告。保荐人（主承销商）应当在内核程序结束后作出是否推荐发行的决定。决定推荐发行的，应出具发行保荐书和发行保荐工作报告。

对于发行人的不规范行为，保荐人（主承销商）应当要求其整改，并将整改情况在尽职调查报告或核查意见中予以说明。因发行人不配合，使尽职调查范围受到限制，导致保荐人（主承销商）无法作出判断的，保荐人（主承销商）不得为发行人的发行申请出具推荐函。

（3）对承销商备案材料的合规性审核。

二、中国证监会的核准

（1）受理申请文件。中国证监会收到申请文件后，在 5 个工作日内作出是否受理的决定。未按规定的要求制作申请文件的，中国证监会不予受理。

（2）初审。对发行人申请文件的合规性进行初审。申请上市的企业还应符合《关于对申请上市的企业和申请再融资的上市企业进行环境保护核查的通知》和《关于对申请上市的企业和申请再融资的上市企业进行环境保护核查的规定》的环保核查要求。

（3）发行审核委员会审核。

①普通程序。发审委会议审核上市公司公开发行股票申请，适用普通程序。每次参加发审委会议的委员为 7 名，表决投票同意票数达到 5 票及以上为通过，同意票数未达到 5 票为未通过。

发审委会议对发行人股票发行申请作出的表决结果及提出的审核意见，中国证监会有关职能部门应当向发行人聘请的保荐人进行书面反馈。

②特别程序。发审委审核上市公司非公开发行股票申请，适用特别程序。

每次参加发审委会议的委员为 5 名；表决投票时同意票数达到 3 票为通过，同意票数未达到 3 票为未通过。发审委委员在审核上市公司非公开发行股票申请和中国证监会规定的其他非公开发行证券申请时，不得提议暂缓表决。

（4）核准发行。依据发审委的审核意见，中国证监会对发行人的发行申请作出核准或不予核准的决定。中国证监会自受理申请文件到作出决定的期限为 3 个月。中国证监会核准发行之日起，上市公司应在 6 个月内发行证券；超过 6 个月未发行的，核准文件失效，须重新经中国证监会核准后方可发行。

（5）复议。证券发行申请未获核准的上市公司，自中国证监会作出不予核准的决定之日起 6 个月后，可再次提出证券发行申请。

第三节　发行新股的发行方式和发行上市操作程序

一、增发的发行方式

（1）网上定价发行与网下询价配售相结合。即网下通过向机构投资者询价，确定发行价格并按比例配售，同时网上对公众投资者定价发行。

（2）网下网上同时累计投标询价。即网下对机构投资者累计投标询价与网上对公众投资者累计投标询价同步进行。通过累计计算对应不同价格的公众投资者和机构投资者的申购数量之和，按总申购量超过发行量的一定倍数，来确定发行价格以及配售与公开发行的数量。

（3）中国证监会认可的其他形式。

二、配股的发行方式

配股一般采取网上定价发行的方式。配股价格的确定是在一定的价格区间内由主承销商和发行人协商确定。价格区间通常以股权登记日前 20 个或 30 个交易日该股二级市场价格的平均值为上限，下限为上限的一定折扣。

三、新股发行上市操作程序

（一）增发及上市业务操作流程

1. 询价增发、比例配售操作流程（见表 7-1）

表 7-1　询价增发、比例配售操作流程

注意事项	①刊登的招股意向书、网下发行公告中应注明本次增发具体日程安排及停牌日期 ②增发如有老股东配售，则应强调代码为"700×××"，配售简称为"×××配售"；新股东增发代码为"730×××"，增发简称为"×××增发" ③老股东配售应明确股权登记日，未配售的股份对新股东发行 ④发行人刊登招股意向书当日停牌 1 小时；刊登询价区间公告当日停牌 1 小时，公开增发期间（T 日～T+3 日，通常深圳证券交易所比上海证券交易所少停牌一天，T+3 日即恢复交易），公司股票连续停牌	
操作流程	T−5 日	《招股意向书》《网下发行公告》《网上路演公告》（如有）见报并见于证券交易所网站
	T−4 日	网上路演（如有）
	T−3 日	网下累计投标询价暨申购，网下申购定金缴款
	T−2 日	网下申购定金验资、确定发行价格
	T−1 日	刊登《网下累计投标询价结果公告》和《网上发行公告》
	T 日	增发网上申购日、原股东网上配售缴款日
	T+1 日	主承销商联系会计师事务所。如果采用摇号方式，还须联系摇号队和公正机构
	T+2 日	11：00 前，主承销商根据验资结果，确定本次网上网下发行数量、配售比例和发行价格，盖章后将结果报上海证券交易所上市部。主承销商拟定价格、申购数量及回拨情况等发行结果公告准备见报
	T+3 日	主承销商刊登《发行结果公告》，退还未获配售的网下申购定金，网下申购投资者根据配售结构补缴余款（如需）；网上发行部分如采用摇号方式，则举行摇号抽签仪式
	T+4 日	网上申购资金解冻，网下申购资金验资，股票复牌

2. 定价增发操作流程（见表 7-2）

表 7-2　定价增发操作流程

注意事项		①刊登的招股意向书、网下发行公告中应注明本次增发具体日程安排表 ②定价增发如有老股东配售，则应强调代码为"700×××"，配售简称为"×××配售"；新股东增发代码为"730×××"，增发简称为"×××增发" ③老股东配售应明确股权登记日，未配售的股份对新股东发行
操作流程	T－2 日	招股意向书摘要、网上网下发行公告、网上路演公告见报
	T－1 日	进行网上路演。如果向原股东进行配售，T－1 日为股权登记日
	T 日	网上网下申购日
	T＋1 日	主承销商联系会计师事务所进行网下申购定金验资
	T＋2 日	主承销商根据验资结果，同时根据网上网下申购情况，确定本次网上网下发行数量，计算网下配售比例。对于网上发行部分，如果采用按比例配售原则，则同时确定网上发行部分的配售比例；如果采用摇号抽签的方式，则确定网上中签率，同时联系摇号队和公证机构
	T＋3 日	主承销商刊登网下发行结果公告，退还未获配售的网下申购定金，网下申购投资者根据配售结果补缴余款；网上发行部分如果采用摇号抽签的方式，则举行摇号抽签仪式
	T＋4 日	网上未获售股票的资金解冻，网下发行申购资金验货，发行结束

（二）配股及上市业务操作流程

以上海证券交易所的配股操作流程为例，详见表 7-3。

表 7-3　配股上市业务操作流程

注意事项		①发行人只需在其配股说明书中披露有关老股东申购办法，无须专门披露发行公告 ②配股简称：×××配股，配股代码："700×××"
操作流程	T－3 日之前	发行人和主承销商应向交易所上市公司部报送有关材料，并进行配股说明书及附件的上网操作
	T－2 日	配股说明书摘要及发行公告见报，配股说明书及附件见交易所网站

续上表

操作流程	T−1日	进行网上路演
	T日	股权登记日
	T+1日～T+5日	配股缴款期间。《配股说明书》刊登后，配股缴款首日须刊登配股提示性公告，缴款期内上市公司须就配股事项至少再作3次提示性公告
	T+6日	网下验资，确定原股东认配比例；如发行成功，则中国登记结算上海分公司进行网上清算
	T+7日	刊登配股发行结果公告，股票恢复正常交易。如发行成功，当日为除权基准日；如发行失败，当日为申购资金退款日

注：深圳证券交易所的公司配股操作流程与上海证券交易所操作流程基本一致。

第四节　与上市公司发行新股有关的信息披露

一、申请过程中的信息披露

中国证监会于 2006 年 5 月 6 日发布《上市公司证券发行管理办法》，其中规定：

证券发行议案经董事会表决通过后，应当在两个工作日内报告证券交易所，公告召开股东大会的通知。

使用募集资金收购资产或者股权的，应当在公告召开股东大会通知的同时，披露该资产或者股权的基本情况、交易价格、定价依据以及是否与公司股东或其他关联人存在利害关系。股东大会通过本次发行议案之日起两个工作日内，上市公司应当公布股东大会决议。

上市公司收到中国证监会关于本次发行申请的下列决定后，应当在次一工作日予以公告：第一，不予受理或者终止审查；第二，不予核准或者予以核准。

上市公司决定撤回证券发行申请的，应当在撤回申请文件的次一工作日予以公告。

二、上市公司发行新股信息披露的一般要求

上市公司在公开发行证券前的 2～5 个工作日内，应当将经中国证监会核准的募集说明书摘要或者募集意向书摘要刊登在至少一种中国证监会指定的报刊，同时将其全文刊登在中国证监会指定的互联网网站，置备于中国证监会指定的场所，供公众查阅。

上市公司在非公开发行新股后，应当将发行情况报告书刊登在至少一种中国证监会指定的报刊，同时将其刊登在中国证监会指定的互联网网站，置备于中国证监会指定的场所，供公众查阅。

上市公司可以将公开募集证券说明书全文或摘要、发行情况公告书刊登于其他网站和报刊，但不得早于法定披露信息的时间。

三、增发和配股过程中的信息披露

增发新股过程中的信息披露，是指发行人从刊登招股意向书开始到股票上市为止，通过证监会指定报刊向社会公众发布的有关发行、定价及上市情况的各项公告。

(1) 通过证券交易所网站的信息披露。

(2) 通过中国证监会指定报刊的信息披露。

四、上市公司发行新股时招股说明书的编制和披露

这里的招股说明书与前面曾提到的上市公司发行新股时的招股意向书的区别，简单地说就是：招股意向书是缺少发行价格和数量的招股说明书。由于一些上市公司在发行新股时采取的是累计投标询价，因此，在刊登招股说明书时还无法确定发行价格及数量，这种情况的招股说明书就称为招股意向书。因此，下面所述的关于招股说明书的编制同样也适用于招股意向书。

上市公司发行新股时的招股说明书的编制和披露的要求请参阅《公开发行证券的公司信息披露内容与格式准则第 11 号——上市公司公开发行证券募集说明书》，其大部分内容与首次公开发行时编制招股说明书的要求一致，更加强调了上市公司历次募集资金的运用情况。关于上

市公司历次募集资金的运用应重点披露以下几个方面的情况。

第一，发行人应披露最近 5 年内募集资金运用的基本情况。第二，发行人应列表披露前次募集资金实际使用情况。若募集资金的运用和项目未达到计划进度和效益，应进行说明。第三，发行人对前次募集资金投资项目的效益作出承诺并披露的，列表披露投资项目效益情况；项目实际效益与承诺效益存在重大差异的，还应披露原因。第四，发行人最近 5 年内募集资金的运用发生变更的，应列表披露历次变更情况，并披露募集资金的变更金额及占所募集资金净额的比例；发行人募集资金所投资的项目被以资产置换等方式置换出公司的，应予以单独披露。第五，发行人应披露会计师事务所对前次募集资金运用所出具的专项报告结论。

 精选考题同步演练

一、单项选择题（以下各小题所给出的四个选项中，只有一项最符合题目要求，请将正确选项的代码填入括号内）

1. 关于上市公司向社会公开发行新股，下列说法正确的是（　　）。
A. 只能向原股东配售股票
B. 只能向全体社会公众发售股票
C. 可以向原股东配售股票，也可以向全体社会公众发售股票
D. 可以向社会上特定的社会团体和个人发售股票

2. 公司一次配股发行股份总数，原则上应不超过前次发行并募足股份后股本总额的（　　）。
A. 20%　　　　B. 30%　　　　C. 40%　　　　D. 50%

3. 公开募集证券说明书自最后签署之日起（　　）个月内有效。
A. 3　　　　B. 6　　　　C. 12　　　　D. 18

4. 发审委会议对上市公司公开发行股票申请表决时，同意票数未达到（　　）票为未通过。
A. 3　　　　B. 5　　　　C. 7　　　　D. 9

5. 自中国证监会核准发行之日起，上市公司应在（　　）个月内

发行证券。

A. 3　　　　　B. 6　　　　　C. 12　　　　　D. 18

6. 依据上海证券交易所的配股操作流程（T 为股权登记日），应于（　　）日刊登配股发行结果公告，股票恢复正常交易。

A. T+1　　　　B. T+2　　　　C. T+3　　　　D. T+7

7. 当采取网下、网上同时定价发行方式时，（　　）日，刊登网下发行结果公告。

A. T−2　　　　B. T　　　　C. T+3　　　　D. T+4

8. 关于上市公司历次募集资金的运用，发行人应列表披露前（　　）次募集资金的实际使用情况。

A. 1　　　　　B. 2　　　　　C. 3　　　　　D. 4

二、不定项选择题（以下各小题给出的多个选项中，有一个或者一个以上的选项符合题目要求，请将符合题目要求选项代码填入括号内）

1. 关于"上市公司的财务状况良好"，下列说法正确的是（　　）。

A. 会计基础工作规范，严格遵循国家统一会计制度的规定

B. 最近 3 年及 1 期财务报表未被注册会计师出具保留意见、否定意见或无法表示意见的审计报告

C. 资产质量良好，不良资产不足以对公司财务状况造成重大不利影响

D. 最近 3 年以现金或股票方式累计分配的利润不少于最近 3 年实现的年均可分配利润的 10%

2. 上市公司非公开发行股票时，应当符合（　　）。

A. 发行价格不低于定价基准日前 20 个交易日公司股票均价的 90%

B. 本次发行的股份自发行结束之日起，36 个月内不得转让

C. 控股股东、实际控制人及其控制的企业认购的股份，12 个月内不得转让

D. 本次发行将导致上市公司控制权发生变化的，应当符合中国证

监会的其他规定

3. 关于核准发行，下列说法正确的是（　　）。

A. 自中国证监会核准发行之日起，上市公司应在 6 个月内发行证券

B. 自中国证监会核准发行之日起超过 6 个月未发行的，核准文件失效，须重新经中国证监会核准后方可发行

C. 证券发行申请未获核准的上市公司，自中国证监会作出不予核准的决定之日起 3 个月后，可再次提出证券发行申请

D. 上市公司发行证券前发生重大事项的，应暂缓发行，并及时报告中国证监会

4. 关于发行定价方法，下列说法正确的是（　　）。

A. 网上定价发行与网下配售相结合，即网下按机构投资者累计投标询价结果定价并配售，网上对公众投资者定价发行

B. 网上网下同时定价发行，即发行人和主承销商按照"发行价格应不低于公告招股意向书前 10 个交易日公司股票均价或前 1 周交易日的均价"的原则确定增发价格，网下对机构投资者与网上对公众投资者同时公开发行

C. 在网上网下同时定价发行方式下，对于网上发行部分，既可以按统一配售比例对所有公众投资者进行配售，也可以按一定的中签率以摇号抽签方式确定获配对象。但发行人和主承销商必须在发行公告中预先说明

D. 增发还可以采用中国证监会认可的其他形式

5. 新股发行阶段，主承销商和发行人应提交的材料有（　　）。

A. 中国证监会的核准文件

B. 经中国证监会审核的全部发行申报材料

C. 发行的预计时间安排

D. 发行具体实施方案和发行公告

6. 关于定价增发操作流程的注意事项，下列说法正确的有（　　）。

A. 刊登的招股意向书、网下发行公告中应注明本次增发具体日程

安排表

B. 定价增发如有老股东配售，则应强调代码为"700×××"，配售简称为"×××配售"

C. 新股东增发代码为"700×××"，增发简称为"×××增发"

D. 老股东配售应明确股权登记日，未配售的股份对新股东发行

7. 关于上海证券交易所的配股操作流程（T日为股权登记日），下列表述正确的是（　　）。

A. T−3日之前，发行人和主承销商应向交易所上市公司部报送有关材料，并进行配股说明书及附件的上网操作

B. T−2日，配股说明书摘要及发行公告见报，配股说明书及附件见交易所网站

C. T−1日，进行网上路演

D. T+1日～T+3日为配股缴款期间，发行人和主承销商应连续3天刊登配股提示公告

8. 关于增发新股过程中的信息披露，下列说法正确的是（　　）。

A. 发行公司及其保荐人必须在刊登招股意向书摘要前5个工作日17：00时前，向证券交易所提交全部文件

B. 发行公司及其保荐人须在刊登招股意向书摘要的当日，将招股意向书全文及相关文件在证券交易所网站上披露，并对其内容负责

C. 发行公司及其保荐人未在证券交易所网站上披露招股意向书全文及相关文件的，不得在报刊上刊登招股意向书及其摘要

D. 发行公司及其保荐人在证券交易所网站上披露招股意向书全文等，需要缴纳相关费用

三、判断题（判断以下各小题的对错，正确的用 A 表示，错误的用 B 表示）

1. 上市公司公开发行新股是指上市公司向不特定对象发行新股，只向不特定对象公开募集股份。　　　　　　　　　　　　　　（　　）

2. 上市公司的募集资金应建立资金专项存储制度，但募集的资金

无需存放于公司董事会决定的专项账户。　　　　　　　　　（　　）

3. 上市公司及其附属公司违规对外提供担保且尚未解除，不得公开发行股票。　　　　　　　　　　　　　　　　　　　　　（　　）

4. 发行申请文件一经申报，未经中国证监会同意不得随意增加、撤回或更换。　　　　　　　　　　　　　　　　　　　　　（　　）

5. 中国证券业协会对承销商备案材料的要求与首次公开发行股票的要求不同。　　　　　　　　　　　　　　　　　　　　　（　　）

6. 网下配售比例只能保留小数点后 3 位，网上配售比例不受限制，由此形成的余股由主承销商包销。　　　　　　　　　　　　　（　　）

7. 上市公司增发新股时，发行人刊登招股意向书当日停牌 1 小时，上海证券交易所连续停牌日为 T 日至 T＋2 日。　　　　　（　　）

8. 在询价增发、比例配售操作流程中，若 T 日为增发发行日、老股东配售缴款日，则 T＋1 日，询价区间公告见报，股票停牌 1 个小时。　　　　　　　　　　　　　　　　　　　　　　　（　　）

精选考题答案解析

一、单项选择题

1.【答案及解析】C　上市公司发行新股，可以公开发行，也可以非公开发行。其中上市公司公开发行新股是指上市公司向不特定对象发行新股，包括向原股东配售股份（简称"配股"）和向不特定对象公开募集股份（简称"增发"）。故选 C。

2.【答案及解析】B　配股时除符合一般规定外，还应当符合下列规定：①拟配售股份数量不超过本次配售股份前股本总额的 30%；②控股股东应当在股东大会召开前公开承诺认配股份的数量；③采用《证券法》规定的代销方式发行。故选 B。

3.【答案及解析】B　公开募集证券说明书自最后签署之日起 6 个月内有效。公开募集证券说明书不得使用超过有效期的资产评估报告或者资信评级报告。故选 B。

4.【答案及解析】B　发审委会议表决采取记名投票方式。表决票设同意票和反对票，发审委委员不得弃权，并且在投票时应当在表决票上说明理由。同意票数未达到 5 票为未通过，同意票数达到 5 票为通过。故选 B。

5.【答案及解析】B　自中国证监会核准发行之日起，上市公司应在 6 个月内发行证券；超过 6 个月未发行的，核准文件失效，须重新经中国证监会核准后方可发行。故选 B。

6.【答案及解析】D　依据上海证券交易所的配股操作流程，应于 T＋7 日刊登配股发行结果公告，股票恢复正常交易。故选 D。

7.【答案及解析】C　当采取网下、网上同时定价发行方式时，在 T＋3 日，主承销商刊登网下发行结果公告，退还未获配售的网下申购定金，网下申购投资者根据配售结果补缴余款；网上发行部分如果采用摇号抽签的方式，则举行摇号抽签仪式。故选 C。

8.【答案及解析】A　发行人应列表披露前一次募集资金实际使用情况。若募集资金的运用和项目未达到计划进度和效益，应进行说明。故选 A。

二、不定项选择题

1.【答案及解析】ABC　D 项应为最近 3 年以现金方式累计分配的利润不少于最近 3 年实现的年均可分配利润的 30％。故选 ABC。

2.【答案及解析】AD　根据《上市公司证券发行管理办法》第三十八条规定，上市公司非公开发行股票，应当符合下列规定：①发行价格不低于定价基准日前 20 个交易日公司股票均价的 90％。②本次发行的股份自发行结束之日起，12 个月内不得转让；控股股东、实际控制人及其控制的企业认购的股份，36 个月内不得转让。③募集资金使用符合本办法第十条的规定。④本次发行将导致上市公司控制权发行变化的，还应当符合中国证监会的其他规定。由此可知 BC 选项表述错误，故选 AD。

3.【答案及解析】ABD　证券发行申请未获核准的上市公司，自中国证监会作出不予核准的决定之日起 6 个月后，可再次提出证券发行申请，C 错误。故选 ABD。

4.【答案及解析】ACD　网上网下同时定价发行是指发行人和主承销商按照"发行价格应不低于公告招股意向书前 20 个交易日公司股票均价或前 1 个交易日的均价"的原则确定增发价格，网下对机构投资者与网上对公众投资者同时公开发行，这是目前通常的增发方式，B 错误。故选 ACD。

5.【答案及解析】ABCD　除 ABCD 四项外，主承销商和发行人应提交的材料还包括交易所要求的其他文件。故选 ABCD。

6.【答案及解析】ABD　C 项新股东增发代码应为"730×××"，增发简称为"×××增发"。故选 ABD。

7.【答案及解析】ABC　D 项应为 T＋1 日～ T＋5 日为配股缴款期间，发行人和主承销商应首日刊登配股提示公告，期间，至少 3 次提示公告。故选 ABC。

8.【答案及解析】BC　发行公司及其主承销商必须在刊登招股意向书摘要前一个工作日 17：00 前，向证券交易所提交上述全部文件，发行公司及其主承销商在证券交易所网站上披露招股意向书全文等，暂不需要缴纳费用。AD 选项错误。故选 BC。

三、判断题

1.【答案及解析】B　公开发行新股是指上市公司向不特定对象发行新股，包括向原股东配售股份和向不特定对象公开募集股份。

2.【答案及解析】B　上市公司募集资金的数额和使用应当符合下列规定：建立募集资金专项存储制度，募集资金必须存放于公司董事会决定的专项账户。

3.【答案及解析】B　上市公司及其附属公司违规对外提供担保且尚未解除，不得非公开发行股票。

4.【答案及解析】A　发行申请文件一经申报，未经中国证监会同意不得随意增加、撤回或更换。

5.【答案及解析】B　中国证券业协会对承销商备案材料的要求与首次公开发行股票的要求大致相同。

6.【答案及解析】B 网上配售比例只能保留小数点后 3 位；网下配售比例不受限制，由此形成的余股由主承销商包销。

7.【答案及解析】B 发行人刊登招股意向书当日停牌 1 小时，刊登询价区间公告当日停牌 1 小时，上海证券交易所连续停牌日为 T 日至 T＋3 日，深圳证券交易所停牌日为 T 日至 T＋2 日。

8.【答案及解析】B 在询价增发、比例配售操作流程中，若 T 日为增发发行日、老股东配售缴款日，则 T－1 日，询价区间公告见报，股票停牌 1 个小时。

第八章

可转换公司债券及可交换公司债券的发行

复习方向指导

熟悉可转换债券的概念、股份转换及债券偿还、可转换债券的赎回及回售。掌握可转换债券发行的基本条件、募集资金投向以及不得发行的情形。了解可转换债券发行条款的设计要求。熟悉可转换公司债券的转换价值、可转换公司债券的价值及其影响因素。了解企业发行可转换债券的主要动因。熟悉可转换债券发行的申报程序。了解可转换债券发行申请文件的内容。熟悉可转换公司债券发行的核准程序。

熟悉可转换证券的发行方式、配售安排、保荐要求及可转换公司债券的网上定价发行程序。掌握可转换债券的上市条件、上市保荐、上市申请、停牌与复牌、转股的暂停与恢复、停止交易以及暂停上市等内容。

熟悉发行可转换债券申报前的信息披露。掌握可转换债券募集说明书及其摘要披露的基本要求。了解可转换公司债券上市公告书披露的基本要求。了解可转换公司债券发行上市完成后的重大事项信息披露以及持续性信息披露的内容。

熟悉可交换公司债券的概念。掌握可交换公司债券发行的基本要求，包括申请发行可交换公司债券应满足的条件，以及预备用于交换的上市公司股票应具备的条件。了解可交换公司债券的主要条款设计要求和操作程序。

核心考点速记

第一节 上市公司发行可转换公司债券的准备工作

一、概 述

（一）可转换公司债券的概念

是指发行公司依法发行，在一定期间内依据约定的条件可以转换成股份的公司债券。可转换公司债券在转换股份前，其持有人不具有股东的权利和义务。

（二）股份转换与债券偿还

①发行结束6个月后，方可转换为公司股票；②转股期限由公司根据可转换公司债券的存续期限及公司财务状况确定；③可转换公司债券持有人对转换股票或不转换股票有选择权，并于转股完成后的次日成为发行公司的股东；④上市公司应当在可转换公司债券期满后5个工作日内，办理完毕偿还债券余额本息的事项；⑤分离交易的可转换公司债券的偿还事宜与此相同。

（三）赎回、回售

可转换公司债券的赎回是指上市公司可按事先约定的条件和价格赎回尚未转股的可转换公司债券。可转换公司债券的回售是指债券持有人可按事先约定的条件和价格，将所持债券卖给发行人。

按照《上市公司证券发行管理办法》，可转换公司债券募集说明书应当约定，上市公司改变公告的募集资金用途的，应赋予债券持有人一次回售的权利。

二、发行条件

（一）一般规定（见表 8-1）

表 8-1　发行可转换公司债券的基本条件

应具备健全的法人治理结构	①公司章程合法有效，股东大会、董事会、监事会和独立董事制度健全，能够依法有效履行职责 ②公司内部控制制度健全，能够有效保证公司运行的效率、合法合规性和财务报告的可靠性；内部控制制度的完整性、合理性、有效性不存在重大缺陷 ③现任董事、监事和高级管理人员具备任职资格，能够忠实和勤勉地履行职务，不存在违反公司法第一百四十八条、第一百四十九条规定的行为，且最近36 个月内未受到过中国证监会的行政处罚、最近 12 个月内未受到过证券交易所的公开谴责 ④上市公司与控股股东或实际控制人的人员、资产、财务分开，机构、业务独立，能够自主经营管理 ⑤最近 12 个月内不存在违规对外提供担保的行为
盈利能力应具有可持续性	最近 3 个会计年度连续盈利；业务和盈利来源相对稳定；现有主营业务或投资方向能够可持续发展，经营模式和投资计划稳健；高级管理人员和核心技术人员稳定，最近 12 个月内未发生重大不利变化；公司重要资产、核心技术或其他重大权益的取得合法，能够持续使用；不存在可能严重影响公司持续经营的担保、诉讼、仲裁或其他重大事项；最近 24 个月内曾公开发行证券的，不存在发行当年营业利润比上年下降 50％以上的情形；最近 3 个会计年度实现的年均可分配利润不少于公司债券 1 年的利息
财务状况	会计基础工作规范；最近 3 年及 1 期财务报表未被注册会计师出具保留意见、否定意见或无法表示意见的审计报告；被注册会计师出具带强调事项段的无保留意见审计报告的，所涉及的事项对发行人无重大不利影响或者在发行前重大不利影响已经消除；资产质量良好；经营成果真实，现金流量正常，营业收入和成本费用的确认严格遵循国家有关企业会计准则的规定，最近 3 年资产减值准备计提充分合理，不存在操纵经营业绩的情形；最近 3 年以现金或股票方式累计分配的利润不少于最近 3 年实现的年均可分配利润的 20％

财务会计文件无虚假记载且无重大违法行为	不存在下列重大违法行为： ①违反证券法律、行政法规或规章，受到中国证监会的行政处罚，或者受到刑事处罚 ②违反工商、税收、土地、环保、海关法律、行政法规或规章，受到行政处罚且情节严重，或者受到刑事处罚 ③违反国家其他法律、行政法规且情节严重的行为
募集资金运用	①募集资金数额不超过项目需要量 ②募集资金用途符合国家产业政策和有关环境保护、土地管理等法律和行政法规的规定 ③除金融类企业外，本次募集资金使用项目不得为持有交易性金融资产和可供出售的金融资产、借予他人、委托理财等财务性投资，不得直接或间接投资于以买卖有价证券为主要业务的公司 ④投资项目实施后，不会与控股股东或实际控制人产生同业竞争或影响公司生产经营的独立性 ⑤建立募集资金专项存储制度，募集资金必须存放于公司董事会决定的专项账户
不得公开发行的情形	①本次发行申请文件有虚假记载、误导性陈述或重大遗漏 ②擅自改变前次公开发行证券募集资金的用途而未作纠正 ③上市公司最近 12 个月内受到过证券交易所的公开谴责 ④上市公司及其控股股东或实际控制人最近 12 个月内存在未履行向投资者作出的公开承诺的行为 ⑤上市公司或其现任董事、高级管理人员因涉嫌犯罪被司法机关立案侦查或涉嫌违法违规被中国证监会立案调查 ⑥严重损害投资者的合法权益和社会公共利益的其他情形

（二）其他规定

（1）净资产要求。《证券法》第十六条规定，发行可转换为股票的公司债券的上市公司，股份有限公司的净资产不低于人民币 3 000 万元，有限责任公司的净资产不低于人民币 6 000 万元。根据《上市公司证券发行管理办法》第二十七条的规定，发行分离交易的可转换公司债券的上市公司，其最近 1 期末经审计的净资产不低于人民币 15 亿元。

(2) 净资产收益率要求。根据《上市公司证券发行管理办法》的规定，公开发行可转换公司债券的上市公司，其最近 3 个会计年度加权平均净资产收益率平均不低于 6%；扣除非经常性损益后的净利润与扣除前的净利润相比，以低者作为加权平均净资产收益率的计算依据。

(3) 现金流量要求。发行分离交易的可转换公司债券的上市公司，其最近 3 个会计年度经营活动产生的现金流量净额平均应不少于公司债券 1 年的利息（若其最近 3 个会计年度加权平均净资产收益率平均不低于 6%，则可不作此现金流量要求）；此加权平均净资产收益率，以扣除非经常性损益后的净利润与扣除前的净利润相比，以低者作为其计算依据。

三、可转换公司债券发行条款的设计要求

(1) 发行规模。可转换公司债券发行后，累计公司债券余额不超过最近 1 期末净资产额的 40%。对于分离交易的可转换公司债券，发行后累计公司债券余额不超过最近 1 期末净资产额的 40%；预计所附认股权全部行权后募集的资金总量不超过拟发行公司债券金额。

(2) 期限。可转换公司债券的最短期限为 1 年，最长期限为 6 年。分离交易的可转换公司债券的期限最短为 1 年，无最长期限限制；认股权证的存续期间不超过公司债券的期限，自发行结束之日起不少于 6 个月。

(3) 转股期或行权期。上市公司发行的可转换公司债券在发行结束 6 个月后，方可转换为公司股票，转股期限由公司根据可转换公司债券的存续期限及公司财务状况确定。

对于分离交易的可转换公司债券，认股权证自发行结束至少已满 6 个月方可行权，行权期间为存续期限届满前的一段时间，或者是存续期限内的特定交易日。

(4) 转股价格或行权价格。转股价格或行权价格是指可转换公司债券转换为每股股份所支付的价格。转股价格应不低于募集说明书公告日前 20 个交易日公司股票交易均价和前一个交易日的均价。

(5) 面值与利率确定。可转换公司债券每张面值 100 元。可转换公司债券的利率由发行公司与主承销商协商确定，但必须符合国家的

有关规定。分离交易的可转换公司债券的面值和利率确定方式与此相同。

（6）债券本息偿还。上市公司应当在可转换公司债券期满后 5 个工作日内，办理完毕偿还债券余额本息的事项；分离交易的可转换公司债券的偿还事宜与此相同。

（7）赎回、回售。发行人设置赎回条款、回售条款、转股价格修正条款的，应明确约定实施这些条款的条件、方式和程序等。

（8）担保要求。公开发行可转换公司债券应当提供担保，但最近 1 期末经审计的净资产不低于人民币 15 亿元的公司除外。

（9）评级。公开发行可转换公司债券，应当委托具有资格的资信评级机构进行信用评级和跟踪评级；资信评级机构每年至少公告一次跟踪评级报告。对于发行分离交易的可转换公司债券的评级要求，与此相同。

（10）债权人权利保护。存在下列事项之一的，应召开债券持有人会议：①拟变更募集说明书的约定；②发行人不能按期支付利息；③发行人减资、合并、分立、解散或者申请破产；④保证人或者担保物发生重大变化；⑤其他影响债券持有人重大权益的事项。

四、可转换公司债券的定价

在价值形态上，可转换公司债券赋予投资者一个保底收入，即债券利息支付与到期本金偿还构成的普通附息券的价值；同时，它还赋予投资者在股票上涨到一定价格条件下转换成发行人普通股票的权益，即看涨期权的价值。

（一）可转换公司债券的转换价值

转换价值是可转换公司债券实际转换时按转换成普通股的市场价格计算的理论价值。转换价值等于每股普通股的市价乘以转换比例，用公式表示：

$$CV = P \times R$$

式中　CV——转换价值；

　　　P——股票价格；

　　　R——转换比例。

（二）可转换公司债券的价值

可转换公司债券的价值可以近似地看做是普通债券与股票期权的组合体。

可转换公司债券价值＝纯粹债券价值＋投资人美式买权价值＋

　　　　　　　　　投资人美式卖权价值－发行人美式买权价值

（1）对于普通债券部分。由于可转换公司债券的债息收入固定，可以采用现金流贴现法来确定纯债券的价值，即将未来一系列债息加上面值按一定的市场利率折成的现值，可由下式计算：

$$P_i = \sum_{t=1}^{n} \frac{C}{(1+r)^t} + \frac{F}{(1+r)^n}$$

式中　P_i——普通债券部分价值；

　　　C——债券年利息收入；

　　　F——债券面值；

　　　r——市场平均利率；

　　　n——距离到期的年限。

（2）对于股票期权部分，目前有两种定价方法。一是布莱克-斯科尔斯（Black-Scholes）期权定价模型。二是二叉树期权定价模型。

（三）影响可转换公司债券价值的因素（见表8-2）

表8-2　可转换公司债券的价值影响因素

影响因素	影响效果
票面利率	票面利率越高，可转换公司债券的债权价值越高；反之，票面利率越低，可转换公司债券的债权价值越低
转股价格	转股价格越高，期权价值越低，可转换公司债券的价值越低；反之，转股价格越低，期权价值越高，可转换公司债券的价值越高
股票波动率	股票波动率是影响期权价值的一个重要因素，股票波动率越大，期权的价值越高，可转换公司债券的价值越高；反之，股票波动率越低，期权的价值越低，可转换公司债券的价值越低
转股期限	由于可转换公司债券的期权是一种美式期权，因此，转股期限越长，转股权价值就越大，可转换公司债券的价值越高；反之，转股期限越短，转股权价值就越小，可转换公司债券的价值越低

续上表

影响因素	影响效果
回售条款	通常情况下，回售期限越长、转换比率越高、回售价格越高，回售的期权价值就越大；相反，回售期限越短、转换比率越低、回售价格越低，回售的期权价值就越小
赎回条款	通常情况下，赎回期限越长、转换比率越低、赎回价格越低，赎回的期权价值就越大，越有利于发行人；相反，赎回期限越短、转换比率越高、赎回价格越高，赎回的期权价值就越小，越有利于转债持有人

第二节　可转换公司债券发行的申报与核准

一、申报程序

根据《上市公司证券发行管理办法》第四章的相关规定，可转换公司债券以及分离交易的可转换公司债券在申报发行前须履行以下程序：①董事会决议；②股东大会决议；③保荐事项；④编制申报文件。

二、可转换公司债券发行申请文件

（一）基本要求

可转换公司债券发行的申请文件目录按照《公开发行证券的公司信息披露内容与格式准则第 10 号——上市公司公开发行证券申请文件》的要求执行。本准则规定的申请文件目录是对发行申请文件的最低要求，中国证监会根据审核需要，可以要求发行人和中介机构补充材料。如果某些材料对发行人不适用，可不必提供，但应向中国证监会作出书面说明。申请文件一经受理，未经中国证监会同意不得增加、撤回或更换。发行人应根据中国证监会对发行申请文件的反馈意见提供补充材料。有关中介机构应对反馈意见相关问题进行尽职调查或补充出具专业意见。

（二）申请文件目录

根据《公开发行证券的公司信息披露内容与格式准则第 10 号——上市公司公开发行证券申请文件》，需申报的文件包括：本次证券发行的募集文件；发行人关于本次证券发行的申请与授权文件；保荐机构关于本次证券发行的文件；发行人律师关于本次证券发行的文件；关于本次证券发行募集资金运用的文件；其他相关文件。

三、可转换公司债券发行核准程序

根据《上市公司证券发行管理办法》，中国证监会依照下列程序审核发行证券的申请：

（1）受理申请文件。收到申请文件后，5 个工作日内决定是否受理；未按规定要求制作申请文件的，中国证监会不予受理。

（2）初审。中国证监会受理申请文件后，对申请文件进行初审。

（3）发行审核委员会审核。发行审核委员会审核申请文件。

（4）核准。中国证监会做出核准或者不予核准的决定。

（5）证券发行。自中国证监会核准发行之日起，上市公司应在 6 个月内发行证券；超过 6 个月未发行的，核准文件失效，须重新经中国证监会核准后方可发行。

（6）再次申请。证券发行申请未获核准的上市公司，自中国证监会做出不予核准的决定之日起 6 个月后，可再次提出证券发行申请。

（7）证券承销。上市公司发行证券，应当由证券公司承销。

第三节 可转换公司债券的发行与上市

一、可转换公司债券的发行

国内可转换公司债券的发行方式主要采取 4 种类型：全部网上定价发行；网上定价发行与网下向机构投资者配售相结合；部分向原社会公众股股东优先配售，剩余部分网上定价发行；部分向原社会公众股股东优先配售，剩余部分采用网上定价发行和网下向机构投资者配售相结合的方式。

经中国证监会核准后，可转换公司债券的发行人和主承销商可向上海证券交易所、深圳证券交易所申请上网发行。

根据《证券法》第十一条的规定，发行人申请公开发行可转换为股票的公司债券，依法采取承销方式的，应当聘请具有保荐资格的机构担任保荐人。

可转换公司债券在上海证券交易所网上定价发行的时间安排见表8-3。

表 8-3　发行的时间安排

时　间	安　排
T−5 日	所有材料报上海证券交易所，准备刊登债券募集说明书概要和发行公告
T−4 日	刊登债券募集说明书概要和发行公告
T 日	上网定价发行日；并在 T+1 日 16：00 前，将未经验资的网上网下配售情况表提交。若验资正常，不得调整；若验资异常，主承销商应及时处理，并将处理结果上报
T+1 日	冻结申购资金
T+2 日	验资报告送达上海证券交易所；上海证券交易所向营业部发送配号
T+3 日	中签率公告见报；摇号
T+4 日	摇号结果公告见报
T+4 日以后	做好上市前准备工作

注：可转换公司债券在深圳证券交易所的网上定价发行程序与上海证券交易所基本相同。

二、可转换公司债券的上市

经中国证监会核准发行的可转换公司债券发行结束后，发行人方可向交易所申请其可转换公司债券上市。

1. 可转换公司债券的上市保荐

交易所实行可转换公司债券上市保荐制度。发行人向交易所申请其可转换公司债券在交易所上市，应当由保荐人推荐。持续督导期间为可转换公司债券上市当年剩余时间及其后 1 个完整会计年度。

2. 可转换公司债券的上市条件

上市公司申请可转换公司债券在证券交易所上市，应当符合下列条件：可转换公司债券的期限为1年以上；可转换公司债券实际发行额不少于人民币5 000万元；申请上市时仍符合法定的可转换公司债券发行条件。

3. 可转换公司债券的上市申请

上市公司向证券交易所申请可转换公司债券上市，应当提交下列文件：上市报告书（申请书）；申请上市的董事会和股东大会决议；按照有关规定编制的上市公告书；保荐协议和保荐人出具的上市保荐书；发行结束后经具有执行证券、期货相关业务资格的会计师事务所出具的验资报告；登记公司对新增股份和可转换公司债券登记托管的书面确认文件；证券交易所要求的其他文件。

4. 停牌与复牌及转股的暂停与恢复

发行可转换公司债券的上市公司涉及一些特定的事项时，证券交易所可以根据实际情况或者中国证监会的要求，决定可转换公司债券的停牌与复牌、转股的暂停与恢复事宜。

5. 停止交易

证券交易所按照下列规定停止可转换公司债券的交易：可转换公司债券流通面值少于3 000万元时，在上市公司发布相关公告3个交易日后停止其可转换公司债券的交易；可转换公司债券自转换期结束之前的第10个交易日起停止交易；可转换公司债券在赎回期间停止交易。

6. 暂停上市

上市公司出现下列情形之一的，证券交易所暂停其可转换公司债券上市：重大违法行为；发生重大变化不符合上市条件；所募集的资金不按照核准的用途使用；未履行义务；最近2年连续亏损；其他情形。

第四节 可转换公司债券的信息披露

一、可转换公司债券发行的信息披露

上市公司发行可转换公司债券信息披露的有关要求，与上市公司发

行新股的要求基本一致。具体可参见《上市公司证券发行管理办法》、《公开发行证券的公司信息披露内容与格式准则第 10 号——上市公司公开发行证券申请文件》和《公开发行证券的公司信息披露内容与格式准则第 11 号——上市公司公开发行证券募集说明书》、上海证券交易所《关于做好公司债券信息披露和停牌事宜的通知》。

二、可转换公司债券上市的信息披露

（一）上市公告

可转换公司债券获准上市后，上市公司应当在可转换公司债券上市前 5 个交易日内，在指定媒体上披露上市公告书。

（二）特别事项

出现以下情况之一时，应及时向证券交易所报告并披露：

①因发行新股、送股、分离等原因引起股价变动，或依募集说明书约定的转股价格向下修正条款修正价格的；

②出现减资、合并、分立、申请破产等涉及上市公司主体变更事项；

③可转换债券转换为股票的数额，累计达到转股前公司已发行股份总额 10% 的；

④未转换的可转换公司债券数量少于 3 000 万元的；

⑤公司财务或信用状态发生重大变化，可能影响如期偿还债券本息的；

⑥提供担保的，担保人或担保物发生重大变化的；

⑦召开债券持有人会议；

⑧作出发行新公司债券的决定；

⑨其他可能影响上市公司偿债能力的事件。

（三）付息与兑付

上市公司应当在可转换公司债券约定的付息日前 3～5 个交易日内披露付息公告，在可转换公司债券期满前 3～5 个交易日内披露本息兑付公告。

（四）转股与股份变动

上市公司应当在可转换公司债券开始转股前 3 个交易日内披露实施转股的公告。上市公司应当在每一季度结束后及时披露因可转换公司债券转换为股份所引起的股份变动情况。

（五）赎回与回售

上市公司行使赎回权时，应当在每年首次满足赎回条件后的 5 个交易日内至少发布 3 次赎回公告。赎回公告应当载明赎回的程序、价格、付款方法、时间等内容。赎回期结束后，公司应当公告赎回结果及其影响。

在可以行使回售权的年份内，上市公司应当在每年首次满足回售条件后的 5 个交易日内至少发布 3 次回售公告。回售公告应当载明回售的程序、价格、付款方法、时间等内容。回售期结束后，公司应当公告回售结果及其影响。

变更募集资金投资项目的，上市公司应当在股东大会通过决议后 20 个交易日内赋予可转换公司债券持有人 1 次回售的权利，有关回售公告至少发布 3 次。其中，在回售实施前、股东大会决议公告后 5 个交易日内至少发布 1 次，在回售实施期间至少发布 1 次，余下 1 次回售公告的发布时间视需要而定。

（六）停止交易的情形

上市公司在可转换公司债券转换期结束的 20 个交易日前，应当至少发布 3 次提示公告，提醒投资者有关在可转换公司债券转换期结束前的 10 个交易日停止交易的事项。

公司出现可转换公司债券按规定须停止交易的其他情形时，应当在获悉有关情形后及时披露其可转换公司债券将停止交易的公告。

与可转换公司债券上市有关的其他方面的信息披露，与股票上市基本相同。具体可参见《交易所股票上市规则》（见第六章相关内容）。

第五节　上市公司股东发行可交换公司债券

可交换公司债券是指上市公司的股东依法发行、在一定期限内依据约定的条件可以交换成该股东所持有的上市公司股份的公司债券。

一、可交换公司债券发行的基本要求

（一）申请发行可交换公司债券应满足的条件

（1）申请人应当是符合《公司法》、《证券法》规定的有限责任公司或者股份有限公司。

（2）公司组织机构健全，运行良好，内部控制制度不存在重大缺陷。

（3）公司最近一期末的净资产额不少于人民币 3 亿元。

（4）公司最近 3 个会计年度实现的年均可分配利润不少于公司债券一年的利息。

（5）本次发行后累计公司债券余额不超过最近一期末净资产额的 40%。

（6）当次发行债券的金额不超过预备用于交换的股票按募集说明书公告日前 20 个交易日均价计算的市值的 70%，且应当将预备用于交换的股票设定为当次发行的公司债券的担保物。

（7）经资信评级机构评级，债券信用级别良好。

（8）不存在《公司债券发行试点办法》第八条规定的不得发行公司债券的情形。

（二）预备用于交换的上市公司股票应具备的条件

（1）该上市公司最近 1 期末的净资产不低于人民币 15 亿元，或者最近 3 个会计年度加权平均净资产收益率平均不低于 6%。扣除非经常性损益后的净利润与扣除前的净利润相比，以低者作为加权平均净资产收益率的计算依据。

（2）用于交换的股票在提出发行申请时应当为无限售条件股份，且股东在约定的换股期间转让该部分股票不违反其对上市公司或者其他股东的承诺。

（3）用于交换的股票在本次可交换公司债券发行前，不存在被查封、扣押、冻结等财产权利被限制的情形，也不存在权属争议或者依法不得转让或设定担保的其他情形。

二、可交换公司债券的主要条款

（一）期限与定价

可交换公司债券的期限最短为 1 年，最长为 6 年，面值每张人民币 100 元，发行价格由上市公司股东和保荐人通过市场询价确定。

（二）赎回与回售

募集说明书可以约定赎回条款，规定上市公司股东可以按事先约定的条件和价格赎回尚未换股的可交换公司债券。

募集说明书可以约定回售条款，规定债券持有人可以按事先约定的条件和价格将所持债券回售给上市公司股东。

（三）股票交换期

可交换公司债券自发行结束之日起 12 个月后方可交换为预备交换的股票，债券持有人对交换股票或者不交换股票有选择权。

（四）股票交换的价格及其调整与修订

公司债券交换为每股股份的价格应当不低于公告募集说明书日前 20 个交易日公司股票均价和前一个交易日的均价。募集说明书应当事先约定交换价格及其调整、修正原则。若调整或修正交换价格，将造成预备用于交换的股票数量少于未偿还可交换公司债券全部换股所需股票的，公司必须事先补充提供预备用于交换的股票，并就该等股票设定担保，办理相关登记手续。

（五）担保安排

预备用于交换的股票及其孳息（包括资本公积转增股本、送股、分红、派息等），是本次发行可交换公司债券的担保物，用于对债券持有人交换股份和本期债券本息偿付提供担保。

除用预备交换的股票设定担保外，发行人为本次发行的公司债券另行提供担保的，按照《公司债券发行试点办法》第二章第十一条的规定办理。

（六）评　级

可交换公司债券的信用评级事项，按照《公司债券发行试点办法》第二章第十条的规定办理。

 精选考题同步演练

一、单项选择题（以下各小题所给出的四个选项中，只有一项最符合题目要求，请将正确选项的代码填入括号内）

1. 上市公司应当在可转换公司债券期满（　　　）个工作日内，办理完毕偿还债券余额本息的事项。

A. 2　　　　　　　　　　　B. 3

C. 5　　　　　　　　　　　D. 6

2. 赎回条款相当于债券持有人在购买可转换公司债券时（　　）。

A. 无条件出售给发行人的 1 张美式卖权

B. 无条件向发行人购买的 1 张美式买权

C. 无条件出售给发行人的 1 张美式买权

D. 无条件向发行人购买的 1 张美式卖权

3. 通常情况下，（　　），赎回的期权价值就越大，越有利于发行人。

A. 赎回期限越短、转换比率越低、赎回价格越低

B. 赎回期限越长、转换比率越高、赎回价格越低

C. 赎回期限越长、转换比率越低、赎回价格越高

D. 赎回期限越长、转换比率越低、赎回价格越低

4. 可转换债券按面值发行，每张面值为 100 元，最小交易单位为面值（　　）元。

A. 500　　　　　　　　　　B. 1 000

C. 5 000　　　　　　　　　D. 10 000

5. 公司最近（　　）年连续亏损，交易所可暂停其可转换公司债券上市。

A. 2　　　　　　　　　　　B. 3

C. 5　　　　　　　　　　　D. 6

6. 向中国证监会提出可转换公司债上市交易申请时，无须提交（　　）。

A. 上市报告书（申请书）

B. 公司章程

C. 申请上市的董事会决议

D. 保荐协议和保荐人出具的上市保荐书

7. 在上海证券交易所网上定价发行可转换公司债券，假设 T 日为上网定价发行日，下列说法错误的是（　　）。

A. T＋1 日，冻结申购资金

B. T+2 日，验资报告送达上海证券交易所；上海证券交易所向营业部发送配号

C. T+4 日，中签率公告见报；摇号

D. T+4 日，摇号结果公告见报

8. 可转换公司债券转换为股票累计达到公司已发行股份总额的（　　），发行人应当及时将有关情况予以公告。

A. 5%　　　　　　　　　　B. 10%

C. 15%　　　　　　　　　　D. 20%

二、不定项选择题（以下各小题给出的多个选项中，有一个或者一个以上的选项符合题目要求，请将符合题目要求选项代码填入括号内）

1. 发行可转换公司债券的上市公司的财务状况应当良好，且符合（　　）的情况。

A. 最近 3 年及 1 期财务报表未被注册会计师出具保留意见、否定意见或无法表示意见的审计报告

B. 资产质量良好

C. 经营成果真实，现金流量正常

D. 最近 3 年以现金或股票方式累计分配的利润不少于最近 3 年实现的年均可分配利润的 10%

2. 对于公开发行的可转换公司债券，当存在下列（　　）事项时，应当召开债券持有人会议。

A. 拟变更募集说明书的约定

B. 发行人不能按期支付本息

C. 发行人减资、合并、分立、解散或者申请破产

D. 其他影响债券持有人重大权益的事项

3. 转债的具体转股期限应根据（　　）来确定。

A. 转债的存续期限　　　　　　B. 转债的发行总额

C. 转债的利率　　　　　　　　D. 公司财务状况

4. 关于可转换公司债券价值与各种影响因素之间的关系，下列说法正确的有（　　）。

A. 转股期限越长，转股权价值就越大，可转换公司债券的价值越低

B. 转股期限越长，转股权价值就越大，可转换公司债券的价值越高

C. 回售期限越长、转换比率越高、回售价格越高，回售的期权价值就越大

D. 回售期限越短、转换比率越低、回售价格越低，回售的期权价值就越大

5. 在上海证券交易所上网定价发行方式下，关于发行时间的安排，正确的是（   ）。

A. T－4 日，所有材料报上海证券交易所

B. T－3 日，刊登募集说明书概要和发行公告

C. T＋1 日，冻结申购资金

D. T＋3 日，摇号

6. 上市公司出现（   ）情况，证券交易所可暂停其可转换公司债券上市。

A. 公司有重大违法行为

B. 发行可转换公司债券所募捐的资金不按照核准的用途使用

C. 未按照可转换公司债券募集办法履行义务

D. 公司最近 2 年连续亏损

三、判断题（判断以下各小题的对错，正确的用 A 表示，错误的用 B 表示）

1. 可转换公司债券是发行人依照法定程序发行，在一定期间内依照约定的条件可以转换成股份的公司债券。可转换债券的持有人具有股东的权利和义务。   （   ）

2. 公开发行可转换公司债券的公司，最近 2 个会计年度实现的年均可分配利润不少于公司债券 1 年的利息。   （   ）

3. 转股价格修正方案须提交公司股东大会表决，且须经出席会议的股东所持表决权的半数以上同意。   （   ）

4. 上市公司确实需要改变转债募集资金用途的，经股东大会批准即可。　　　　　　　　　　　　　　　　　　　　　　（　　）

5. 资信评级机构每年至少应公告两次跟踪评级报告。　　（　　）

6. 可转换公司债券流通面值少于 5 000 万元时，在上市公司发布相关公告 3 个交易日后停止其可转换公司债券的交易。　　　　（　　）

7. 上市公司发行可转换公司债券，必须全部向原股东优先配售，优先配售比例应当在发行公告中披露。　　　　　　　　　　（　　）

8. 发行人在提出转债上市申请后，应在全国公开发行的报纸上披露有关信息。　　　　　　　　　　　　　　　　　　　　（　　）

 精选考题答案解析

一、单项选择题

1. 【答案及解析】C　上市公司应当在可转换公司债券期满后 5 个工作日内，办理完毕偿还债券余额本息的事项；分离交易的可转换公司债券的偿还事宜与此相同。故选 C。

2. 【答案及解析】C　由于发行人在可转换公司债券的赎回条款中规定，如果股票价格连续若干个交易日收盘价高于某一赎回启动价格，发行人有权按一定金额予以赎回。所以，赎回条款相当于债券持有人在购买可转换公司债券时无条件出售给发行人的一张美式买权。故选 C。

3. 【答案及解析】D　通常情况下，赎回期限越长、转换比率越低、赎回价格越低，赎回的期权价值就越大，越有利于发行人；相反，赎回期限越短、转换比率越高、赎回价格越高，赎回的期权价值就越小，越有利于转债持有人。在股价走势向好时，赎回条款实际上起到强制转股的作用。故选 D。

4. 【答案及解析】B　可转换债券的发行规模由发行人根据其投资计划和财务状况确定。可转换债券按面值发行，每张面值为 100 元，最小交易单位为面值 1 000 元。故选 B。

5. 【答案及解析】A　公司最近 2 年连续亏损，是证券交易所暂停其可转换公司债券上市的情形之一。故选 A。

6.【答案及解析】B　上市公司向证券交易所申请可转换公司债券上市，应当提交下列文件：①上市报告书（申请书）；②申请上市的董事会和股东大会决议；③按照有关规定编制的上市公告书；④保荐协议和保荐人出具的上市保荐书；⑤发行结束后经具有执行证券、期货相关业务资格的会计师事务所出具的验资报告；⑥登记公司对新增股份和可转换公司债券登记托管的书面确认文件；⑦证券交易所要求的其他文件。故选 B。

7.【答案及解析】C　可转换公司债券在上海证券交易所的网上定价发行的时间安排为：①T－5 日，所有材料报上海证券交易所，准备刊登债券募集说明书摘要和发行公告；②T－4 日，刊登债券募集说明书摘要和发行公告；③T 日，上网定价发行日；④T＋1 日，冻结申购资金；⑤T＋2 日，验资报告送达上海证券交易所；上海证券交易所向营业部发送配号；⑥T＋3 日，中签率公告见报；摇号；⑦T＋4 日，摇号结果公告见报；⑧T＋4 日以后，做好上市前准备工作。故选 C。

8.【答案及解析】B　可转换公司债券转换为股票的数额累计达到可转换公司债券开始转股前公司已发行股份总额 10%，是发行可转换公司债券的上市公司应当及时向证券交易所报告并披露的情况之一。故选 B。

二、不定项选择题

1.【答案及解析】ABC　发行可转换公司债券的上市公司的财务状况应当良好，除 ABC 三项外其最近 3 年以现金或股票方式累计分配的利润应不少于最近 3 年实现的年均可分配利润的 20%。D 项表述错误。故选 ABC。

2.【答案及解析】ABCD　存在下列事项之一的，应当召开债券持有人会议：①拟变更募集说明书的约定；②发行人不能按期支付本息；③发行人减资、合并、分立、解散或者申请破产；④保证人或者担保物发生重大变化；⑤其他影响债券持有人重大权益的事项。故选 ABCD。

3.【答案及解析】AD　根据《上市公司证券发行管理办法》，上市公司发行的可转换公司债券在发行结束 6 个月后，方可转换为公司股票，转股期限由公司根据可转换公司债券的存续期限及公司财务状况确定。故选 AD。

4.【答案及解析】BC　可转换公司债券价值与各种影响因素之间的关系见表 8-2。故选 BC。

5.【答案及解析】CD　在上海证券交易所上网定价发行方式下，具体程序见表 8-3。故选 CD。

6.【答案及解析】ABCD　上市公司出现下列情形之一的，证券交易所暂停其可转换公司债券上市：①公司有重大违法行为；②公司情况发生重大变化不符合可转换公司债券上市条件；③发行可转换公司债券所募集的资金不按照核准的用途使用；④未按照可转换公司债券募集办法，履行义务；⑤公司最近 2 年连续亏损；⑥证券交易所认为应当暂停其可转换公司债券上市的其他情形。故选 ABCD。

三、判断题

1.【答案及解析】B　可转换公司债券是指发行公司依照法定程序发行，在一定期间内依照约定的条件可以转换成股份的公司债券。目前，发行可转换债券必须报经核准，未经核准，不得发行可转换债券。可转换股份前，其持有人不具有股东权利和义务。

2.【答案及解析】B　发行分离交易的可转换公司债券的上市公司，其最近 3 个会计年度经营活动产生的现金流量净额平均应不少于公司债券 1 年的利息，若其最近 3 个会计年度加权平均净资产收益率平均不低于 6%，则可不作此现金流量要求。

3.【答案及解析】B　转股价格修正方案须提交公司股东大会表决，且须经出席会议的股东所持表决权的 2/3 以上同意；股东大会进行表决时，持有公司可转换债券的股东应当回避。

4.【答案及解析】B　上市公司必须按照募集说明书披露的用途使用募集资金，原则上不得改变募集资金用途。确实需要改变的，必须经发行人股东大会批准，并赋予转债持有人一次回售的权利。

5.【答案及解析】B　公开发行可转换公司债券，应当委托具有资格的资信评级机构进行信用评级和跟踪评级；资信评级机构每年至少公告一次跟踪评级报告。

6.【答案及解析】B　可转换公司债券流通面值少于 3 000 万元时，在上市公司发布相关公告 3 个交易日后停止其可转换公司债券的交易。

7.【答案及解析】B　上市公司发行可转换公司债券，可以全部或部分向原股东优先配售，优先配售比例应当在发行公告中披露。

8.【答案及解析】B　可转换公司债券上市获准后，上市公司应当在可转换公司债券上市前 5 个交易日内，在指定媒体上披露上市公告书。

第九章

债券的发行与承销

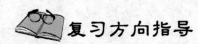
复习方向指导

掌握我国国债的发行方式。熟悉记账式国债和凭证式国债的承销程序。熟悉国债销售的价格和影响国债销售价格的因素。

熟悉证券公司债券的发行条件、条款设计及相关安排。了解证券公司债券发行的申报程序、申请文件的内容。熟悉证券公司债券的上市与交易。了解公开发行证券公司债券时募集说明书等信息的披露以及公开发行证券公司债券的持续信息披露。了解证券公司定向发行债券的信息披露。

熟悉我国企业债券和公司债券发行的基本条件、募集资金投向和不得再次发行的情形。了解企业债券和公司债券发行的条款设计要求及有关安排。熟悉企业债券的发行的额度申请、发行申报、发行申请文件的内容。了解中国证监会对证券公司类承销商的资格审查和风险评估。熟悉企业债券和公司债券申请上市的条件、上市申请与上市核准。

熟悉企业短期融资券和中期票据的注册规则、承销的组织、信用评级安排、发行利率或发行价格的确定方式及其相关的信息披露要求。

熟悉中小非金融企业集合票据的特点、发行规模要求、偿债保障措施、评级要求、投资者保护机制和信息披露要求。

熟悉我国金融债券的发行条件、申报文件、操作要求、登记、托管与兑付、信息披露。了解次级债务的概念、募集方式以及次级债务计入商业银行附属资本和次级债务计入保险公司认可负债的条件和比例。了解混合资本债券的概念、募集方式、信用评级、信息披露及商业银行通过发行混合资本债券所募资金计入附属资本的方式。

熟悉资产证券化的各方参与者的角色。了解资产证券化发行的申报程序。熟悉资产证券化的具体操作。了解公开发行证券化产品的信息披露。了解资产证券化的会计处理和税收政策。

了解国际开发机构人民币债券的发行与承销。

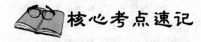 核心考点速记

第一节 国债的发行与承销

一、我国国债的发行方式

1988 年以前，我国国债发行采用行政分配方式；1988 年，财政部首次通过商业银行和邮政储蓄柜台销售了一定数量的国债；1991 年，开始以承购包销方式发行国债；1996 年起，公开招标方式被广泛采用。目前，凭证式国债发行完全采用承购包销方式，记账式国债发行完全采用公开招标方式。储蓄式国债发行可采用包销或者代销方式。

1. 公开招标方式（见表 9-1）

公开招标方式是通过投标人的直接竞价来确定发行价格（或利率）水平，发行人将投标人的标价，自高价向低价排列，或自低利率排到高利率，发行人从高价（或低利率）选起，直到达到需要发行的数额为止。我国国债发行招标规则的制定借鉴了国际资本市场中的美国式、荷兰式规则，并发展出混合式招标方式。

表 9-1 主要的公开招标方式

标的	利率（或利差）	价格
"荷兰式"招标	全场最高中标利率（或利差）为当期国债票面利率（或基本利差），各中标机构均按面值承销	全场最低中标价格为当期国债发行价格，各中标机构均按发行价格承销

续上表

标的	利率（或利差）	价格
"美国式"招标	全场加权平均中标利率为当期国债票面利率，中标机构按各自中标利率与票面利率折算的价格承销	全场加权平均中标价格为当期国债发行价格，中标机构按各自中标标位的价格承销
"混合式"招标	全场加权平均中标利率为当期国债票面利率。 低于（或等于）票面利率的标位，按面值承销；高于票面利率一定数量内的标位，按各中标标位的利率与票面利率折算的价格承销；高于票面利率一定数量以上的标位，全部落标	全场加权平均中标价格为当期国债发行价格。高于（或等于）发行价格的标位，按发行价格承销；低于发行价格一定数量以内的标位，按各中标标位的价格承销；低于发行价格一定数量以上的标位，全部落标

2. 承购包销方式

承购包销方式是由发行人和承销商签订承购包销合同，合同中的有关条款是通过双方协商确定的。对于事先已确定发行条款的国债，我国仍采取承购包销方式，目前主要运用于不可上市流通的凭证式国债的发行。

二、国债承销程序（见表9-2）

表9-2　记账式国债和凭证式国债的承销程序

类别	定义	承销程序
记账式国债	是一种无纸化国债，主要通过银行间债券市场向具备全国银行间债券市场国债承购包销团资格的商业银行、证券公司、保险公司、信托投资公司等机构发行	①招标发行 ②分销
凭证式国债	是一种不可上市流通的储蓄型债券，由具备凭证式国债承销团资格的机构承销。各类商业银行、邮政储蓄银行均有资格申请加入凭证式国债承销团	财政部一般委托中国人民银行分配承销数额。承销商在分得所承销的国债后，通过各自的代理网点发售。发售采取向购买人开具凭证式国债收款凭证的方式，发售数量不能突破所承销的国债量

三、影响国债销售价格的因素（见表 9-3）

表 9-3　国债销售价格的影响因素

市场利率	市场利率的高低及其变化对国债销售价格起着显著的导向作用。市场利率趋于上升，就限制了承销商确定销售价格的空间；市场利率趋于下降，就为承销商确定销售价格拓宽了空间
承销商承销国债的中标成本	国债销售的价格一般不应低于承销商与发行人的结算价格；反之，就有可能发生亏损
流通市场中可比国债的收益率水平	如果国债承销价格定价过高，即收益率过低，投资者就会倾向于在二级市场上购买已流通的国债，而不是直接购买新发行的国债，从而阻碍国债分销工作顺利进行
国债承销的手续费收入	在国债承销中，承销商可获得其承销金额一定比例的手续费收入。对于不同品种的国债，该比例可能不一样，一般为千分之几。由于该项手续费收入的存在，为了促进分销活动，承销商有可能压低销售价格
承销商所期望的资金回收速度	降低销售价格，承销商的分销过程会缩短，资金的回收速度会加快，承销商可以通过获取这部分资金占用其中的利息收入来降低总成本，提高收益
其他国债分销过程中的成本	成本高价格高

第二节　金融债券的发行与承销

我国国内金融债券的发行始于 1985 年，当时中国工商银行和中国农业银行开始尝试发行金融债券。1994 年我国政策性银行成立后，发行主体从商业银行转向政策性银行，首次发行人为国家开发银行；随后，中国进出口银行、中国农业发展银行也加入到这一行列。2009 年 4 月 13 日，为进一步规范全国银行间债券市场金融债券发行行为，中国人民银行发布了《全国银行间债券市场金融债券发行管理操作规程》，自 2009 年 5 月 15 日起施行。

一、金融债券的发行条件

（1）政策性银行。这里所指的政策性银行包括国家开发银行、中国进出口银行、中国农业发展银行。这 3 家政策性银行作为发行体，天然具备发行金融债券的条件，只要按年向中国人民银行报送金融债券发行申请，并经核准后即可发行。

（2）商业银行。商业银行发行金融债券应具备以下条件：具有良好的公司治理机制；核心资本充足率不低于 4%；最近 3 年连续盈利；贷款损失准备计提充足；风险监管指标符合监管机构的有关规定；最近 3 年没有重大违法、违规行为；中国人民银行要求的其他条件。根据商业银行的申请，中国人民银行可以豁免前款所规定的个别条件。

（3）企业集团财务公司。企业集团财务公司发行金融债券应具备以下条件：具有良好的公司治理结构、完善的投资决策机制、健全有效的内部管理和风险控制制度及相应的管理信息系统；具有从事金融债券发行的合格专业人员；依法合规经营，符合中国银监会有关审慎监管的要求，风险监管指标符合监管机构的有关规定；财务公司已发行、尚未兑付的金融债券总额不得超过其净资产总额的 100%，发行金融债券后，资本充足率不低于 10%；财务公司设立 1 年以上，经营状况良好，申请前 1 年利润不低于行业平均水平，且有稳定的盈利预期；申请前 1 年，不良资产率低于行业平均水平，资产损失准备拨备充足；申请前 1 年，注册资本金不低于 3 亿人民币，净资产不低于行业平均水平，近 3 年无重大违法违规记录；无到期不能支付债务；中国人民银行和中国银监会规定的其他条件。

（4）金融租赁公司和汽车金融公司。根据中国人民银行和中国银监会于 2009 年 8 月 18 日发布的公告（［2009］第 14 号），金融租赁公司和汽车金融公司发行金融债券，应具备以下条件：①具有良好的公司治理结构和完善的内部控制体系；②具有从事金融债券发行和管理的合格专业人员；③金融租赁公司注册资本金不低于 5 亿元人民币或等值的自由兑换货币，汽车金融公司注册资本金不低于 8 亿元人民币或等值的自由兑换货币；④资产质量良好，最近 1 年不良资产率低于行业平均水平，资产损失准备计提充足；⑤无到期不能支付债务；⑥净资产不低于行业平均水平；⑦经营状况良好，最近 3 年连续盈利，最近 1 年利润率不低于行业平均水平，且有稳定的盈利预期；⑧最近 3 年平均可分配利润足以支付所发行金融债券 1 年的利息；⑨风险监管指标达到监管要求；⑩最近 3 年没有重大违法、违规行为。

另外，金融租赁公司和汽车金融公司发行金融债券后，资本充足率均应不低于 8%。

（5）其他金融机构。其他金融机构发行金融债券应具备的条件由中国人民银行另行规定。

二、申请金融债券发行应报送的文件

根据中国人民银行于 2005 年 4 月 27 日发布的《全国银行间债券市场金融债券发行管理办法》，申请金融债券发行应按如下规定报送文件。

（一）政策性银行

政策性银行发行金融债券应向中国人民银行报送下列文件：金融债券发行申请报告；发行人近 3 年经审计的财务报告及审计报告；金融债券发行办法；承销协议；中国人民银行要求的其他文件。

（二）除政策性银行外的其他金融机构

其他金融机构（不包括政策性银行）发行金融债券应向中国人民银行报送下列文件：金融债券发行申请报告；发行人公司章程或章程性文件规定的权力机构的书面同意文件；监管机构同意金融债券发行的文件；发行人近 3 年经审计的财务报告及审计报告；募集说明书；发行公告或发行章程；承销协议；发行人关于本期债券偿债计划及保障措施的专项报告；信用评级机构出具的金融债券信用评级报告及有关持续跟踪评级安排的说明；发行人律师出具的法律意见书；中国人民银行要求的其他文件。采用担保方式发行金融债券的，还应提供担保协议及担保人资信情况说明。如有必要，中国人民银行可商请其监管机构出具相关监管意见。

三、金融债券发行的操作要求（见表 9-4）

表 9-4　金融债券发行的操作要求

发行方式	在全国银行间债券市场公开发行或定向发行；可以采取一次足额发行或限额内分期发行的方式
担保要求	商业银行发行金融债券没有强制担保要求，而财务公司发行金融债券，则需要由财务公司的母公司或其他有担保能力的成员单位提供相应担保，经中国银监会批准免于担保的除外
信用评级	由具有债券评级能力的信用评级机构进行信用评级
发行的组织	**承销团的组建**　发行金融债券时，发行人应组建承销团，承销人可在发行期内向其他投资者分销其所承销的金融债券
	承销方式　可采用协议承销、招标承销的方式。以招标承销方式发行金融债券的，发行人应与承销成员签订承销主协议；以协议承销方式发行金融债券的，发行人应聘请主承销商
	资格条件　承销人应为金融机构，并须具备下列条件：①注册资本不低于 2 亿元人民币；②具有较强的债券分销能力；③具有合格的从事债券市场业务的专业人员和债券分销渠道；④最近两年内没有重大违法、违规行为；⑤中国人民银行要求的其他条件
	招标承销的操作要求　发行人应向承销人发布下列信息：①招标前，至少提前 3 个工作日向承销人公布招标具体时间、招标方式、招标标的、中标确定方式和应急招标投标方案等内容；②招标开始时，向承销人发出招标书；③招标结束后，发行人应立即向承销人公布中标结果，并不迟于次一工作日发布金融债券招标结果公告
异常情况处理	发生下列情况之一，应向中国人民银行报告并说明原因：①发行人业务、财务等经营状况发生重大变化；②高级管理人员变更；③控制人变更；④发行人作出新的债券融资决定；⑤发行人变更承销商、会计师事务所、律师事务所或信用评级机构等；⑥是否分期发行、每期发行安排等金融债券发行方案变更；⑦其他可能影响投资人作出判断的重大变化

续上表

其他事项	发行人不得认购或变相认购自己发行的金融债券。发行人应在中国人民银行核准金融债券发行之日起 60 个工作日内开始发行金融债券，并在规定期限内完成发行。金融债券发行结束后 10 个工作日内，发行人应向中国人民银行书面报告发行情况。定向发行的金融债券只能在认购人之间进行转让

四、金融债券的登记、托管与兑付

国债登记结算公司为金融债券的登记、托管机构。

金融债券发行结束后，发行人应及时向国债登记结算公司确认债权债务关系，由国债登记结算公司及时办理债券登记工作。

金融债券付息或兑付日前（含当日），发行人应将相应资金划入债券持有人指定资金账户。

五、金融债券的信息披露

发行人应在金融债券发行前和存续期间履行信息披露义务。信息披露应通过中国货币网、中国债券信息网进行。

经中国人民银行核准发行金融债券的，发行人应于每期金融债券发行前 3 个工作日披露募集说明书和发行公告。

金融债券存续期间，发行人应于每年 4 月 30 日前向投资者披露年度报告，年度报告应包括发行人上一年度的经营情况说明、经注册会计师审计的财务报告以及涉及的重大诉讼事项等内容。

采用担保方式发行金融债券的，发行人还应在其年度报告中披露担保人上一年度的经营情况说明、经审计的财务报告以及涉及的重大诉讼事项等内容。

发行人应于金融债券每次付息日前两个工作日公布付息公告，最后一次付息暨兑付日前 5 个工作日公布兑付公告。

金融债券存续期间，发行人应于每年 7 月 31 日前披露债券跟踪信用评级报告。

同业拆借中心和国债登记结算公司应为金融债券信息披露提供服务。

六、金融债券参与机构的法律责任

发行人、承销人和托管机构分别有下列行为之一的，按由中国人民银行按照《中华人民共和国中国人民银行法》规定第四十六条的规定予以处罚，详见表 9-5。

表 9-5　金融债券参与机构的法律责任

发行人罚则	发行人有下列行为之一的，按规定予以处罚：①未经中国人民银行核准擅自发行金融债券；②超规模发行金融债券；③以不正当手段操纵市场价格、误导投资者；④未按规定报送文件或披露信息；⑤其他违反上述办法的行为
承销人罚则	承销人有下列行为之一的，按规定予以处罚：①以不正当竞争手段招揽承销业务；②发布虚假信息或泄露非公开信息；③其他违反上述办法的行为
托管机构罚则	托管机构有下列行为之一的，按规定予以处罚：①挪用托管客户金融债券；②债券登记错误或遗失；③发布虚假信息或泄露非公开信息；④其他违反上述办法的行为

注：上述办法指《全国银行间债券市场金融债券发行管理办法》。

七、次级债务

1. 商业银行次级债务

次级债务是指由银行发行的，固定期限不低于 5 年（包括 5 年），除非银行倒闭或清算不用于弥补银行日常经营损失，且该项债务的索偿权排在存款和其他负债之后的商业银行长期债务。

次级定期债务的募集方式为商业银行向目标债权人定向募集，目标债权人为企业法人。

次级债务计入商业银行附属资本的条件为：不得由银行或第三方提供担保；不得超过商业银行核心资本的 50%。

发行长期次级债务补充附属资本时，要求：全国性商业银行核心资本充足率不得低于 7%，发行的长期次级债务额不得超过核心资本的 25%；其他商业银行核心资本充足率不得低于 5%，发行的长期次级债务额不得超过核心资本的 30%。

经银监会认可，商业银行发行的普通的、无担保的、不以银行资产为抵押或质押的长期次级债务工具可列入附属资本。但在距到期日前最后 5 年，其可计入附属资本的数量每年累计折扣 20%。由次级债务所形成的商业银行附属资本，不得超过核心资本的 50%。

2. 保险公司次级债务

是指保险公司经批准定向募集的、期限在 5 年以上（含 5 年），本金和利息的清偿顺序列于保单责任和其他负债之后、先于保险公司股权资本的保险公司债务。

与商业银行次级债务不同的是，保险公司次级债务的偿还只有在确保偿还次级债本息后偿付能力充足率不低于 100% 的前提下，募集人才能偿付本息；并且募集人在无法按时支付利息或偿还本金时，债权人无权向法院申请对募集人实施破产清偿。

3. 证券公司次级债务

证券公司次级债务是指证券公司经批准，向股东或其他符合条件的机构投资者定向借入的，清偿顺序在普通债务之后，先于证券公司股权资本的债务。

可分为长期次级债务和短期次级债务。借入期限在 2 年以上（含 2 年）的为长期次级债务，可按比例计入净资本（见表 9-6）。短期次级债务不计入净资本，仅可在公司开展有关特定业务时按规定和要求扣减风险资本准备。

表 9-6　长期次级债务折算比例

	折算比例
商业银行长期次级债务可计入附属资本	在距到期日前最后 5 年，其可计入附属资本的数量每年累计折扣 20%。（例如：一笔 10 年期的次级债务，第 6 年可计入数量为 100%，第 7 年为 80%，第 8 年为 60%，第 9 年为 40%，第 10 年为 20%）
保险公司长期次级债务可计入认可负债	在到期日前按照一定比例折算计入认可负债，以折算后的账面余额作认可价值。 剩余年限在 1 年以内，折算比例为 80%； 剩余年限在 1 年以上（含 1 年）2 年以内的，折算比例为 60%； 剩余年限在 2 年以上（含 2 年）3 年以内的，折算比例为 40%； 剩余年限在 3 年以上（含 3 年）4 年以内的，折算比例为 20%； 剩余年限自 4 年以上（含 4 年）的，折算比例为 0
证券公司长期次级债务可计入净资本	到期期限在 5、4、3、2、1 年以上的，原则上分别按 100%、90%、70%、50%、20% 比例计入净资本。　短期次级债务，不计入净资本

八、混合资本债券

混合资本债券是一种混合资本工具，它同时兼有一定的股本性质和债务性质，但比普通股票和债券更加复杂。我国的混合资本债券是指商业银行为补充附属资本发行的、清偿顺序位于股权资本之前但列在一般债务和次级债务之后、期限在 15 年以上、发行之日起 10 年内不可赎回的债券。

我国混合资本债券具有 4 项基本特征：①期限在 15 年以上，发行之日起 10 年内不得赎回，发行之日起 10 年后发行人具有一次赎回权，若发行人未行使赎回权，可以适当提高混合资本债券的利率；②混合资本债券到期前，如果发行人核心资本充足率低于 4%，发行人可以延期支付利息；③混合资本债券本金和利息的清偿顺序于一般债务和次级债务之后，先于股权资本；④到期时，若财务状况不佳，发行人可以延期支付混合资本债券的本金和利息。在混合债券存续期内，信用评级机构应定期和不定期对其进行跟踪评级，每年发布一次跟踪评级报告，每季度发布一次跟踪评级信息。

第三节　企业债券的发行与承销

一、发行条件、条款设计要求及其他安排

（一）发行条件（见表 9-7）

表 9-7　企业债券的发行条件说明

基本条件	①企业规模达到国家规定的要求 ②企业财务会计制度符合国家规定 ③具有偿债能力 ④企业经济效益良好，发行企业债券前连续 3 年盈利 ⑤企业发行企业债券的总面额不得大于该企业的自有资产净值 ⑥所筹资金用途符合国家产业政策

公开发行企业债券，必须符合下列条件	①股份有限公司的净资产额不低于人民币 3 000 万元，有限责任公司的净资产额不低于人民币 6 000 万元 ②累计债券余额不超过发行人净资产（不包括少数股东权益）的 40% ③最近 3 年平均可分配利润（净利润）足以支付公司债券 1 年的利息 ④筹集的资金投向符合国家产业政策，所需相关手续齐全 ⑤债券的利率不得超过国务院限定的利率水平 ⑥已发行的企业债券或者其他债券未处于违约或者延迟支付本息的状态 ⑦最近 3 年没有重大违法违规行为
募集资金的投向	企业债券募集的资金可用于固定资产投资项目、收购产权（股权）、调整债务结构和补充营运资金，不得用于房地产买卖、股票买卖和期货交易等与本企业生产经营无关的风险性投资，不得用于弥补亏损和非生产性支出
不得再次发行的情形	凡有下列情形之一的，公司不得再次公开发行公司债券： ①前一次公开发行的公司债券尚未募足的 ②对已公开发行的公司债券或者其他债务有违约或者延迟支付本息的事实，且仍处于继续状态的 ③违反《证券法》规定，改变公开发行公司债券所募资金用途的

（二）条款设计要求及其他安排

（1）发行规模。根据《企业债券管理条例》第十六条规定，企业发行企业债券的总面额不得大于该企业的自有资产净值。

（2）期限。《企业债券管理条例》和《证券法》对于企业债券的期限均没有明确规定。在现行的具体操作中，原则上不能低于 1 年。

（3）利率及付息规定。企业债券的利率由发行人与其主承销商根据信用等级、风险程度、市场供求状况等因素协商确定，但必须符合企业债券利率管理的有关规定。《企业债券管理条例》第十八条规定，企业债券的利率不得高于银行相同期限居民储蓄定期存款利率的 40%。

（4）债券的评级。发行人应当聘请具有企业债券评估从业资格的信用评级机构对其债券进行信用评级。债券资信评级机构对评级结果的客观、公正和及时性承担责任。信用评级报告的内容和格式应当符合有关规定。

（5）债券的担保。企业可发行无担保信用债券、资产抵押债券、第三方担保债券。为债券的发行提供保证的，保证人应当具有代为清偿债务的能力，保证应当是连带责任保证。

（6）法律意见书。发行人应当聘请具有从业资格的律师事务所，对发行人发行企业债券的条件和合规性进行法律鉴证，并出具法律意见书。

（7）债券的承销组织。企业债券的发行，应组织承销团以余额包销的方式承销。

二、企业债券发行的申报与核准

发行企业债券，需要经过向有关主管部门进行额度申请和发行申报两个过程。额度申请受理的主管部门为国家发展与改革委员会（下文简称"国家发改委"）；发行申报的主管部门主要为国家发改委，国家发改委核准通过并经中国人民银行和中国证监会会签后，由国家发改委下达发行批复文件。其中，中国人民银行主要是核准利率，中国证监会对证券公司类承销商进行资格认定和发行与兑付的风险评估。

三、中国证监会对证券公司类承销商的资格审查和风险评估

为防范证券公司因承销企业债券而出现的风险，从而影响证券公司的资产质量和客户交易结算资金的安全，根据国务院关于防范和化解金融风险的指示精神，中国证监会于 2000 年 4 月 30 日发布证监机构字〔2000〕85 号《关于加强证券公司承销企业债券业务监管工作的通知》，以加强对证券公司承销企业债券的业务监管工作。主要内容如下：证券公司从事企业债券的承销，注册地中国证监会派出机构应要求主承销商报送下列申请材料：①申请书；②具备承销条件的证明材料或陈述材料；③承销协议；④承销团协议；⑤市场调查与可行性报告；⑥主承销商对承销团成员的内核审查报告；⑦风险处置预案。

中国证监会派出机构依据有关规定和《关于加强证券公司承销企业

债券业务监管工作的通知》的要求对主承销商的申请材料进行初审，并在 15 个工作日内出具意见。初审通过的，将初审意见和申请材料报中国证监会复审；如副主承销商、分销商及发行人在异地的，还应将初审意见抄送其所在地中国证监会派出机构。复审通过的，由中国证监会批复，并抄送有关派出机构。

四、企业债券在银行间市场的上市流通

除在交易所上市外，企业债券也可以进入银行间市场交易流通。符合以下条件的公司债券可以进入银行间债券市场交易流通，但公司债券募集办法或发行章程约定不交易流通的债券除外：①依法公开发行；②债权债务关系确立并登记完毕；③发行人具有较完善的治理结构和机制，近两年没有违法和重大违规行为；④实际发行额不少于人民币 5 亿元；⑤单个投资人持有量不超过该期公司债券发行量的 30%。

第四节　公司债券的发行与承销

公司债券，系指由符合条件的发行人按照中国证监会于 2007 年 8 月 14 日发布实施的《公司债券发行试点办法》所发行的债券。

《公司债券发行试点办法》第一章第二条规定："本办法所称公司债券，是指公司依照法定程序发行、约定在一年以上期限内还本付息的有价证券。"

一、发行条件、条款设计要求及其他安排

（一）发行条件

（1）基本条件。根据《公司债券发行试点办法》的规定，发行公司债券应当符合下列条件：①公司的生产经营符合法律、行政法规和公司章程的规定，符合国家产业政策；②公司内部控制制度健全，内部控制制度的完整性、合理性、有效性不存在重大缺陷；③经资信评级机构评级，债券信用级别良好；④公司最近 1 期未经审计的净资产额应符合法律、行政法规和中国证监会的有关规定；⑤最近 3 个会计年度实现的年

均可分配利润不少于公司债券1年的利息；⑥本次发行后累计公司债券余额不超过最近1期末净资产额的40%；⑦金融类公司的累计公司债券余额按金融企业的有关规定计算。

（2）募集资金投向。发行公司债券募集的资金，必须符合股东会或股东大会核准的用途，且符合国家产业政策。

（3）不得再次发行的情形。根据《公司债券发行试点办法》第八条，存在下列情形之一的，不得发行公司债券：①最近36个月内公司财务会计文件存在虚假记载，或公司存在其他重大违法行为；②本次发行申请文件存在虚假记载、误导性陈述或者重大遗漏；③对已发行的公司债券或者其他债务有违约或者迟延支付本息的事实，仍处于继续状态；④严重损害投资者合法权益和社会公共利益的其他情形。

（二）条款设计要求及其他安排

（1）定价。公司债券每张面值100元，发行价格由发行人与保荐机构通过市场询价确定。

（2）信用评级。公司债券的信用评级，应当委托经中国证监会认定、具有从事证券服务业务资格的资信评级机构进行。公司与资信评级机构应当约定，在债券有效存续期间，资信评级机构每年至少公告1次跟踪评级报告。

（3）债券的担保。对公司债券发行没有强制性担保要求。若为公司债券提供担保，则应当符合下列规定：①担保范围包括债券的本金及利息、违约金、损害赔偿金和实现债权的费用；②以保证方式提供担保的，应当为连带责任保证，且保证人资产质量良好；③设定担保的，担保财产权属应当清晰，尚未被设定担保或者采取保全措施，且担保财产的价值经有资格的资产评估机构评估不低于担保金额；④符合《物权法》、《担保法》和其他有关法律、法规的规定。

二、公司债券发行的申报与核准

（一）发行申报

（1）公司决议。申请发行公司债券，应当由公司董事会制订方案，由股东会或股东大会作出决议。

（2）保荐与申报。发行公司债券应当由保荐机构保荐，并向中国证监会申报。

（3）募集说明书与申报文件制作。对于募集说明书与申报文件的制作，中国证监会在其于 2007 年 8 月 15 日发布的《公开发行证券的公司信息披露内容与格式准则第 23 号——公开发行公司债券募集说明书》和《公开发行证券的公司信息披露内容与格式准则第 24 号——公开发行公司债券申请文件》中作了详细规定。

（二）受理与核准

中国证监会依照下列程序审核发行公司债券的申请：①收到申请文件后，5 个工作日内决定是否受理；②中国证监会受理后，对申请文件进行初审；③发审委按照《中国证券监督管理委员会发行审核委员会办法》规定的特别程序审核申请文件；④中国证监会作出核准或者不予核准的决定。发行公司债券，可以申请一次核准，分期发行。

自证监会核准发行之日起，公司应在 6 个月内首期发行，剩余数量应当在 24 个月内发行完毕。首期发行数量应不少于总发行数量的 50%。

三、债券持有人权益保护

（1）受托管理人与受托协议。根据《公司债券发行试点办法》的规定，发行人应当为债券持有人聘请债券受托管理人，并订立债券受托管理协议；在债券存续期限内，由债券受托管理人依照协议的约定维护债券持有人的利益。公司应当在债券募集说明书中约定，投资者认购本期债券视作同意债券受托管理协议。

（2）债券受托管理人的资格。债券受托管理人由本次发行的保荐机构或者其他经中国证监会认可的机构担任。为本次发行提供担保的机构不得担任本次债券发行的受托管理人。债券受托管理人应当为债券持有人的最大利益行事，不得与债券持有人存在利益冲突。

四、对公司债券发行的监管

（1）发行人。根据《公司债券发行试点办法》，发行人违反本办法规定，存在不履行信息披露义务，或者不按照约定召集债券持有人会议，损害债券持有人权益等行为的，中国证监会可以责令整改；对其直接负责的主管人员和其他直接责任人员，可以采取监管谈话、认定为不适当人选等行政监管措施，记入诚信档案并公布。

（2）保荐机构。保荐机构出具有虚假记载、误导性陈述或者重大遗漏的发行保荐书，保荐机构或其相关人员伪造或变造签字、盖章，或者不履行其他法定职责的，依照《证券法》和保荐制度的有关规定处理。

（3）其他中介机构。为公司债券发行出具审计报告、法律意见、资产评估报告、资信评级报告及其他专项文件的证券服务机构和人员，在其出具的专项文件中存在虚假记载、误导性陈述或者重大遗漏的，依照《证券法》和中国证监会的有关规定处理。

（4）债券受托管理人。债券受托管理人违反《公司债券发行试点办法》规定，未能履行债券受托管理协议约定的职责，损害债券持有人权益的，中国证监会可以责令整改；对其直接负责的主管人员和其他直接责任人员，可以采取监管谈话、认定为不适当人选等行政监管措施，记入诚信档案并公布。

五、公司债券在证券交易所上市

（一）公司债券上市条件

根据 2010 年 11 月制定的《上海证券交易所证券发行业务指引》，公司债券申请上市，应当符合下列条件。

（1）经有权部门批准并发行。

（2）债券的期限为 1 年以上。

（3）债券的实际发行额不少于人民币 5 000 万元。

（4）债券须经资信评级机构评级，且债券的信用级别良好。

（5）申请债券上市时仍符合法定的公司债券发行条件。

（6）证券交易所认可的其他条件。

（二）公司债券的停牌与复牌及债券上市的暂停与终止

（1）公司债券上市期间，凡发生可能导致债券信用评级有重大变化、债券按期偿付产生任何影响等事件或者存在相关的市场传言，发行人应当在第一时间向证券交易所提交临时报告，并予以公告澄清。发行人于交易日公布上述信息时，证券交易所将视情况对相关债券进行停牌处理。发行人按规定要求披露后进行复牌。

（2）公司债券上市交易后，发行人有下列情形之一的，证券交易所对该债券停牌，并在7个交易日内决定是否暂停其上市交易：①公司出现重大违法行为；②公司情况发生重大变化，不符合债券上市条件；③发行公司债券所募集的资金不按照核准的用途使用；④未按照债券募集办法履行义务；⑤公司最近两年连续亏损。

上述情形消除后，发行人可向证券交易所提出恢复上市的申请，证券交易所收到申请后15个交易日内决定是否恢复该债券上市。

（3）公司债券出现下列情况一时，可被终止上市交易：①发行人有前条第1项、第4项所列情形之一，经查实后果严重的，或者有前条第2项、第3项、第5项所列情形之一，在限期内未能消除的，由证券交易所决定终止该债券上市；②公司解散、依法被责令关闭或者被宣告破产的，由证券交易所终止其债券上市；③债券到期前1周终止上市交易。

（4）对证券交易所作出的不予上市、暂停上市、终止上市决定不服的发行人可向证券交易所设立的复核机构申请复核。

六、公司债券在银行间债券市场的发行与上市

符合以下条件的公司债券，可在全国银行间债券市场交易流通：①依法公开发行；②债权债务关系确立并登记完毕；③发行人具有较完善的治理结构和机制，近两年没有违法和重大违规行为；④实际发行额不少于人民币5亿元；⑤单个投资人持有量不超过该期公司债券发行量的30%。

七、申请证券评级业务许可的资信评级机构应当具备的条件

申请证券评级业务许可的资信评级机构，应当具备下列条件。

(1) 具有中国法人资格，实收资本与净资产均不少于人民币 2 000 万元。

(2) 具有符合《证券市场资信评级业务管理暂行办法》规定的高级管理人员不少于 3 人；具有证券从业资格的评级从业人员不少于 20 人，其中，包括具有 3 年以上资信评级业务经验的评级从业人员不少于 10 人、具有中国注册会计师资格的评级从业人员不少于 3 人。

(3) 具有健全且运行良好的内部控制机制和管理制度。

(4) 具有完善的业务制度，包括信用等级划分及定义、评级标准、评级程序、评级委员会制度、结果公布制度、跟踪评级制度、信息保密制度、证券评级业务档案管理制度等。

(5) 最近 5 年未受到刑事处罚，最近 3 年未因违法经营受到行政处罚，不存在因涉嫌违法经营、犯罪正在被调查的情形。

(6) 最近 3 年在税务、工商、金融等行政管理机关以及自律组织、商业银行等机构无不良诚信记录。

(7) 中国证监会基于保护投资者、维护社会公共利益规定的其他条件。

第五节　短期融资券的发行与承销

短期融资券是指企业依照 2005 年 5 月 23 日中国人民银行发布的《短期融资券管理办法》规定的条件和程序在银行间债券市场发行和交易，约定在一定期限内还本付息，最长期限不超过 365 天的有价证券。

一、短期融资券的发行注册

根据《银行间债券市场非金融企业短期融资券业务指引》和《银行间债券市场非金融企业债务融资工具注册规则》，交易商协会负责受理短期融资券的发行注册。

交易商协会设注册委员会。注册委员会通过注册会议行使职责。注册会议决定是否接受发行注册。注册委员会委员由市场相关专业人士组成。交易商协会向接受注册的企业出具《接受注册通知书》，注册有效期为 2 年。企业在注册有效期内可一次发行或分期发行短期融资券。企业应在注册后 2 个月内完成首期发行。企业如分期发行，后续发行应提前 2 个工作日向交易商协会备案。企业在注册有效期内需要更换主承销商或变更注册资金的，应重新注册。交易协会不接受注册的，企业可于 6 个月后重新提交注册文件。

二、短期融资券的发行规模与资金使用

根据《银行间债券市场非金融企业短期融资券业务指引》，企业发行短期融资券应遵守国家相关法律法规，短期融资券待偿还余额不得超过企业净资产的 40%。

在资金使用上，企业发行短期融资券所募集的资金应用于企业生产经营活动，并在发行文件中明确披露具体资金用途。企业在短期融资券存续期内变更募集资金用途应提前披露。

三、短期融资券发行的操作要求（见表 9-8）

表 9-8　短期融资券发行的操作要求

承销的组织	企业发行短期融资券应由已在中国人民银行备案的金融机构承销。企业可以自主选择主承销商。需要组织承销团的，由主承销商组织承销团。承销团有 3 家或 3 家以上承销商的，可设 1 家联席主承销商或副主承销商，共同组织承销活动；承销团中除主承销商、联席主承销商、副主承销商以外的承销机构为分销商
信用评级	企业发行短期融资券应披露企业主体信用评级和当期融资券的债项评级。企业的主体信用级别低于发行注册时信用级别的，短期融资券发行注册自动失效，交易商协会将有关情况进行公告
利率的确定	短期融资券的发行利率、发行价格和所涉费率以市场化方式确定
交易、结算与兑付	短期融资券在债权、债务登记日的次一工作日，即可以在全国银行间债券市场机构投资人之间流通转让。短期融资债券在国债登记结算公司登记、托管、结算。同业拆借中心为短期融资券在银行间债券市场的交易提供服务

第六节　中期票据的发行与承销

中期票据是指具有法人资格的非金融企业在银行间债券市场按照计划分期发行的，约定在一定期限还本付息的债务融资工具。企业发行中期票据应制定发行计划，在计划内可灵活设计各期票据的利率形式、期限结构等要素。

企业发行中期票据除应按交易商协会《银行间债券市场非金融企业债融资工具信息披露规则》在银行间债券市场披露信息外，还应于中期票据注册之日起3个工作日内，在银行间债券市场一次性披露中期票据完整的发行计划。

中期票据投资者可就特定投资需求向主承销商进行逆向询价，主承销商可与企业协商发行符合特定需求的中期票据。企业发行中期票据应披露企业主体信用评级。中期票据若含有可能影响评级结果的特殊条款，企业还应披露中期票据的债项评级。

有关中期票据发行与承销过程中的其他所有事项，均与短期融资券相同，请参见本章第五节"企业短期融资券的发行与承销"。

第七节　中小非金融企业集合票据

根据《银行间债券市场非金融企业债务融资工具管理办法》（中国人民银行令［2008］第1号），中国银行间市场交易商协会组织市场成员制定了《银行间债券市场中小非金融企业集合票据业务指引》（［2009］第15号），经2009年10月23日第一届理事会第三次会议审议通过，于2009年11月9日发布施行。

上述指引所称中小非金融企业，是指国家相关法律法规及政策界定为中小企业的非金融企业；所称集合票据，则是指2个（含）以上、10个（含）以下具有法人资格的中小非金融企业，在银行间债券市场以统一产品设计、统一券种冠名、统一信用增进、统一发行注册方式共同发行的，约定在一定期限还本付息的债务融资工具。

中小非金融企业发行集合票据,应依据《银行间债券市场非金融企业债务融资工具注册规则》在中国银行间市场交易商协会注册,一次注册、一次发行。任一企业集合票据待偿还余额不得超过该企业净资产的40%。任一企业集合票据募集资金额不超过2亿元人民币,单只集合票据注册金额不超过10亿元人民币。

中小非金融企业发行集合票据所募集的资金应用于符合国家相关法律法规及政策要求的企业生产经营活动。企业在发行文件中应明确披露具体资金用途,任一企业在集合票据存续期内变更募集资金用途均须经有权机构决议通过,并应提前披露。

中小非金融企业发行集合票据应制定偿债保障措施,并在发行文件中进行披露,包括信用增进措施、资金偿付安排以及其他偿债保障措施。

企业发行集合票据应披露集合票据债项评级、各企业主体信用评级以及专业信用增进机构(若有)主体信用评级。

企业应在集合票据发行文件中约定投资者保护机制,包括应对任一企业及信用增进机构主体信用评级下降或财务状况恶化、集合票据债项评级下降以及其他可能影响投资者利益情况的有效措施。在注册有效期内,对于已注册但尚未发行的集合票据,债项信用级别低于发行注册时信用级别的,集合票据发行注册自动失效,交易商协会将有关情况进行公告。

企业发行集合票据应按交易商协会《银行间债券市场非金融企业债务融资工具信息披露规则》在银行间债券市场披露信息。

企业发行集合票据应由符合条件的承销机构承销。集合票据投资者可就特定投资需求向主承销商进行逆向询价,主承销商可与企业协商发行符合特定需求的集合票据。

集合票据在债权债务登记日的次一工作日即可在银行间债券市场流通转让。

第八节 证券公司债券的发行与承销

证券公司债券是指证券公司依法发行的、约定在一定期限内还本付息的有价证券。证券公司债券不包括证券公司发行的可转换债券和次级债券。中国证监会依法对证券公司债券的发行和转让行为进行监督管理。证券公司发行债券须报经中国证监会批准，未经批准不得擅自发行或变相发行。定向发行的债券不得公开发行或者变相公开发行。

一、证券公司债券发行条件（见表 9-9）

表 9-9 证券公司债券发行条件

基本条件	证券公司公开发行债券，除应当符合《证券法》规定的条件外，还应当符合下列要求： ①发行人最近 1 期末经审计的净资产不低于 10 亿元 ②各项风险监控指标符合中国证监会的有关规定 ③最近两年内未发生重大违法违规行为 ④具有健全的股东会、董事会运作机制及有效的内部管理制度，具备适当的业务隔离和内部控制技术支持系统 ⑤资产未被具有实际控制权的自然人、法人或其他组织及其关联人占用 ⑥中国证监会规定的其他条件
定向发行条件	证券公司定向发行债券，除应当符合《证券法》规定的条件外，还应当符合前述第②～⑥项所规定的要求，且最近 1 期末经审计的净资产不低于 5 亿元 定向发行的债券只能向合格投资者发行。合格投资者是指自行判断具备投资债券的独立分析能力和风险承受能力，且符合下列条件的投资者：①依法设立的法人或投资组织；②按照规定和章程可从事债券投资；③注册资本在 1 000 万元以上或者经审计的净资产在 2 000 万元以上
募集资金的投向	发行债券募集的资金应当有确定的用途和相应的使用计划及管理制度。募集资金的使用应当符合法律法规和中国证监会的有关规定，不得用于禁止性的业务和行为
不得再次发行的情形	根据《证券法》第十八条规定，凡有下列情形之一的，不得再次发行公司债券：①前一次公开发行的公司债券尚未募足；②对已公开发行的公司债券或者其他债务有违约或者延迟支付本息的事实，仍处于继续状态；③违反本法规定，改变公开发行公司债券所募资金的用途

二、证券公司债券发行的申报与核准

（1）董事会决议并经股东大会批准。证券公司发行债券应当由董事会制订方案，股东会对下列事项作出专项决议：①发行规模、期限、利率；②担保；③募集资金的用途；④发行方式；⑤决议有效期；⑥与本期债券相关的其他重要事项。

（2）发行申报。发行申报是发行审批的法定程序，一经申报，未经中国证监会同意，不得随意增加、撤回或更换。

（3）申报文件编制。发行人、主承销商及负责出具专业意见的律师事务所、会计师事务所、资信评级机构等，应审慎对待所申报的材料和所出具的意见。发行人全体董事及有关中介机构应按要求在所提供的有关文件上发表声明或签字，对申请文件的真实性、准确性和完整性作出承诺。主承销商应按有关规定履行对申请文件的核查及对申请文件进行质量控制的义务，并出具核查意见。发行人、主承销商及其他有关中介机构应结合中国证监会对发行申请文件的审核反馈意见提供补充材料，发行人全体董事应对补充内容出具书面回复函。有关中介机构应按中国证监会的规定履行尽职调查或补充出具专业意见的义务。

三、证券公司债券的上市与交易

证券公司债券应当由证券登记结算公司负责登记、托管和结算。经批准，国债登记结算公司也可以负责证券公司债券的登记、托管和结算。

公开发行的债券应当申请在证券交易所挂牌集中竞价交易。经中国证监会批准的，也可采取其他方式转让。

债券申请上市应当符合下列条件：债券发行申请已获批准并发行完毕；实际发行债券的面值总额不少于 5 000 万元；申请上市时仍符合公开发行的条件；中国证监会规定的其他条件。

上市债券到期前 1 个月终止上市交易，由发行人办理兑付事宜。

定向发行的债券可采取协议方式转让，也可经中国证监会批准采取其他转让方式，最小转让单位不得少于面值 50 万元。债券的转让应当在合格投资者之间进行，且应当符合转让场所的业务规则。

四、发行证券公司债券有关的信息披露

根据《证券公司债券管理暂行办法》，证券公司发行债券，应当按照中国证监会的有关规定制作募集说明书和其他信息披露文件，保证真实、准确、完整、及时地披露一切对投资者有实质性影响的信息。但定向发行债券的募集说明书及相关资料不得在媒体上公开刊登或变相公开刊登。证券公司债券的募集说明书、上市公告书应按中国证监会的有关规定编制和披露。

募集说明书应根据《公开发行证券的公司信息披露内容与格式准则第 21 号——证券公司公开发行债券募集说明书》（简称"第 21 号准则"）来制作和披露。募集说明书引用的经审计的最近 1 期财务会计资料在报告截止日后 6 个月内有效，特别情况下可延长，但不超过 1 个月。募集说明书有效期为 6 个月。

第九节　资产支持证券的发行与承销

资产支持证券是指由银行业金融机构作为发起机构，将信贷资产信托给受托机构，由受托机构发行的、以该财产所产生的现金支付其收益的受益证券。

2005 年 12 月 8 日，国家开发银行和中国建设银行在银行间市场发行了首批资产支持证券。

一、信贷资产证券化业务的参与者

（1）发起机构。信贷资产证券化发起机构是指通过设立特定目的信托转让信贷资产的金融机构。

银行业金融机构作为信贷资产证券化发起机构，通过设立特定目的信托转让信贷资产，应当具备以下条件：①具有良好的社会信誉和经营业绩，最近 3 年内没有重大违法、违规行为；②具有良好的公司治理、风险管理体系和内部控制；③对开办信贷资产证券化业务具有合理的目标定位和明确的战略规划，并且符合其总体经营目标和发展战略；④具有适当的特定目的信托受托机构选任标准和程序；⑤具有开办信贷资产证券化业务所需的专业人员、业务处理系统、会计核算系统、管理信

息系统以及风险管理和内部控制制度；⑥最近 3 年内没有从事信贷资产证券化业务的不良记录；⑦银监会规定的其他审慎性条件。

（2）受托机构。特定目的信托受托机构是指在信贷资产证券化过程中，因承诺信托而负责管理特定目的信托财产并发行资产支持证券的机构。受托机构由依法设立的信托投资公司或者银监会批准的其他机构担任。

信托投资公司担任特定目的信托受托机构，应当具备以下条件：①根据国家有关规定完成重新登记 3 年以上；②注册资本不低于 5 亿元人民币，并且最近 3 年年末的净资产不低于 5 亿元人民币；③自营业务资产状况和流动性良好，符合有关监管要求；④原有存款性负债业务全部清理完毕，没有发生新的存款性负债或者以信托等业务名义办理的变相负债业务；⑤具有良好的社会信誉和经营业绩，到期信托项目全部按合同约定顺利完成，没有挪用信托财产的不良记录，并且最近 3 年内没有重大违法、违规行为；⑥具有良好的公司治理、信托业务操作流程、风险管理体系和内部控制；⑦具有履行特定目的信托受托机构职责所需要的专业人员、业务处理系统、会计核算系统、管理信息系统以及风险管理和内部控制制度；⑧已按照规定披露公司年度报告；⑨银监会规定的其他审慎性条件。

（3）信用增级机构。信用增级是指在信贷资产证券化交易结构中通过合同安排所提供的信用保护。信用增级机构根据在相关法律文件中所承诺的义务和责任，向信贷资产证券化交易的其他参与机构提供一定程度的信用保护，并为此承担信贷资产证券化业务活动中的相应风险。

（4）贷款服务机构。贷款服务机构是指在信贷资产证券化交易中接受受托机构委托、负责管理贷款的机构。贷款服务机构应当由在中华人民共和国境内依法设立并具有经营贷款业务资格的金融机构担任。

（5）资金保管机构。资金保管机构是指在信贷资产证券化交易中接受受托机构委托，负责保管信托财产账户资金的机构。

二、中国银监会对资产支持证券发行的管理

（一）联合报送申请

银行业金融机构作为发起机构，将信贷资产信托给受托机构，由受托机构以资产支持证券的形式向投资机构发行受益证券，应当由符合条

件的银行业金融机构与获得特定目的信托受托机构资格的金融机构向中国银监会联合提出申请，并且报送相关文件。

（二）信贷资产证券化业务计划书的主要内容

（1）发起机构、受托机构、贷款服务机构、资金保管机构及其他参与证券化交易机构的名称、住所及其关联关系说明。

（2）发起机构、受托机构、贷款服务机构和资金保管机构在以往证券化交易中的经验及违约记录说明。

（3）设立特定目的信托的信贷资产选择标准、资产池情况说明及相关统计信息。

（4）资产池信贷资产的发放程序、审核标准、担保形式、管理方法、违约贷款处置程序及方法。

（5）交易结构及各参与方的主要权利与义务。

（6）信托财产现金流需要支付的税费清单，各种税费支付来源、支付环节和支付优先顺序。

（7）资产支持证券发行计划，包括资产支持证券的分档情况、各档次的本金数额、信用等级、票面利率、期限和本息偿付优先顺序。

（8）信贷资产证券化交易的内外部信用增级方式及相关合同草案。

（9）清仓回购条款等选择性或强制性的赎回或终止条款。

（10）信贷资产证券化交易的风险分析及控制措施。

（11）拟在发行说明书显著位置对投资机构进行风险提示的内容。

（12）中国银监会要求的其他内容。

（三）受理与核准

中国银监会应当自收到发起机构和受托机构联合报送的完整申请材料之日起5个工作日内决定是否受理申请。中国银监会决定不受理的，应当书面通知申请人并说明理由；决定受理的，应当自受理之日起3个月内作出批准或者不予批准的书面决定。

三、中国人民银行对资产支持证券发行的核准

（一）发行申请

受托机构在全国银行间债券市场发行资产支持证券，应当向中国人民银行提交下列文件：

（1）申请报告；

（2）发起机构章程或章程性文件规定的权力机构的书面同意文件；

（3）信托合同、贷款服务合同和资金保管合同及其他相关法律文件草案；

（4）发行说明书草案；

（5）承销协议；

（6）中国银监会的有关批准文件；

（7）执业律师出具的法律意见书；

（8）注册会计师出具的会计意见书；

（9）资信评级机构出具的信用评级报告草案及有关持续跟踪评级安排的说明；

（10）中国人民银行规定提交的其他文件。

（二）受理与核准

中国人民银行应当自收到资产支持证券发行全部文件之日起 5 个工作日内决定是否受理申请。中国人民银行决定不受理的，应书面通知申请人不受理原因；决定受理的，应当自受理申请之日起 20 个工作日内作出核准或不核准的书面决定。

四、资产支持证券发行的操作要求（见表 9-10）

表 9-10　资产支持证券发行的操作要求

余额管理		资产支持证券的发行可以采取一次性足额发行或者限额内分期发行的方法。分期发行资产支持证券的，在每期资产支持证券发行前 5 个工作日，受托机构应将最终的发行说明书、评级报告及所有最终的相关法律文件报中国人民银行备案，并按中国人民银行的要求披露有关信息
信用评级		资产支持证券可通过内部或外部信用增级方式提升信用等级。资产支持证券在全国银行间债券市场发行和交易，应聘请具有评级资质的资信评级机构对资产支持证券进行持续信用评级
承销组织	组建承销团	发行资产支持证券时，发行人应组建承销团，承销人可以在发行期内向其他投资者分销其所承销的资产支持证券
	承销方式	资产支持证券的承销可采用协议承销和招标承销等方式
	承销机构的资格认定	承销人应为金融机构，并须具备下列条件：①注册资本不低于 2 亿元人民币；②具有较强的债券分销能力；③具有合格的从事债券市场业务的专业人员和债券分销渠道；④最近两年内没有重大违法、违规行为；⑤中国人民银行要求的其他条件

五、信息披露

中国人民银行于 2005 年 6 月 13 日发布了《资产支持证券信息披露规则》，对资产支持证券的信息披露行为作了详细规定。

第一，资产支持证券受托机构的信息披露应通过中国货币网、中国债券信息网以及中国人民银行规定的其他方式进行。

第二，受托机构应保证信息披露真实、准确和完整，不得有虚假记载、误导性陈述和重大遗漏。

第三，受托机构、为证券化提供服务的机构、同业拆借中心、国债登记结算公司等相关知情人在信息披露前不得泄露拟披露的信息。

第四，受托机构应在资产支持证券发行前的第 5 个工作日，向投资者披露发行说明书、评级报告、募集办法和承销团成员名单。分期发行资产支持证券的，其第 1 期的信息披露按上述规定执行；自第 2 期起，受托机构只在每期资产支持证券发行前第 5 个工作日披露补充发行说明书。

第五，受托机构应在发行说明书中说明资产支持证券的清偿顺序和投资风险，并在显著位置提示投资者："投资者购买资产支持证券，应当认真阅读本文件及有关的信息披露文件，进行独立的投资判断。主管部门对本期证券发行的核准，并不表明对本期证券的投资价值作出了任何评价，也不表明对本期证券的投资风险作出了任何判断。"

第六，受托机构应在每期资产支持证券发行结束的当日或次一工作日公布资产支持证券发行情况。

第七，资产支持证券存续期内，受托机构应在每期资产支持证券本息兑付日的 3 个工作日前公布受托机构报告，反映当期资产支持证券对应的资产池状况和各档次资产支持证券对应的本息兑付信息；每年 4 月 30 日前公布经注册会计师审计的上年度受托机构报告。

第八，受托机构应与信用评级机构就资产支持证券跟踪评级的有关安排作出约定，并应于资产支持证券存续期内每年的 7 月 31 日前向投资者披露上年度的跟踪评级报告。

第九，召开资产支持证券持有人大会，召集人应至少提前 30 日公布资产支持证券持有人大会的召开时间、地点、会议形式、审议事项、议事程序和表决方式等事项，并于大会结束后 10 日内披露大会决议。

第十，在发生可能对资产支持证券投资价值有实质性影响的临时性重大事件时，受托机构应在事发后的 3 个工作日内向同业拆借中心和债券登记结算公司提交信息披露材料，并向中国人民银行报告。

第十一，同业拆借中心和债券登记结算公司应在不迟于收到信息披露文件的次一工作日，将有关文件予以公告。

六、会计处理规定

为规范信贷资产证券化试点工作，保护投资人及相关当事人的合法权益，财政部根据《中华人民共和国会计法》、《中华人民共和国信托法》、《信贷资产证券化试点管理办法》等法律及相关法规，制定了《信贷资产证券化试点会计处理规定》，并于 2005 年 5 月 16 日发布实施。

七、税收政策安排

2006 年 2 月 20 日，财政部和国家税务总局联合发布了《关于信贷资产证券化有关税收政策问题的通知》，就我国银行开展信贷资产证券化业务试点中的有关税收政策问题作了规定。

主要包括印花税、营业税、所得税三个方面。

第十节　国际开发机构人民币债券的发行与承销

国际开发机构是指进行开发性贷款和投资的国际开发性金融机构。国际开发机构人民币债券（下文简称"人民币债券"）是指国际开发机构依法在中国境内发行的、约定在一定期限内还本付息的、以人民币计价的债券。

2005 年 10 月 9 日，国际金融公司和亚洲开发银行这两家国际开发机构，在全国银行间债券市场分别发行人民币债券 11.3 亿元和 10 亿元，这是中国债券市场首次引入外资机构发行主体——中国的外国债券或熊猫债券市场便也由此诞生。

一、审批体制

在中国境内申请发行人民币债券的国际开发机构应向财政部等窗口单位递交债券发行申请，由窗口单位会同中国人民银行、国家发展和改革委员会、中国证券监督管理委员会等部门审核后，报国务院同意。

国家发展和改革委员会会同财政部，根据国家产业政策、外资外债情况、宏观经济和国际收支状况，对人民币债券的发行规模及所筹资金用途进行审核。

中国人民银行对人民币债券发行利率进行管理。

国家外汇管理局根据有关外汇管理规定，负责对与人民币债券发行和偿还有关的外汇专用账户及相关购汇、结汇进行管理。

财政部及国家有关外债、外资管理部门对发债所筹资金发放的贷款和投资进行管理。

二、发债机构应具备的基本条件

国际开发机构申请在中国境内发行人民币债券应具备以下条件。

（1）财务稳健，资信良好，经两家以上（含两家）评级公司评级（其中至少有一家在中国境内注册，且具备人民币债券评级能力），人民币债券信用级别为 AA 级以上。

（2）已为中国境内项目或企业提供的贷款和股本资金在 10 亿美元以上。

（3）所募集资金用于向中国境内的建设项目提供中长期固定资产贷款或提供股本资金，投资项目符合中国国家产业政策、利用外资政策和固定资产投资管理规定。

主权外债项目应列入相关国外贷款规划。

三、债券的承销

国际开发机构在中国境内公开发行人民币债券应组成承销团,承销商应为在中国境内设立的具备债券承销资格的金融机构。

四、利率的确定

人民币债券发行利率由发行人参照同期国债收益率水平确定,并由中国人民银行核定。

 精选考题同步演练

一、单项选择题(以下各小题所给出的四个选项中,只有一项最符合题目要求,请将正确选项的代码填入括号内)

1. 以收益率为标的的美国式招标是以募满发行额为止,以( )作为最后的中标收益率。

A. 中标商各个价位上的中标收益率

B. 各中标商收益率的简单平均

C. 所有投标商的最高收益率

D. 各中标商收益率的加权平均

2. 目前,我国国债承购包销方式主要运用于( )。

A. 记账式国债 　　　　　　B. 无记名国债

C. 凭证式国债 　　　　　　D. 特种国债

3. 凭证式国债是一种不可上市流通的债券,( )不能成为凭证式国债的承销机构。

A. 中国工商银行 　　　　　B. 中国农业银行

C. 海通证券股份有限公司 　　D. 邮政储蓄银行

4. 一般来说,在利率将上调的预测下,在长期国债和短期国债中,人们会倾向于投资( )。

A. 长期国债 　　　　　　　B. 短期国债

C. 长期国债和短期国债　　　　　D. 不能确定

5. 公开发行企业债券的股份有限公司的净资产额不低于人民币
（　　）万元。

A. 2 000　　　　　　　　　　　B. 3 000

C. 5 000　　　　　　　　　　　D. 6 000

6. 公司违反《公司债券发行试点办法》规定，存在不履行信息披露义务，或者不按照约定召集债券持有人会议，损害债券持有人权益等行为的，中国证监会可以（　　）；对其直接负责的主管人员和其他直接责任人员，可以采取（　　）、认定为不适当人选等行政监管措施，记入诚信档案并公布。

A. 责令整改；记过处分

B. 责令整改；监管谈话

C. 吊销营业执照；记过处分

D. 吊销营业执照；监管谈话

7. 短期融资券待偿还余额不得超过企业净资产的（　　）。

A. 15%　　　　　　　　　　　　B. 25%

C. 30%　　　　　　　　　　　　D. 40%

8. 企业发行中期票据应遵守国家相关法律法规，中期票据待偿还余额不得超过企业净资产的（　　）。

A. 15%　　　　　　　　　　　　B. 25%

C. 30%　　　　　　　　　　　　D. 40%

二、不定项选择题（以下各小题给出的多个选项中，有一个或者一个以上的选项符合题目要求，请将符合题目要求选项代码填入括号内）

1. 至今为止，我国在国债招标发行中采用过（　　）模式。

A. 以价格为标的的荷兰式招标

B. 以缴款期为标的的荷兰式招标

C. 以缴款期为标的的美国式招标

D. 以收益率为标的的荷兰式招标

2. 凭证式国债采用收款凭证的形式，上面注明的内容有（　　）。

A. 投资者身份　　　　　　　　B. 购买日期

C. 期限　　　　　　　　　　　D. 发行利率

3. 影响国债分销价格的因素有（　　）。

A. 承销商所期望的资金回收速度

B. 承销商承销国债的中标成本和手续费

C. 可比国债的收益率水平

D. 市场利率

4. 具有政策性金融债券发行资格的金融机构有（　　）。

A. 中国农业发展银行

B. 中国人民银行

C. 国家开发银行

D. 中国进出口银行

5. 商业银行发行金融债券应具备的条件是（　　）。

A. 核心资本充足率不低于8%

B. 最近3年连续盈利

C. 贷款损失准备计提充足

D. 最近2年没有重大违法、违规行为

6. 关于银行的次级债务，下列说法中正确的是（　　）。

A. 次级债务是由银行发行的

B. 次级债务是固定期限不低于5年（包括5年）

C. 除非银行倒闭或清算，次级债务不用于弥补银行日常经营亏损

D. 次级债务的索偿权利排在存款和其他负债之后

7. 根据《公司债券发行试点办法》规定，下列情形不得发行公司债券的是（　　）。

A. 最近24个月内公司财务会计文件存在虚假记载，或公司存在其他重大违法行为

B. 本次发行申请文件存在虚假记载、误导性陈述或者重大遗漏

C. 对已发行的公司债券或者其他债务有违约或者迟延支付本息的事实，仍处于继续状态

D. 严重损害投资者合法权益和社会公共利益的其他情形

8. 证券公司定向发行债券，拟认购人书面承诺认购全部债券且不在转让市场转让，经拟认购人书面同意，发行人可免于（　　　）。

A. 信用评级 　　　　　　　　　B. 提供担保

C. 聘请债权代理人 　　　　　　D. 聘请承销机构

9. 关于证券公司次级债务，下列说法正确的是（　　　）。

A. 次级债务分长期次级债务和短期次级债务，借入期限在 2 年以上的是长期次级债务

B. 长期次级债务可以按一定比例计入净资本

C. 长期次级债务，到期期限在 5、4、3、2、1 年以上的，原则上分别按 100%、90%、70%、50%、20% 比例计入净资本

D. 短期次级债务可以按一定标准扣减风险资本准备

三、判断题（判断以下各小题的对错，正确的用 A 表示，错误的用 B 表示）

1. 以价格以为标的的美国式招标，以募满发行额为止所有投标商的最低中标价格为最后中标价格。 （　　）

2. 目前，我国的国债只有记账式国债和凭证式国债两类。

（　　）

3. 凭证式国债是一种可上市流通的储蓄型债券，主要由银行承销。

（　　）

4. 我国的金融债券主要由商业银行发行。 （　　）

5. 我国混合资本债券的期限在 15 年以上，并且在此期间不得赎回。 （　　）

6. 公开发行公司债券筹集的资金，可用于弥补亏损和非生产性支出。 （　　）

7. 企业发行短期融资券，无权自主选择主承销商，应当有证监会指定。 （　　）

8. 中小非金融企业，是指国家相关法律法规及政策界定为中小企业的非金融企业。 （　　）

精选考题答案解析

一、单项选择题

1.【答案及解析】A 以收益率为标的的美国式招标是指以募满发行额为止的中标商各个价位上的投标收益率作为中标商各自最终中标收益率，每个中标商的收益率是不同的债券发行方式。故选 A。

2.【答案及解析】C 承购包销方式是由发行人和承销商签订承购包销合同，合同中的有关条款是通过双方协商确定的。目前，凭证式国债发行完全采用承购包销方式，记账式国债发行完全采用公开招标方式。故选 C。

3.【答案及解析】C 凭证式国债是一种不可上市流通的储蓄型债券，由具备凭证式国债承销团资格的机构承销。财政部和中国人民银行一般每年确定一次凭证式国债承销团资格，各类商业银行、邮政储蓄银行，均有资格申请加入凭证式国债承销团，证券公司不具有该资格。故选 C。

4.【答案及解析】B 利率与国债价格成反比变化，因此在利率将上调的预测下，在长期国债和短期国债中，人们会倾向于投资短期国债。故选 B。

5.【答案及解析】B 《证券法》第十六条和 2008 年 1 月 4 日发布的《国家发展改革委关于推进企业债券市场发展、简化发行核准程序有关事项的通知》（发改财金【2008】7 号）规定，公开发行企业债券必须符合下列条件：股份有限公司的净资产额不低于人民币 3 000 万元，有限责任公司和其他类型企业的净资产额不低于人民币 6 000 万元。故选 B。

6.【答案及解析】B 《公司债券发行试点办法》第二十八条规定，公司违反本办法规定，存在不履行信息披露义务，或者不按照约定召集债券持有人会议，损害债券持有人权益等行为的，中国证监会可以责令整改；对其直接负责的主管人员和其他直接责任人员，可以采取监管谈话、认定为不适当人选等行政监管措施，记入诚信档案并公布。故选 B。

7.【答案及解析】D 根据《银行间债券市场非金融企业短期融资券业务指引》，企业发行短期融资券应遵守国家相关法律法规，短期融资券待偿还余额不得超过企业净资产的 40%。故选 D。

8.【答案及解析】D 《银行间债券市场非金融企业债务融资工具信息披露规则》第四条规定，企业发行中期票据应遵守国家相关法律法规，中期票据待偿还余额不得超过企业净资产的 40%。故选 D。

二、不定项选择题

1.【答案及解析】ABCD 至今，我国共采用过 6 种招标模式发行国债：①以价格为标的的荷兰式招标；②以价格为标的的美国式招标；③以缴款期为标的的荷兰式招标；④以缴款期为标的的美国式招标；⑤以收益率为标的的荷兰式招标；⑥以收益率为标的的美国式招标。故选 ABCD。

2.【答案及解析】ABCD 凭证式国债是一种不可上市流通的储蓄型债券，由具备凭证式国债承销团资格的机构承销。由于凭证式国债采用"随买随卖"、利率按实际持有天数分档计付的交易方式，因此，在收款凭证中除了注明投资者身份外，还须注明购买日期、期限、发行利率等内容。故选 ABCD。

3.【答案及解析】ABCD 影响国债销售价格的因素包括：①市场利率；②承销商承销国债的中标成本；③流通中可比国债的收益率水平；④国债承销的手续费收入；⑤承销商所期望的资金回收速度；⑥其他国债分销过程中的成本。故选 ABCD。

4.【答案及解析】ACD 政策性金融债券是由政策性金融机构发行的债券，因此，具有发行资格的应为政策性银行，即国家开发银行、中国进出口银行和中国农业发展银行。故选 ACD。

5.【答案及解析】BC 商业银行发行金融债券应具备以下条件：①具有良好的公司治理机制；②核心资本充足率不低于 4%；③最近 3 年连续盈利；④贷款损失准备计提充足；⑤风险监管指标符合监管机构

的有关规定；⑥最近 3 年没有重大违法、违规行为；⑦中国人民银行要求的其他条件。故选 BC。

6.【答案及解析】ABCD 次级债务是指由银行发行的，固定期限不低于 5 年（包括 5 年），除非银行倒闭或清算不用于弥补银行日常经营损失，且该项债务的索偿权排在存款和其他负债之后的商业银行长期债务。故选 ABCD。

7.【答案及解析】BCD A 项正确表述应为最近 36 个月内公司财务会计文件存在虚假记载，或公司存在其他重大违法行为。故选 BCD。

8.【答案及解析】ABC 定向发行债券，拟认购人书面承诺认购全部债券且不在转让市场进行转让，经拟认购人书面同意，发行人可免于信用评级、提供担保、聘请债权代理人。前款所述的债券只能通过协议转让的方式进行转让。转让双方应当在协议中就该债券的转让限制和风险分别作出明确的书面提示和认可。故选 ABC。

9.【答案及解析】ABCD 本题考察证券公司次级债务的相关知识，四个选项都正确。故选 ABCD。

三、判 断 题

1.【答案及解析】B 以价格为标的的美国式招标，即以募满发行额为止的中标商各自价格上的中标价格作为各中标商的最终中标价，因此各中标商的认购价格是不同的。

2.【答案及解析】B 目前，我国国债包括记账式国债、凭证式国债和储蓄国债 3 类。

3.【答案及解析】B 凭证式国债是一种不可上市流通的储蓄型债券，由具备凭证式国债承销团资格的机构承销。

4.【答案及解析】B 我国的金融债券主要由政策性银行发行。

5.【答案及解析】B 我国的混合资本债券是指商业银行为补充附属资本发行的、清偿顺序位于股权资本之前但列在一般债务和次级债务之后、期限在 15 年以上、发行之日起 10 年内不可赎回的债券。因此，在 10 年之后可以赎回。

6.【答案及解析】B　企业发行企业债券所筹资金应当按照审批机关批准的用途，用于本企业的生产经营。《证券法》第十六条规定，公开发行公司债券筹集的资金，必须用于核准的用途，不得用于弥补亏损和非生产性支出。

7.【答案及解析】B　企业发行短期融资券，企业可自主选择主承销商。

8.【答案及解析】A　中小非金融企业，是指国家相关法律法规及政策界定为中小企业的非金融企业。

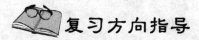

第十章

外资股的发行

复习方向指导

了解境内上市外资股投资主体的条件。熟悉增资发行境内上市外资股的条件。熟悉境内上市外资股的发行方式。

熟悉 H 股的发行方式与上市条件。熟悉企业申请境外上市的要求。了解 H 股发行的工作步骤以及发行核准程序。

熟悉内地企业在香港创业板发行与上市的条件。熟悉境内上市公司所属企业境外上市的具体规定。了解外资股招股说明书的形式、内容、编制方法。熟悉国际推介与询价、国际分销与配售的基本知识。

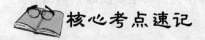

第一节　境内上市外资股的发行

一、境内上市外资股的投资主体

境内上市外资股又称 B 股，是指在中国境内注册的股份有限公司向境内外投资者发行并在中国境内证券交易所上市交易的股票。境内上市外资股采取记名股票形式，以人民币标明面值，以外币认购、买卖。

境内上市外资股的投资主体限于以下几类：外国的自然人、法人和其他组织；中国香港、澳门、台湾地区的自然人、法人和其他组织；定居在国外的中国公民；拥有外汇的境内居民；中国证监会认定的其他投资人。

二、募集设立公司申请发行境内上市外资股的条件

根据《关于股份有限公司境内上市外资股的规定》第八条的规定，以募集方式设立公司，申请发行境内上市外资股的，应当符合以下条件。

（1）所筹资金用途符合国家产业政策。

（2）符合国家有关固定资产投资立项的规定。

（3）符合国家有关利用外资的规定。

（4）发起人认购的股本总额不少于公司拟发行股本总额的 35%。

（5）发起人的出资总额不少于 1.5 亿元人民币。

（6）拟向社会发行的股份达公司股份总数的 25% 以上；拟发行的股本总额超过 4 亿元人民币的，其拟向社会发行股份的比例达 15% 以上。

（7）改组设立公司的原有企业或者作为公司主要发起人的国有企业，在最近 3 年内没有重大违法行为。

（8）改组设立公司的原有企业或者作为公司主要发起人的国有企业，在最近 3 年内连续盈利。

三、申请增资发行境内上市外资股的条件

根据《关于股份有限公司境内上市外资股的规定》第九条的规定，已设立的股份有限公司增加资本，申请发行境内上市外资股时，除应具备募集设立公司申请发行境内上市外资股前 3 项条件外（见第二节内容），还应当符合下列条件。

（1）公司前一次发行的股份已经募足，所得资金的用途与募股时确定的用途相符，并且资金使用效益良好。

（2）公司净资产总值不低于 1.5 亿元人民币。

（3）公司从前一次发行股票到本次申请期间，没有重大违法行为。

（4）公司在最近 3 年内连续盈利；原有企业改组或者国有企业作为主要发起人设立的公司，可以连续计算。

（5）中国证监会规定的其他条件。

以发起方式设立的股份有限公司首次增加资本、申请发行境内上市外资股时，还必须符合募集设立公司申请发行 B 股时关于向社会公开发行股份比例的要求，即募集设立公司申请发行境内上市外资股的条件中的第 6 项。

四、境内上市外资股的发行方式

我国股份有限公司发行境内上市外资股一般采取配售方式。按照国际金融市场的通常做法，采取配售方式，承销商可以将所承销的股份以议购方式向特定的投资者配售。主承销商在承销前的较早阶段即已通过向其网络内客户的推介或路演，初步确定了认购量和投资者可以接受的发行价格，正式承销前的市场预测和承销协议签署仅具备有限的商业和法律意义。

第二节　H 股的发行与上市

一、H 股的发行方式

H 股的发行方式是"公开发行"加"国际配售"。发行人须按上市地法律的要求，将招股文件和相关文件作公开披露和备案。招股说明书一般在上市委员会的听证会批准几天后公布，公司根据招股说明书披露的信息，向社会公众发行新股。初次发行 H 股时，须进行国际路演。

二、中国证监会关于企业申请境外上市的要求

1999 年 7 月 14 日，中国证监会发布《关于企业申请境外上市有关问题的通知》，明确提出国有企业、集体企业及其他所有制形式的企业经重组改制为股份有限公司后，凡符合境外上市条件的，均可向中国证

监会提出境外上市申请。具体申请条件如下。

（1）符合我国有关境外上市的法律法规和规则。

（2）筹资用途符合国家产业政策、利用外资政策及国家有关固定资产投资立项的规定。

（3）净资产不少于 4 亿元人民币，过去 1 年税后利润不少于 6 000万元人民币，并有增长潜力，按合理预期市盈率计算，筹资额不少于5 000 万美元。

（4）具有规范的法人治理结构及较完善的内部管理制度，有较稳定的高级管理层及较高的管理水平。

（5）上市后分红派息有可靠的外汇来源，符合国家外汇管理的有关规定。

（6）证监会规定的其他条件。

三、H 股的发行与上市条件

根据香港联合证券交易所（下文简称"香港联交所"）有关规定，内地企业在中国香港发行股票并上市的股份有限公司应满足的条件见表 10-1。

表 10-1　H 股的发行与上市条件

盈利和市值要求	股份有限公司满足以下条件之一即可： ①公司必须在相同的管理层人员的管理下有连续 3 年的营业记录，以往 3 年盈利合计 5 000 万港元（最近 1 年的利润不低于 2 000 万港元，再之前两年的利润之和不少于 3 000 万港元） ②公司有连续 3 年的营业记录，于上市时市值不低于 20 亿港元，最近 1 个经审计财政年度收入至少 5 亿港元，并且前 3 个财政年度来自营运业务的现金流入合计至少 1 亿港元 ③公司于上市时市值不低于 40 亿港元，且最近 1 个经审计财政年度收入至少 5 亿港元 在该项条件下，如果新申请人能证明公司管理层至少有 3 年所属业务和行业的经验，并且管理层及拥有权最近 1 年持续不变，则可以豁免连续 3 年营业记录的规定
最低市值要求	新申请人预期上市时的市值须至少为 2 亿港元

续上表

公众持股市值和 持股量要求	①新申请人预期证券上市时，由公众人士持有的股份的市值须至少为5 000万港元。无论任何时候公众人士持有的股份须占发行人已发行股本至少25% ②若发行人拥有超过一种类别的证券，其上市时由公众人士持有的证券总数必须占发行人已发行股本总额至少25%；但正在申请上市的证券类别占发行人已发行股本总额的百分比不得少于15%，上市时的预期市值也不得少于5 000万港元 ③如发行人预期上市时市值超过100亿港元，则香港联交所可酌情接纳一个介乎15%～25%之间的较低百分比
股东人数要求	①按"盈利和市值要求"第1、2条申请上市的发行人公司至少有300名股东；按"盈利和市值要求"第3条申请上市的发行人至少有1 000名股东 ②持股量最高的3名公众股东，合计持股量不得超过证券上市时公众持股量的50%
持续上市责任	控股股东必须承诺上市后6个月内不得出售公司的股份，并且在随后的6个月内控股股东可以减持，但必须维持控股股东地位，即30%的持股比例
公司治理要求	①公司上市后须至少有两名执行董事常驻香港 ②须指定至少3名独立非执行董事，其中1名必须具备适当的专业资格或会计、财务管理专长 ③发行人董事会下须设有审核委员会、薪酬委员会和提名委员会 ④审核委员会须有至少3名成员，全部是非执行董事，其中至少1名是独立非执行董事且有适当专业资格，审核委员会成员必须以独立非执行董事占大多数，出任主席者也必须是独立非执行董事

四、H股发行的工作步骤

H股发行的工作步骤如下。

第一步，实施企业重组。邀请有关咨询机构进行调查研究，提出对企业业务、组织结构、资产负债结构进行全面重组的方案，保证企业在上市方面具有的吸引力和特殊优势。

第二步，尽职调查。

第三步，草拟发行所需的有关文本。编制最近 3 年的财务会计报告，草拟招股说明书，草拟承销协议，传发法律文件、会计报告、盈利和现金预测以及相关备忘录、中国法律意见书、土地和物业评估报告、招股说明书草稿等，编写公司介绍、说明书等宣传材料，草拟董事服务公约，草拟监事、董事、高级职员协议和董事、监事说明，草拟上市协议、利益冲突的法律意见、土地拥有权法律意见书、重要合约、召开董事会议，保存关于申请发行上市股票的记录等。

第四步，向地方政府及中央政府申请发行 H 股及审批。

第五步，向中国证监会申请在香港上市。

第六步，向香港联交所递交上市申请书及有关文件。

第七步，完成发行上市的有关文本（招股书、认购申请书、董事及监事声明、承销协议、物业评估报告、审计报告等）。

第八步，召开首次股东大会批准有关上市事宜，通过公司章程选举董事、监事、公司秘书。

第九步，经香港联交所批准，进行预路演。

第十步，确定发行价格范围。

第十一步，召开招股推介会，进行国际路演。

第十二步，完成其他文件注册登记事宜。

第十三步，簿记、公开招股和定价。

第十四步，正式挂牌上市。

五、H 股发行的核准程序

H 股发行的核准程序如下。

第一，取得地方政府或国务院有关主管部门的同意和推荐，向中国证监会提出申请。

第二，由中国证监会就有关申请是否符合国家产业政策、利用外资政策以及有关固定资产投资立项规定会商国家发改委等有关部门。

第三，聘请中介机构，报送有关材料。

第四，中国证监会审批。

第五，向香港联交所提出申请，并履行相关核准或登记程序。

第三节　内地企业在香港创业板的发行与上市

一、中国香港创业板市场的上市条件

中国香港联交所发布的《创业板上市规则》第十一章对在香港创业板上市的条件作出了规定。

（1）发行人必须依据中国内地及香港地区、百慕大或开曼群岛的法律正式注册成立，并须遵守该类地区的法律（包括有关配发及发行证券的法律）及其公司组织章程大纲及细则或同等文件的规定。

（2）发行人及其业务必须属于香港联合证券交易所认可的适合上市公司。

（3）发行人须委任有关人士担任董事、公司秘书和资格会计师、监察主任和授权代表等职责。发行人必须确保这些人士于被聘任前符合《创业板上市规则》的有关规定条件。

（4）发行人须有经核准的股票过户登记处，或须聘有经核准的股票过户登记处，以便在中国香港特区设置其股东名册。

（5）新申请人在任何上市申请之前，须根据合约在一段固定期间内委聘保荐人。该期间至少涵盖上市财政年度的余下时间及其以后两个财政年度。此后，上市发行人须按照《创业板上市规则》的有关规定委聘保荐人。

（6）新申请人及上市发行人必须拥有按《创业板上市规则》所编制的会计师报告。

二、内地企业在香港创业板发行与上市的条件（见表 10-2）

表 10-2　内地企业在香港创业板发行与上市的条件

运作历史要求	新申请人必须证明在其呈交上市申请的日期之前，在大致相同的拥有权及管理层管理下，具备至少 24 个月的活跃业务记录。若新申请人符合下述条件之一，此规定可减至 12 个月： ①会计师报告显示过去 12 个月营业额不少于 5 亿港元 ②上一个财政年度会计师报告内的资产负债表显示上一个财政期间的资产总值不少于 5 亿港元 ③上市时预计市值不少于 5 亿港元（注意：创业板不设盈利要求）

续上表

市值要求	新申请人预期上市时的市值应达到：如新申请人具备 24 个月活跃业务记录，则实际上不得少于 4 600 万港元；如新申请人具备 12 个月活跃业务记录，则不得少于 5 亿港元
公众持股市值与持股量要求	①新申请人预期证券上市时由公众人士持有的股份的市值须至少为：如新申请人具备 24 个月活跃业务记录，则不得少于 3 000 万港元；如新申请人具备 12 个月活跃业务记录，则不得少于 1.5 亿港元 ②若新申请人上市时市值不超过 40 亿港元，则无论在任何时候，公众人士持有的股份须占发行人已发行股本总额至少 25%（但最低限度要达 3 000 万港元）。若新申请人上市时市值超过 40 亿港元，则公众持股量必须为下述两个百分比中的较高者：由公众持有的证券达到市值 10 亿港元（在上市时决定）所需的百分比或发行人已发行股本的 20%
股东人数要求	如发行人具备 24 个月活跃业务记录，至少有 100 名股东。如发行人具备 12 个月活跃业务记录，至少有 300 名股东，其中持股量最高的 5 名及 25 名股东合计的持股量分别不得超过公众持有的股本证券的 35% 及 50%

第四节　境内上市公司所属企业境外上市

一、上市公司所属企业境外上市的条件

上市公司所属企业申请境外上市，应当符合以下条件：

（1）上市公司在最近 3 年连续盈利；

（2）上市公司最近 3 个会计年度内发行股份及募集资金投向的业务和资产不得作为对所属企业的出资申请境外上市；

（3）上市公司最近 1 个会计年度合并报表中按权益享有的所属企业的净利润不得超过上市公司合并报表净利润的 50%；

（4）上市公司最近 1 个会计年度合并报表中按权益享有的所属企业净资产不得超过上市公司合并报表净资产的 30%；

（5）上市公司与所属企业不存在同业竞争，且资产、财务独立，经理人员不存在交叉任职；

（6）上市公司及所属企业董事、高级管理人员及其关联人员持有所

属企业的股份，不得超过所属企业到境外上市前总股本的10%；

（7）上市公司不存在资金、资产被具有实际控制权的个人、法人或其他组织及其关联人占用的情形，或其他损害公司利益的重大关联交易；

（8）上市公司最近3年无重大违法违规行为。

二、上市公司所属企业申请境外上市需要表决的事项

（1）董事会表决事项。境内上市公司所属企业到境外上市，其董事会应当就以下事项作出决议并提请股东大会批准：境外上市是否符合证监会的规定；境外上市方案；上市公司维持独立上市地位承诺及持续盈利能力的说明与前景。

（2）股东大会表决事项。境内上市公司所属企业到境外上市，其股东大会应当就以下事项逐项进行表决：董事会提案中有关所属企业境外上市方案；董事会提案中上市公司维持独立上市地位及持续盈利能力的说明与前景。

三、信息披露

所属企业到境外上市，上市公司应当在下述事件发生后次日履行信息披露义务：所属企业到境外上市的董事会、股东大会决议；所属企业向中国证监会提交的境外上市申请获得受理；所属企业获准境外发行上市。

所属企业到境外上市后，上市公司应当及时向境内投资者披露所属企业向境外投资者披露的任何可能引起股价异常波动的重大事件。上市公司应当在年度报告的重大事项中就所属企业业务发展情况予以说明。

第五节　外资股招股说明书的制作

一、招股说明书的形式

外资股发行的招股说明书可以采取严格的招股章程形式，也可以采取信息备忘录的形式。原则上，招股章程的编制应当严格符合外资股上市地有关招股章程必要条款和信息披露规则的要求。因此，中国香港的

招股章程必须符合香港公司条例、联交所上市规则及公司登记规则的要求；美国的招股说明书则必须符合美国证券和交易管理委员会（SEC）F1 表格中规定的必要内容和信息披露规则的要求。

根据外资股发行对象的不同，发行人和承销商往往需要准备不同的招股说明书。采用私募方式发行外资股的发行人，需要准备信息备忘录（例如，发行 B 股或者在美国进行 144A 私募）。如果采取公开发行方式发行外资股，则发行人需要根据外资股上市地有关信息披露规则的要求准备招股章程。

二、招股说明书的内容

外资股的招股说明书应当根据不同国家和地区有关信息披露规则和具体发行形式的要求编写，其主旨在于向投资者披露公司的经营状况、财务状况、盈利能力、风险情况和其他一切可能影响投资者购股的信息。但是，公司发行 B 股或者同时发行内资股和外资股时，除募集地法律另有规定外，应按照中国有关法律法规要求的内容制作和提供。以中国香港的有关规则要求为例，招股章程的基本内容要求包括以下几方面：①封面；②概要；③风险因素；④释义；⑤绪言；⑥综合售股；⑦股本；⑧负债；⑨董事、监事与高级管理人员；⑩行业概况；⑪公司资料；⑫财务资料；⑬物业估值；⑭盈利预测；⑮公司章程；⑯地区经济情况；⑰税务；⑱中国有关法律及监管规定概要；⑲法定及一般资料；⑳购股申请手续。

三、招股说明书的编制

外资股招股说明书的编制一般需要经过 4 个过程：资料准备、招股说明书草案的起草、验证指引或验证备忘录的编制、"责任声明书"的签署。

第六节　国际推介与分销

一、国际推介与询价

在发行准备工作已经基本完成，并且发行审查已经原则通过（有时可能是取得附加条件通过的承诺）的情况下，主承销商（或全球协调人）将安排承销前的国际推介与询价，此阶段的工作对于发行、承销成功具有重要的意义。这一阶段的工作主要包括以下几个环节。

（1）预路演。预路演是指由主承销商的销售人员和分析员去拜访一些特定的投资者，通常为大型的专业机构投资者，对他们进行广泛的市场调查，听取投资者对于发行价格的意见及看法，了解市场的整体需求，并据此确定一个价格区间的过程。为了保证预路演的效果，必须从地域、行业等多方面考虑抽样的多样性，否则询价结论就会比较主观，不能准确地反映出市场供求关系。

（2）路演推介。路演是在主承销商安排和协助下，主要由发行人面对投资者公开进行的、旨在让投资者通过与发行人面对面的接触更好地了解发行人，进而决定是否进行认购的过程。通常在路演结束后，发行人和主承销商便可大致判断市场的需求情况。

（3）簿记定价。簿记定价主要是统计投资者在不同价格区间的订单需求量，以把握投资者需求对价格的敏感性，从而为主承销商（或全球协调人）的市场研究人员对定价区间、承销结果、上市后的基本表现等进行研究和分析提供依据。

二、国际分销与配售

主承销商和全球协调人在拟订发行与上市方案时，通常应明确拟采取发行方式、上市地的选择、国际配售与公开募股的比例、拟进行国际分销与配售的地区、不同地区国际分销或配售的基本份额等内容。

在确定上述内容时，需要考虑以下几个方面的因素。

（1）计划安排国际分销的地区与发行人和股票上市地的关系。通常倾向于选择与发行人和股票上市地有密切投资关系、经贸关系和信息交换关系的地区为国际配售地。

（2）发行准备的便利性因素。在确定国际分销方案时，一般选择当地法律对配售没有限制和严格审查要求的地区作为配售地，以简化发行准备工作。对于募股规模较大的项目来说，每个国际配售地区通常安排一家主要经办人。国际分销地区、各地区的配售额在国际推介之后确定，在承销过程中可以调整。

 精选考题同步演练

一、单项选择题（以下各小题所给出的四个选项中，只有一项最符合题目要求，请将正确选项的代码填入括号内）

1. 关于我国股票市场上的 B 股，下列表述正确的是（　　）。

A. 以人民币标明面值，向境外投资者发行，以外币认购和买卖

B. 以人民币标明面值，向所有投资者发行，以外币认购和买卖

C. 以美元标明面值，向境外投资者发行，以美元认购和买卖

D. 以美元标明面值，向所有投资者发行，以美元认购和买卖

2. 我国股份有限公司发行境内上市外资股一般采取（　　）式。

A. 配售

B. 上网定价发行

C. 网上询价发行

D. 网下定价发行

3. 我国股份有限公司在发行 B 股时，可以与承销商在包销协议中约定行使超额配售选择权。超额配售选择权俗称"绿鞋"，是指（　　）授予主承销商的一项选择权。

A. 发行人　　　　　　　　　B. 中国证监会

C. 证券公司　　　　　　　　D. 投资者

4. 对于 H 股的发行，新申请人预期证券上市时由公众人士持有股份的市值须至少为（　　）万元港币。

A. 3 000　　　　　　　　　B. 5 000

C. 7 000　　　　　　　　　D. 9 000

5. 内地企业在中国香港发行股票，其公司治理要求：审核委员会成员须有至少（　　）名成员，并必须全部是非执行董事。

A. 1　　　　　　　　　　　B. 3

C. 5   D. 7

6. 内地企业在香港创业板上市，公司的最低市值应达到（　　）。

A. 3 000 万元人民币   B. 3 500 万港元

C. 4 000 万元人民币   D. 4 600 万港元

7. 境内上市公司所属企业申请境外上市，要求上市公司最近一个会计年度合并报表中按权益享有所属企业的净利润和净资产分别不得超过上市公司合并会计报表的净利润和净资产的（　　）和（　　）。

A. 30%；30%   B. 30%；50%

C. 50%；30%   D. 50%；50%

8. 外资股发行人招股说明书披露的负债情况是发行前（　　）周的负债。

A. 4   B. 4～8

C. 8～12   D. 12～16

二、不定项选择题（以下各小题给出的多个选项中，有一个或者一个以上的选项符合题目要求，请将符合题目要求选项代码填入括号内）

1. 境内上市外资股的投资主体包括（　　）。

A. 外国的自然人、法人和其他组织

B. 中国香港、澳门、台湾地区的自然人、法人和其他组织

C. 定居在国外的中国公民

D. 投资境内 A 股的中国公民

2. 以募集方式设立公司，申请发行境内上市外资股时，以及已设立的股份有限公司增资发行境内上市外资股时，均应当符合的条件包括（　　）。

A. 所筹资金用途符合国家产业政策

B. 符合国家有关固定资产投资立项的规定

C. 公司净资产值不低于 1.5 亿元人民币

D. 符合国家有关利用外资的规定

3. 关于 H 股的发行方式，下列说法正确的是（　　）。

A. H 股的发行方式是"公开发行"加"国际配售"

B. 发行人应按照所在地法律的要求，将招股文件和相关文件做公开披露和备案

C. 招股说明书一般在上市委员会的听证会批准几天后公布

D. 公司根据招股说明书披露的信息，向社会公众发行新股

4. 根据香港联合证券交易所发布的《创业板上市规则》规定，新申请人的附属公司通常获准，更改其财政年度期间的条件包括（　　）。

A. 该项更改旨在使附属公司的财政年度与新申请人的财政年度相配合

B. 附属公司预测盈利

C. 业绩已作适当调整，而有关调整在向交易所提供的报表中作出了详细解释

D. 在上市文件及会计师报告中作出充分披露，说明更改的理由，以及有关更改对新申请人的集团业绩及盈利预测的影响

5. 关于内地企业在香港创业板的发行与上市，下列说法正确的是（　　）。

A. 如果新申请人具备 24 个月活跃业务记录，则公司上市的最低市值需要达到 4 600 万港元

B. 如新申请人具备 12 个月活跃业务记录，则公司上市的最低市值需要达到 4 亿港元

C. 如果公司上市时市值不超过 40 亿港元，则最低公众持股量为 25%，但最低金额须达到 3 000 万港元

D. 如发行人具备 24 个月活跃业务记录，则至少应有 100 名股东

6. 关于境内上市公司所属企业申请境外上市，下面说法正确的是（　　）。

A. 境内上市公司所属企业到境外上市是指境内上市公司有控制权的所属企业到境外证券市场公开发行股票并上市的行为

B. 境内上市公司可以 2 年前配股所募集资金投资项目作为对所属企业的出资，申请境外上市

C. 境内上市公司所属企业申请到境外上市，上市公司应当聘请经

中国证监会注册登记并列入保荐机构名单的证券公司担任财务顾问

D. 财务顾问应当在所属企业到境外上市当年剩余时间及其后的一个完整会计年度，持续督导上市公司维持独立上市地位

三、判断题（判断以下各小题的对错，正确的用 A 表示，错误的用 B 表示）

1. 境内上市外资股采取无记名股票形式，以人民币标明面值，以外币认购、买卖。（　　）

2. 发行境内上市外资股的公司，只能委托境内证券经营机构作为主承销商。（　　）

3. 发起设立的股份有限公司，不可以是仅代表国家发起人股本的股份有限公司。（　　）

4. 在香港联合证券交易所接纳的任何条件的规定下，上市文件所述发售期间及公开接受认购期间的截止日期可更改或延长。（　　）

5. 内地企业申请到香港创业板上市，如果公司上市时市值超过 40 亿港元，则最低公众持股量为 10 亿港元。（　　）

6. 采取私募方式发行境内上市外资股，不需使用严格的招股说明书。（　　）

7. 如果发行人公司拟募集的外资股将完全以单纯公募方式进行，则不需要安排国际推介与询价。（　　）

8. 外资股发行时，主要针对社会公众进行国际推介。（　　）

 精选考题答案解析

一、单项选择题

1.【答案及解析】A　境内上市外资股又称 B 股，是指在中国境内注册的股份有限公司向境内外投资者发行并在中国境内证券交易所上市交易的股票。境内上市外资股采取记名股票形式，以人民币标明面值，

以外币认购、买卖。故选 A。

2.【答案及解析】A 我国股份有限公司发行境内上市外资股一般采取配售方式。按照国际金融市场的通常做法，采取配售方式，承销商可以将所承销的股份以议购方式向特定的投资者配售。主承销商在承销前的较早阶段即已通过向其网络内客户的推介或路演，初步确定了认购量和投资者可以接受的发行价格，正式承销前的市场预测和承销协议签署仅具备有限的商业和法律意义。故选 A。

3.【答案及解析】A 超额配售选择权是指发行人授予主承销商的一项选择权，获此授权的主承销商按同一发行价格超额发售不超过包销数额 15％的股份，即主承销商按不超过包销数额 115％的股份向投资者发售。故选 A。

4.【答案及解析】B 新申请人预期证券上市时，由公众人士持有的股份的市值须至少为 5 000 万港元。无论任何时候，公众人士持有的股份须占发行人已发行股本至少 25％。故选 B。

5.【答案及解析】B 内地企业在中国香港发行股票，其审核委员会成员须有至少 3 名成员，并必须全部是非执行董事，其中至少 1 名是独立非执行董事且具有适当的专业资格，或具备适当的会计或相关财务管理专长，审核委员会的成员必须以独立非执行董事占大多数，出任主席者也必须是独立非执行董事。故选 B。

6.【答案及解析】D 内地企业在香港创业板上市，新申请人预期上市时的市值应达到：如新申请人具备 24 个月活跃业务记录，则实际上不得少于 4 600 万港元；如新申请人具备 12 个月活跃业务记录，则不得少于 5 亿港元。故选 D。

7.【答案及解析】C 境内上市公司所属企业申请境外上市，要求上市公司最近 1 个会计年度合并报表中按权益享有的所属企业的净利润不得超过上市公司合并报表净利润的 50％；按权益享有的所属企业净资产不得超过上市公司合并报表净资产的 30％。故选 C。

8.【答案及解析】C 招股说明书负债项下应说明招股章程披露前 8～12 周内某一日期时公司的负债情况，包括银行贷款、透支、债券、其他借款、待偿的抵押、按揭、已贴现票据、分期付款负担、融资租赁负担、担保与其他或有负债等。故选 C。

二、不定项选择题

1.【答案及解析】ABC　境内上市外资股的投资主体限于以下几类：①外国的自然人、法人和其他组织；②中国香港、澳门、台湾地区的自然人、法人和其他组织；③定居在国外的中国公民；④拥有外汇的境内居民；⑤中国证监会认定的其他投资人。故选 ABC。

2.【答案及解析】ABD　C 选项只适合已设立的股份有限公司增资发行境内上市外资股的规定。故选 ABD。

3.【答案及解析】ACD　H 股的发行人须按上市地法律的要求，将招股文件和相关文件作公开披露和备案，B 项错误。故选 ACD。

4.【答案及解析】ACD　根据《创业板上市规则》第一十一、二十条的规定，只有满足以下条件新申请人的附属公司通常才能获准更改其财政年度期间：①该项更改旨在使附属公司的财政年度与新申请人的财政年度相配合；②业绩已作适当调整，而有关调整必须在向交易所提供的报表中作出详细解释；③在上市文件及会计师报告中作出充分披露，说明更改的理由，以及有关更改对新申请人的集团业绩及盈利预测的影响。故选 ACD。

5.【答案及解析】ACD　B 项如新申请人具备 12 个月活跃业务记录，则公司上市的最低市值需要达到 5 亿港元。故选 ACD。

6.【答案及解析】ACD　B 项境内上市公司所属企业申请境外上市，应符合上市公司最近 3 个会计年度内发行股份及募集资金投向的业务和资产不得作为对所属企业的出资申请境外上市的规定。故选 ACD。

三、判 断 题

1.【答案及解析】B　境内上市外资股又称 B 股，是指在中国境内注册的股份有限公司向境内外投资者发行并在中国境内证券交易所上市交易的股票。境内上市外资股采取记名股票形式，以人民币标明面值，以外币认购、买卖。

2.【答案及解析】B　发行境内上市外资股的公司，应委托境内证券经营机构作为主承销商；也可聘请国外证券公司担任国际协调人（相当于联席主承销商）。

3.【答案及解析】B　在资产评估、财务审计、重组方案等工作完成的基础上，地方企业通过省、市、自治区政府，中央企业通过行业主管部门申请发起设立股份有限公司。这时设立的股份有限公司，可以是仅代表国家发起人股本的股份有限公司。这主要是解决发行人的法律主体资格问题，避免因中外法律的差异造成发行障碍。

4.【答案及解析】B　在香港联交所接纳的任何条件的规定下，上市文件所述发售期间及公开接受认购期间的截止日期不可更改或延长，而发行人、包销商或任何其他人士均不可单方面更改或延长该日期或期间。

5.【答案及解析】B　若新申请人上市时市值超过 40 亿港元，则公众持股量必须为下述两个百分比中的较高者：由公众持有的证券达到市值 10 亿港元（在上市时决定）所需的百分比或发行人已发行股本的 20％。

6.【答案及解析】A　采取私募方式发行境内上市外资股，不需使用严格的招股说明书。

7.【答案及解析】B　国际推介的对象是非私募对象的机构投资者。其主要目的是：①查明长期投资者的需求情况，保证重点销售；②使投资者了解发行人的情况，作出价格判断；③利用销售计划，形成投资者之间的竞争，最大限度地提高价格评估；④为发行人与投资者保持关系打下基础。

8.【答案及解析】B　境内上市外资股发行时，主承销商在承销前的较早阶段已经向其网络内的客户进行了推介或路演，而不是外资股发行时。国际推介的对象是机构投资者，而并非社会公众。

第十一章

公司收购

复习方向指导

熟悉公司收购的形式、业务流程、反收购策略。

掌握上市公司收购的有关概念；熟悉上市公司收购的权益披露；熟悉要约收购规则、协议收购规则以及间接收购规则；了解收购人及相关当事人可申请豁免要约收购的情形和申请豁免的事项；熟悉上市公司并购中财务顾问的有关规定；熟悉上市公司收购的监管；熟悉上市公司收购共性问题审核意见关注要点。

熟悉外国投资者并购境内企业规定的基本制度、适用范围、并购方式、要求及涉及的政府职能部门；了解外国投资者并购境内企业的审批与登记；掌握外国投资者以股权作为支付手段并购境内公司的有关规定；熟悉外国投资者并购境内企业的反垄断审查；熟悉外国投资者并购境内企业安全审查制度；了解外国投资者并购境内企业的其他有关规定。

了解外国投资者对上市公司进行战略投资应遵循的原则；熟悉外国投资者对上市公司进行战略投资的要求；熟悉对上市公司进行战略投资的外国投资者的资格要求；熟悉外国投资者进行战略投资的程序；熟悉投资者进行战略投资后的变更及处置。

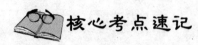 核心考点速记

第一节　公司收购概述

一、公司收购的形式

收购一般是指一个公司通过产权交易取得其他公司一定程度的控制权，以实现一定经济目标的经济行为。从不同的角度，公司收购可以划分为不同的形式。详见表 11-1。

表 11-1　公司收购的形式

按购并双方的行业关联性划分	横向收购	两个或两个以上生产或销售相同、相似产品的公司间的收购
	纵向收购	处于生产同一产品、不同生产阶段的公司间的收购
	混合收购	生产和经营彼此没有关联的产品或服务的公司之间的收购行为
按目标公司董事会是否抵制划分	善意收购	收购者事先与目标公司经营者商议，征得同意后公开收购
	敌意收购	收购者在收购目标公司股权时，虽然该收购行动遭到目标公司的反对，而收购者仍要强行收购，或者收购者事先未与目标公司协商，而突然提出收购要约
按支付方式划分	用现金购买资产	收购公司使用现款购买目标公司资产，以实现对目标公司的控制
	用现金购买股票	收购公司以现金购买目标公司的股票，以实现对目标公司的控制
	用股票购买资产	收购公司向目标公司发行收购公司自己的股票，以交换目标公司的资产
	用股票交换股票	一般是收购公司可直接向目标公司的股东发行股票，以交换目标公司的股票，又称"换股"
	用资产收购股份或资产	收购公司使用资产购买目标公司的资产或股票，以实现对目标公司的控制

按持股对象是否确定划分	要约收购	收购人为了取得上市公司的控股权，向所有的股票持有人发出购买该上市公司股份的收购要约，收购该上市公司的股份
	协议收购	收购人与上市公司特定的股票持有人就收购该公司股票的条件、价格、期限等有关事项达成协议，由公司股票的持有人向收购者转让股票，收购人支付资金，达到收购的目的

二、公司收购的业务流程

主要包括：①收购对象的选择；②收购时机的选择；③收购风险分析；④目标公司定价；⑤制订融资方案；⑥选择收购方式；⑦谈判签约；⑧报批；⑨信息披露；⑩登记过户；⑪收购后的整合。

各融资方式中，一般情况下：首先选用内部资金，因为筹资阻力小，保密性好，风险小，不必支付发行成本；其次选择向银行贷款，因为速度快、筹资成本低、易保密；再次选择发行普通股票。

任何进行收购的公司都必须在决策时充分考虑采用何种方式完成收购，不同的收购方式不仅仅是支付方式的差别，而且与公司的自身财务、资本结构密切相关。

（1）现金收购。现金收购是一种单纯的购买行为，它由公司支付一定数额的现金，从而取得目标公司的所有权。现金收购主要有两种方式：以现金购买资产和以现金购买股票。

（2）用股票收购。股票收购是指公司不以现金为媒介完成对目标公司的收购，而是收购者以新发行的股票替换目标公司的股票。

（3）承担债务式收购。在被收购企业资不抵债或资产和债务相等的情况下，收购方以承担被收购方全部或部分债务为条件，取得被收购方的资产和经营权。

三、财务顾问在公司收购中的作用

（1）财务顾问为收购公司提供的服务：寻找目标公司；提出收购建议；商议收购条款；其他服务。

（2）财务顾问为目标公司提供的服务：预警服务；制定反收购策

略；评价服务；利润预测；编制文件和公告。

四、公司反收购策略

收购有善意和敌意之分。对于善意收购，收购双方在友好协商的气氛下，平稳地完成收购；但对于敌意收购，被收购的所有者及管理者，特别是高层管理者则会竭力抵御，以防止本公司被收购。

由于我国证券市场还处在发展初级阶段，各项法律法规还不完善，关于反收购策略，无论在法律上还是在实践中，都还不成熟，在此主要介绍国际上常用的反收购策略。详见表11-2。

表 11-2   国际常用反收购策略

事先预防 策略	事先预防策略，是指主动阻止本公司被收购的最积极的方法。最佳的预防策略就是通过加强和改善经营管理，提高本公司的经济效益，提高公司的竞争力
管理层防 卫策略	①金降落伞策略。是指目标公司的董事会提前作出如下决议："一旦目标公司被收购，而且董事、高层管理者都被解职时，这些被解职者可领到巨额退休金，以提高收购成本" ②银降落伞策略。是指规定目标公司一旦落入收购方手中，公司有义务向被解雇的其他管理人员支付较"金降落伞策略"稍微逊色的同类的保证金（根据工龄长短支付数周至数月的工资） ③积极向其股东宣传反收购的思想。目标公司的经营者以广告或信函的方式向股东们表示他们的反对意见，劝说股东们放弃接受收购方所提要约。此种策略运用的前提是该公司本来经营相当成功，而收购者的介入可能恶化目标公司的经营状况
保持公司 控制权策略	为了保持控制权，原股东可以采取增加持有股份的方法 ①每年部分改选董事会成员。如每年改选1/3的董事席位，即使收购方获得多数股票，也无法立即取得目标公司控制权 ②限制董事资格。即目标公司在董事任职资格上进行一些特殊的限制，使得公司的董事都由己方相关联的人来担任，或公司的某些决策需绝大多数股东投票通过，以增加收购方控制公司的难度 ③超级多数条款。即如果更改公司章程中的反收购条款时，须经过超级多数股东的同意。超级多数一般应达到股东的80%以上

毒丸策略	①"负债毒丸计划"。"负债毒丸计划"是指目标公司在收购威胁下大量增加自身负债，降低企业被收购的吸引力 ②"人员毒丸计划"。"人员毒丸计划"的基本方法则是公司的绝大部分高级管理人员共同签订协议，在公司被以不公平的价格收购，并且这些人中有1人在收购后被降职或革职时，则全部管理人员将集体辞职
白衣骑士策略	当目标公司遇到敌意收购者收购时，可以寻找一个具有良好合作关系的公司，以比收购方所提要约更高的价格提出收购，从大量收购案例来看，防御性收购的最大受益者是公司经营者，而不是股东
股票交易策略	①股票回购。目标公司若就自己的股份，以比收购要约价还要高的出价来回购时，则收购方就不得不提高价格，因而增加其收购难度 ②管理层收购。即目标公司管理层利用杠杆收购这一金融工具，通过负债融资，以少量资金投入收购自己经营的公司

第二节　上市公司收购

一、上市公司收购的有关概念

（一）收购人

收购人包括投资者及与其一致行动的他人。收购人可以通过取得股份的方式成为一个上市公司的控股股东，可以通过投资关系、协议、其他安排的途径成为一个上市公司的实际控制人，也可以同时采取上述方式和途径取得上市公司控制权。

（二）一致行动与一致行动人

一致行动是指投资者通过协议、其他安排，与其他投资者共同扩大其所能够支配的一个上市公司股份表决权数量的行为或者事实。

在上市公司的收购及相关股份权益变动活动中有一致行动情形的投资者，互为一致行动人。

一致行动人应当合并计算其所持有的股份。投资者计算其所持有的股份，应当包括登记在其名下的股份，也包括登记在其一致行动人名下的股份。投资者认为其与他人不应被视为一致行动人的，可以向中国证监会提供相反证据。

（三）上市公司控制权

有下列情形之一的，为拥有上市公司控制权：投资者为上市公司持股50%以上的控股股东；投资者可以实际支配上市公司股份表决权超过30%；投资者通过实际支配上市公司股份表决权能够决定公司董事会半数以上成员选任；投资者依其可实际支配的上市公司股份表决权足以对公司股东大会的决议产生重大影响；中国证监会认定的其他情形。

二、上市公司收购的权益披露

上市公司的收购及相关股份权益变动活动，必须遵循公开、公平、公正的原则。

信息披露义务人报告、公告的信息必须真实、准确、完整，不得有虚假记载、误导性陈述或者重大遗漏。

（1）持股数量与权益的计算。

（2）收购人取得被收购公司的股份达到5%及之后变动5%的权益披露。

（3）收购人取得被收购公司的股份达到5%但未达到20%的权益披露。

（4）收购人取得被收购公司的股份达到20%但未超过30%的权益披露。

（5）权益变动报告书披露后股份发生变动的权益披露。

（6）关于媒体披露。

（7）信息披露中的法律责任。

三、要约收购规则

1. 全面要约与部分要约

要约收购分为全面要约收购与部分要约收购。全面要约是指收购人向被收购公司所有股东发出收购其所持有的全部股份的要约，部分要约是指收购人向被收购公司所有股东发出收购其所持有的部分股份的要约。

2. 要约收购报告书

以要约方式收购上市公司股份的，收购人应当编制要约收购报告书，并应当聘请财务顾问向中国证监会、证券交易所提交书面报告，抄报派出机构，通知被收购公司，同时对要约收购报告书摘要作出提示性公告。

3. 被收购公司董事会和董事应尽的职责与禁止事项

4. 要约收购价格确定的原则

收购人按照《上市公司收购管理办法》规定进行要约收购的，对同一种类股票的要约价格，不得低于要约收购提示性公告日前6个月内收购人取得该种股票所支付的最高价格。

要约价格低于提示性公告日前30个交易日该种股票的每日加权平均价格的算术平均值的，收购人聘请的财务顾问应当就该种股票前6个月的交易情况进行分析，说明是否存在股价被操纵、收购人是否有未披露的一致行动人、收购人前6个月取得公司股份是否存在其他支付安排、要约价格的合理性等。

5. 收购支付方式

收购人可以采用现金、证券、现金与证券相结合等合法方式支付收购上市公司的价款。收购人聘请的财务顾问应当说明收购人具备要约收购的能力。

现金支付时，应在作出要约收购提示性公告同时，将不少于收购款总额20%作为履约保证金，存入证券登记结算机构指定的银行。

证券支付时，应提供该证券发行人最近3年经审计的财务会计报告、证券估值报告，并配合被收购方聘请的独立财务顾问的尽职调查。

6. 收购要约

收购要约是指收购人向被收购公司股东公开发出的愿意按照要约条件购买其所持有的被收购公司股份的意思表示。

7. 关于预受的有关规定

预受是指被收购公司股东同意接受要约的初步意思表示，在要约收购期限内不可撤回之前不构成承诺。同意接受收购要约条件的股东称为预受股东。

8. 股份转让结算和过户登记

9. 收购情况的报告

10. 收购条件的适用

11. 收购期限届满后，被收购公司股权分布不符合上市条件的规定

四、协议收购规则

1. 收购人通过协议方式取得上市公司不同比例股份的处理

收购人通过协议方式在一个上市公司中拥有权益的股份达到或超过该公司已发行股份的 5%，但未超过 30% 的，按照上市公司收购权益披露的有关规定办理。

收购人拥有权益的股份达到该公司已发行股份的 30% 时，继续进行收购的，应当依法向该上市公司的股东发出全面要约或者部分要约；但符合有关豁免规定情形的，收购人可以向中国证监会申请免于发出要约。

收购人拟通过协议方式收购一个上市公司的股份超过 30% 的，超过 30% 的部分，应当改以要约方式进行；但符合有关豁免规定情形的，收购人可以向中国证监会申请免除发出要约。

2. 收购报告书

以协议方式收购上市公司股份超过 30%，收购人拟按规定申请豁免的，应当在与上市公司股东达成收购协议之日起 3 日内编制上市公司收购报告书，提交豁免申请及其他相关文件（"其他相关文件"与协议收购中向证监会提交的文件相同），委托财务顾问向中国证监会、证券交易所提交书面报告，同时抄报派出机构，通知被收购公司，并公告上市公司收购报告书摘要。派出机构收到书面报告后通报上市公司所在地省级人民政府。

3. 应当向中国证监会提交的文件

包括中国公民的身份证明，或者在中国境内登记注册的法人、其他组织的证明文件；基于收购人的实力和从业经验对上市公司后续发展计划可行性的说明，收购人拟修改公司章程、改选公司董事会、改变或者

调整公司主营业务的，还应当补充其具备规范运作上市公司管理能力的说明等等。

4. 管理层收购

管理层收购是指上市公司董事、监事、高级管理人员、员工或者其所控制或者委托的法人或者其他组织，拟对本公司进行收购或者通过间接收购规定的方式取得本公司控制权。拟进行管理层收购的上市公司应当具备健全且运行良好的组织机构以及有效的内部控制制度，公司董事会成员中独立董事的比例应当达到或者超过1/2。

5. 上市公司收购过渡期

上市公司收购过渡期是指以协议方式进行上市公司收购，自签订收购协议起至相关股份完成过户的期间。

6. 协议收购的相关当事人应尽的职责

五、间接收购规则

通过间接收购取得上市公司不同比例股份的处理见下。

（1）收购人虽不是上市公司的股东，通过投资关系、协议或者其他安排导致其拥有权益的股份达到或超过一个上市公司已发行股份的5%，但未超过30%的，应当按照上市公司收购权益披露的有关规定办理。

（2）收购人拥有权益的股份超过该公司已发行股份的30%的，应当向该公司所有股东发出全面要约；收购人预计无法在事实发生之日起30日内发出全面要约的，应当在前述30日内促使其控制的股东将所持有的上市公司股份减持至30%或者30%以下，并自减持之日起2个工作日内予以公告；其后收购人或者其控制的股东拟继续增持的，应当采取要约方式；拟依据有关规定申请豁免的，应当按照协议收购中"（二）收购报告书1.收购报告书的编制与提交"的规定办理。

六、要约收购义务的豁免

收购人提出豁免申请的，应当聘请财务顾问等专业机构出具专业意见。

收购人可以向中国证监会申请豁免的事项如下。

（1）免于以要约收购方式增持股份。

（2）存在主体资格、股份种类限制或者法律、行政法规、中国证监会规定的特殊情形的，可以申请免于向被收购公司的所有股东发出收购要约。未取得豁免的，投资者及其一致行动人应当在收到中国证监会通知之日起 30 日内将其或者其控制的股东所持有的被收购公司股份减持到 30% 或者 30% 以下；拟以要约以外的方式继续增持股份的，应当发出全面要约。

有下列情形之一的，收购人可以向中国证监会提出免于以要约方式增持股份的申请。

（1）收购人与出让人能够证明本次转让未导致上市公司的实际控制人发生变化。

（2）上市公司面临严重财务困难，收购人提出的挽救公司的重组方案取得该公司股东大会批准，且收购人承诺 3 年内不转让其权益。

（3）经上市公司股东大会非关联股东批准，收购人取得上市公司向其发行的新股，导致其在公司拥有的权益股份超过该公司已发行股份的30%，收购人承诺 3 年内不转让其拥有权益的股份，且公司股东大会同意收购人免于发出要约。

（4）证监会为适应市场发展变化和保护投资者合法权益的需要而认定的其他情形。

七、上市公司并购中的财务顾问

收购人进行上市公司的收购，应当聘请在中国的注册的具有从事财务顾问业务资格的专业机构担任其财务顾问。收购人未按照《上市公司收购管理办法》要求聘请财务顾问的，不得收购上市公司。

上市公司董事会或者独立董事聘请的独立财务顾问，不得同时担任收购人的财政顾问或者与收购人的财政顾问存在关联关系。独立财务顾问应当根据委托进行尽职调查，对本次收购的公正性和合法性发表专业意见。

自收购人公告上市公司收购报告书至收购完成后 12 个月内，财务顾问应当通过日常沟通、定期回访等方式，关注上市公司的经营情况，结合被收购公司定期报告和临时公告的披露事宜，对收购人及收购公司履行持续督导职责。

八、上市公司收购共性问题关注要点

2010年9月，证监会上市部编制了《并购重组共性问题审核意见关注要点》（以下简称为《关注要点》）。其中涉及上市公司收购的关注重点包括以下几方面：①收购资金来源；②实际控制人变化；③关于国有资产无偿划转、变更、合并的解答；④关于如何计算一致行动人拥有的权益的解答；⑤上市公司并购重组过程中关于反垄断的要求；⑥外资企业直接或间接收购境内上市公司触发要约收购义务的情况和申请豁免其要约收购义务的规定。

九、上市公司收购的监管

（一）监管主体与服务机构

（1）中国证监会。

（2）证券交易所。

（3）证券登记结算机构。

（4）收购人聘请的财务顾问及其他专业机构。

（二）上市公司收购的限制性规定

（1）上市公司的收购及相关股份权益变动活动不得危害国家安全和社会公共利益。

（2）被收购公司在境内、境外同时上市的，收购人除应当遵守《上市公司收购管理办法》及中国证监会的相关规定外，还应当遵守境外上市地的相关规定。

（3）外国投资者收购上市公司及在上市公司中拥有的权益发生变动的，除应当遵守《上市公司收购管理办法》的规定外，还应当遵守外国投资上市公司的相关规定。

（4）有下列情形之一的，不得收购上市公司：收购人负有数额较大债务，到期未清偿，且处于持续状态；收购人最近3年有重大违法行为或者涉嫌有重大违法行为；收购人最近3年有严重的证券市场失信行

为；收购人为自然人的，存在《公司法》第一百四十七条规定的情形。

（5）法律、行政法规规定以及中国证监会认定的不得收购上市公司的其他情形。

第三节　关于外国投资者并购境内企业的规定

一、适用范围及例外情况（见表 11-3）

表 11-3　适 用 范 围

适用情形	①股权并购情形。一是指外国投资者购买境内非外商投资企业（下文简称"境内公司"）股东的股权；二是指外国投资者认购境内公司增资使该境内公司变更设立为外商投资企业 ②资产并购情形。一是指外国投资者先在中国境内设立外商投资企业，并通过该企业协议购买境内企业资产且运营该资产；二是指外国投资者协议购买境内企业资产，并以该资产投资设立外商投资企业运营该资产
例外情况	①外国投资者购买境内已设立的外商投资企业股东的股权或认购境内外商投资企业增资的，适用现行外商投资企业法律、行政法规和外商投资企业投资者股权变更的有关规定。其中没有规定的，再参照《关于外国投资者并购境内企业的规定》办理 ②外国投资者通过其在中国设立的外商投资企业合并或收购境内企业的，适用关于外商投资企业合并与分立的相关规定和关于外商投资企业境内投资的相关规定。其中没有规定的，再参照该规定办理 ③外国投资者并购境内有限责任公司并将其改制为股份有限公司的，或者境内公司为股份有限公司的，适用关于设立外商股份有限公司的相关规定。其中没有规定的，再参照《关于外国投资者并购境内企业的规定》办理

二、并购方式、要求及涉及的政府职能部门

（一）并购方式

有股权并购和资产并购两种并购方式，其中股权并购又包括以货币现金购买境内公司股东股权或认购境内公司增资股权，或以境外特殊目的公司股东股权或特殊目的公司以其增发的股份购买境内公司股东股权

或认购境内公司增资股权等不同情形下的不同股权并购方式;而资产并购仅允许以货币现金购买境内公司资产而排除以股权作为支付对价购买境内公司资产情形。

(二)并购要求

外国投资者并购境内企业应符合如下基本要求:①遵守中国的法律、行政法规和规章;②遵循公平合理、等价有偿、诚实信用的原则;③不得造成过度集中、排除或限制竞争;④不得扰乱社会经济秩序和损害社会公共利益;⑤不得导致国有资产流失;⑥应符合中国法律、行政法规和规章对投资者资格的要求;⑦应符合中国法律、行政法规和规章对涉及的产业、土地、环保等方面的政策要求;⑧依照《外商投资产业指导目录》不允许外国投资者独资经营的企业并购不得导致外国投资者持有企业全部股权;需由中方控股或相对控股的产业,该产业的企业被并购后,仍应由中方在企业中居控股或相对控股地位;禁止外国投资者经营的产业,外国投资者不得并购从事该产业的企业;⑨被并购境内企业原有所投资企业的经营范围应符合有关外商投资产业政策的要求;对不符合要求的,应先进行调整;⑩根据需要增加规定的其他要求。

(三)涉及的政府职能部门

(1)审批机关:商务部或省级商务主管部门。

(2)登记机关:国家工商行政管理总局或其授权的地方工商行政管理局。

(3)外汇管理机关:国家外汇管理局或其分支机构。

(4)国有资产管理机关:国资委或省级国有资产管理部门。当外国投资者并购境内企业涉及企业国有产权转让和上市公司国有股权管理事宜的,应报有权审批的国有资产管理机关审批。

(5)国务院证券监督管理机构:中国证监会。如果被并购企业为境内上市公司和特殊目的公司拟进行境外上市交易的,应经国务院证券监督管理机构审核和批准。

(6)税务登记机关:国家税务总局及地方各级税务机关。

三、基本制度

(一)外商投资企业待遇的界定

外国投资者在并购后所设外商投资企业注册资本中的出资比例高于

25％的，该企业享受外商投资企业待遇。外国投资者在并购后所设外商投资企业注册资本中的出资比例低于 25％的，除法律和行政法规另有规定外，该企业不享受外商投资企业待遇，其举借外债按照境内非外商投资企业举借外债的有关规定办理。审批机关向其颁发加注"外资比例低于 25％"字样的外商投资企业批准证书（以下简称"批准证书"）。登记管理机关、外汇管理机关分别向其颁发加注"外资比例低于 25％"字样的外商投资企业营业执照和外汇登记证。

境内公司、企业或自然人以其在境外合法设立或控制的公司名义并购与其有关联关系的境内公司，所设立的外商投资企业不享受外商投资企业待遇，但该境外公司认购境内公司增资，或者该境外公司向并购后所设企业增资，增资额占所设企业注册资本比例达到 25％以上的除外。

根据上述方式设立的外商投资企业，其实际控制人以外的外国投资者在企业注册资本中的出资比例高于 25％的，享受外商投资企业待遇。外国投资者并购境内上市公司后所设外商投资企业的待遇，按照国家有关规定办理。

（二）被并购境内公司债权和债务的处置

（1）外国投资者股权并购的，并购后所设外商投资企业承继被并购境内公司的债权和债务。

（2）外国投资者资产并购的，出售资产的境内企业承担其原有的债权和债务。

（3）外国投资者、被并购境内企业、债权人及其他当事人可以对被并购境内企业的债权、债务的处置另行达成协议，但是该协议不得损害第三人利益和社会公共利益。债权、债务的处置协议应报送审批机关。

（4）出售资产的境内企业应当在投资者向审批机关报送申请文件之前至少 15 日，向债权人发出通知书，并在全国发行的省级以上报纸上发布公告。

（三）交易价格确定的依据

并购当事人应以资产评估机构对拟转让的股权价值或拟出售资产的评估结果作为确定交易价格的依据。

（四）出资时间的规定

外国投资者并购境内企业设立外商投资企业，外国投资者应自外商投资企业营业执照颁发之日起 3 个月内向转让股权的股东或出售资产的境内企业支付全部对价。对特殊情况需要延长者，经审批机关批准后，应自外商投资企业营业执照颁发之日起 6 个月内支付全部对价的 60% 以上，1 年内付清全部对价，并按实际缴付的出资比例分配收益。

（五）出资比例的确定

（1）外国投资者协议购买境内公司股东的股权，境内公司变更设立为外商投资企业后，该外商投资企业的注册资本为原境内公司注册资本，外国投资者的出资比例为其所购买股权在原注册资本中所占比例。

（2）外国投资者认购境内有限责任公司增资的，并购后所设外商投资企业的注册资本为原境内公司注册资本与增资额之和。外国投资者与被并购境内公司原其他股东在境内公司资产评估的基础上，确定各自在外商投资企业注册资本中的出资比例。

（3）外国投资者认购境内股份有限公司增资的，按照《公司法》有关规定确定注册资本。

（六）外国投资者并购境内企业投资总额上限的设定

（1）股权并购投资总额上限的设定。外国投资者股权并购的，除国家另有规定外，对并购后所设外商投资企业应按照以下比例确定投资总额的上限：①注册资本在 210 万美元以下的，投资总额不得超过注册资本的 10/7；②注册资本在 210 万美元以上至 500 万美元的，投资总额不得超过注册资本的 2 倍；③注册资本在 500 万美元以上至 1 200 万美元的，投资总额不得超过注册资本的 2.5 倍；④注册资本在 1 200 万美元以上的，投资总额不得超过注册资本的 3 倍。

（2）资产并购投资总额上限的设定。外国投资者资产并购的，应根据购买资产的交易价格和实际生产经营规模确定拟设立的外商投资企业的投资总额。拟设立的外商投资企业的注册资本与投资总额的比例应符合有关规定。

四、审批与登记

（一）审　　批

外国投资者并购境内企业设立外商投资企业，除另有规定外，审批机关应自收到规定报送的全部文件之日起 30 日内，依法决定批准或不批准。决定批准的，由审批机关颁发批准证书。外国投资者协议购买境内公司股东股权，审批机关决定批准的，应同时将有关批准文件分别抄送股权转让方、境内公司所在地外汇管理机关。股权转让方所在地外汇管理机关为其办理转股收汇外资外汇登记并出具相关证明，转股收汇外资外汇登记证明是证明外方已缴付的股权收购对价已到位的有效文件。

（二）登　　记

（1）外商投资企业的登记与营业执照的领取。外国投资者资产并购的，投资者应自收到批准证书之日起 30 日内，向登记管理机关申请办理设立登记，领取外商投资企业营业执照。外国投资者股权并购的，被并购境内企业应依照该规定向原登记管理机关申请变更登记，领取外商投资企业营业执照。原登记管理机关没有登记管辖权的，应自收到申请文件之日起 10 日内转送有管辖权的登记管理机关办理，同时附送该境内公司的登记档案。被并购境内公司在申请变更登记时，应提交以下文件，并对其真实性和有效性负责：变更登记申请书；外国投资者购买境内公司股东股权或认购境内公司增资的协议；修改后的公司章程或原章程的修正案和依法需要提交的外商投资企业合同；外商投资企业批准证书；外国投资者的主体资格证明或者自然人身份证明；修改后的董事会名单，记载新增董事姓名、住所的文件和新增董事的任职文件；国家工商行政管理总局规定的其他有关文件和证件。

（2）其他事项的登记。投资者自收到外商投资企业营业执照之日起 30 日内，到税务、海关、土地管理和外汇管理等有关部门办理登记手续。

五、外国投资者以股权作为支付手段并购境内公司的有关规定

（一）股权并购与并购顾问的条件

1. 股权并购与境外公司的界定

本部分所指的股权并购仅指外国投资者以股权作为支付手段并购境

内公司，也即境外公司的股东以其持有的境外公司股权或者境外公司以其增发的股份作为支付手段，购买境内公司股东的股权或者境内公司增发股份的行为。本部分所称的境外公司应合法设立并且其注册地具有完善的公司法律制度，且公司及其管理层最近3年未受到监管机构的处罚；除规定的特殊目的公司外，境外公司应为上市公司，其上市所在地应具有完善的证券交易制度。

2. 股权并购的条件

①股东合法持有并依法可以转让；②无所有权争议且没有设定质押及任何其他权利限制；③境外公司的股权应在境外公开合法证券交易市场（柜台交易市场除外）挂牌交易；④境外公司的股权最近1年交易价格稳定。

上述第③、④项不适用于《关于外国投资者并购境内企业的规定》所指的特殊目的公司。

3. 并购顾问的条件

境内公司或其股东应当聘请在中国注册登记的中介机构担任顾问（即"并购顾问"）并购顾问应符合以下条件：①信誉良好且有相关从业经验；②无重大违法违规记录；③应有调查并分析境外公司注册地和上市所在地法律制度与境外公司财务状况的能力。

（二）申报文件与程序

1. 申报文件

①境内公司最近1年股权变动和重大资产变动情况的说明；②并购顾问报告；③所涉及的境内外公司及其股东的开业证明或身份证明文件；④境外公司的股东持股情况说明和持有境外公司5％以上股权的股东名录；⑤境外公司的章程和对外担保的情况说明；⑥境外公司最近年度经审计的财务报告和最近半年的股票交易情况报告。

2. 程序

（1）审核。

（2）加注的外商投资企业营业执照和外汇登记证的领取。

（3）无加注的外商投资企业营业执照、外汇登记证的领取。

（4）税务的变更登记。

（5）并购不成功的处理。

（三）特殊目的公司的特别规定

（1）特殊目的公司。特殊目的公司系指中国境内公司或自然人为实现以其实际拥有的境内公司权益在境外上市而直接或间接控制的境外公司。

（2）权益在境外上市的境内公司应符合下列条件：①产权明晰，不存在产权争议或潜在产权争议；②有完整的业务体系和良好的持续经营能力；③有健全的公司治理结构和内部管理制度；④公司及其主要股东近3年无重大违法违规记录。

（3）境内公司在境外设立特殊目的公司的申请、外汇登记与文件要求。境内公司在境外设立特殊目的公司，应向商务部申请办理核准手续。

六、外国投资者并购境内企业安全审查制度

2011年2月3日，国务院办公厅发布了《国务院办公厅关于建立外国投资者并购境内企业安全审查制度的通知》，决定建立"联席会议"制度。明确了以下内容：①并购安全审查范围；②并购安全审查内容；③并购安全审查工作机制；④并购安全审查程序；⑤其他规定。

七、其他有关规定

依据《中华人民共和国反垄断法》的规定，外国投资者并购境内企业达到《国务院关于经营者集中申报标准的规定》规定的申报标准的，应当事先向商务部申报，未申报不得实施交易。

第四节　外国投资者对上市公司的战略投资

一、战略投资应遵循的原则

外国投资者对已完成股权分置改革的上市公司和股权分置改革后新上市公司进行战略投资应遵循如下原则。

（1）遵守国家法律、法规及相关产业政策，不得危害国家经济安全

和社会公共利益。

（2）坚持公开、公正、公平的原则，维护上市公司及其股东的合法权益，接受政府、社会公众的监督及中国的司法和仲裁管辖。

（3）鼓励中长期投资，维护证券市场的正常秩序，不得炒作。

（4）不得妨碍公平竞争。

二、外国投资者对上市公司进行战略投资的要求

外国投资者对上市公司进行战略投资应符合以下要求。

（1）以协议转让、上市公司定向发行新股方式以及国家法律法规规定的其他方式取得上市公司 A 股股份。

（2）投资可分期进行，首次投资完成后取得的股份比例不低于该公司已发行股份的 10％，但特殊行业有特别规定或经相关主管部门批准的除外；取得的上市公司 A 股股份 3 年内不得转让。

（3）法律法规对外商投资持股比例有明确规定的行业，投资者持有上述行业股份比例应符合相关规定；属法律法规禁止外商投资的领域，投资者不得对上述领域的上市公司进行投资。

（4）涉及上市公司国有股股东的，应符合国有资产管理的相关规定。

三、外国投资者的资格要求

进行战略投资的外国投资者必须具有以下条件。

（1）依法设立、经营的外国法人或其他组织，财务稳健、资信良好且具有成熟的管理经验。

（2）境外实有资产总额不低于 1 亿美元或管理的境外实有资产总额不低于 5 亿美元；或其母公司境外实有资产总额不低于 1 亿美元或管理的境外实有资产总额不低于 5 亿美元。

（3）有健全的治理结构和良好的内控制度，经营行为规范。

（4）近 3 年内未受到境内外监管机构的重大处罚（包括其母公司）。

四、外国投资者进行战略投资的程序

（1）上市公司董事会作出决议。

（2）上市公司股东大会批准。

（3）投资者与上市公司签订有关合同或协议。

（4）报批。

（5）批复。

（6）设立外汇账户。

（7）向证券监管部门登记或备案。

（8）上市公司领取外商投资企业批准证书并进行工商登记。

（9）办理相关手续。

五、外国投资者进行战略投资后的变更及处置

（一）外国投资者进行证券买卖的限制性规定

除以下情形外，投资者不得进行证券买卖（B 股除外）：

（1）投资者进行战略投资所持上市公司 A 股股份，在其承诺的持股期限届满后可以出售。

（2）投资者根据《证券法》相关规定须以要约方式进行收购的，在要约期间可以收购上市公司 A 股股东出售的股份。

（3）投资者在上市公司股权分置改革前持有的非流通股份，在股权分置改革完成且限售期满后可以出售。

（4）投资者在上市公司首次公开发行前持有的股份，在限售期满后可以出售。

（5）投资者承诺的持股期限届满前，因其破产、清算、抵押等特殊原因须转让其股份的，经商务部批准可以转让。

（二）变更的条件及手续

（1）投资者减持股份使上市公司外资股比例低于 25%，上市公司应在 10 日内向商务部备案并办理变更外商投资企业批准证书的相关手续。上市公司应自外商投资企业批准证书变更之日起 30 日内到工商行政管理机关办理变更登记，工商行政管理机关在营业执照上把企业类型调整为"外商投资股份公司（A 股并购）"。上市公司应自营业执照变更之日起 30 日内到外汇管理部门办理变更外汇登记，外汇管理部门在外汇登记证上加注"外商投资股份公司（A 股并购）"。

（2）投资者减持股份使上市公司外资股比例低于10%，且该投资者非单一最大股东，上市公司应在10日内向审批机关备案并办理注销外商投资企业批准证书的相关手续。上市公司自外商投资企业批准证书注销之日起30日内到工商行政管理机关办理变更登记，企业类型变更为股份有限公司。上市公司应自营业执照变更之日起30日内，到外汇管理部门办理外汇登记注销手续。

（3）母公司通过其全资拥有的境外子公司进行战略投资并已按期完成的，母公司转让上述境外子公司前应向商务部报告，并根据规定的程序提出申请。新的受让方仍应符合规定的条件承担母公司及其子公司在上市公司中的全部权利和义务，并依法履行向中国证监会报告、公告及其他法定义务。

 精选考题同步演练

一、单项选择题（以下各小题所给出的四个选项中，只有一项最符合题目要求，请将正确选项的代码填入括号内）

1. 收购公司直接向目标公司的股东发行股票，以交换目标公司的股票，达到收购的目的，这种收购方式是（　　）。

A. 用股票购买资产　　　　　　B. 用股票交换股票

C. 用股票交换资产　　　　　　D. 用资产交换股票

2. 在各种融资方式中，收购公司一般最后才选择（　　）。

A. 公司内部自有资金　　　　　B. 银行贷款筹资

C. 股票筹资　　　　　　　　　D. 债券筹资

3. 收购要约约定的收购期限不得少于（　　）日，并不得超过（　　）日。

A. 20；60　　　　　　　　　　B. 20；90

C. 30；60　　　　　　　　　　D. 30；90

4. 境内公司在境外设立特殊目的公司，应向商务部申请办理核准手续。办理核准手续时，境内公司除向商务部报送《关于境外投资开办

企业核准事项的规定》要求的文件外，另须报送其他文件。以下不属于
须另送文件的是（　　）。

  A. 特殊目的公司最终控制人的身份证明文件

  B. 特殊目的公司境外上市商业计划书

  C. 特殊目的公司的章程

  D. 并购顾问就特殊目的公司未来境外上市的股票发行价格所作的
评估报告

  5. 收购人通过证券交易所的证券交易，持有一个上市公司股份达
到其已发行股份的（　　）时，继续增持股份的，应当采取要约方式进
行，发出全面要约或者部分要约。

  A. 20%   B. 30%

  C. 50%   D. 70%

  6. 从大量收购案例来看，目标公司利用"白衣骑士"策略进行
"防御性收购"时，最大的受益者一般是（　　）。

  A. 公司大股东   B. 公司员工

  C. 公司经营者   D. 公司中小股东

  7. 根据国务院关于有关部门新的职能分工的规定，向外商转让上
市公司国有股和法人股，涉及非金融类企业所持上市公司国有股转让事
项由（　　）负责。

  A. 国家发改委

  B. 国务院国有资产监督管理委员会

  C. 财政部

  D. 商务部

  二、不定项选择题（以下各小题给出的多个选项中，有一个或者一
个以上的选项符合题目要求，请将符合题目要求选项代码填入括号内）

  1. 在收购过程中，收购企业主要面临的风险有（　　）。

  A. 整合风险   B. 市场风险

  C. 融资风险   D. 法律风险

  2. 发行债券融资与发行股票融资相比，前者的优点有（　　）。

A. 融资成本低　　　　　　B. 债券利息在税前支付

C. 保证了企业的控制权　　D. 享受了财务杠杆利益

3. 关于白衣骑士策略，下列说法正确的是（　　）。

A. 当目标公司遇到敌意收购者收购时，可寻找一个具有良好合作关系的公司，以比收购方所提要约更高的价格提出收购，这时，收购方若不以更高的价格来收购，则肯定不能取得成功。这种方法即使不能赶走收购方，也会使其付出较为高昂的代价

B. 也有目标公司与"白衣骑士"假戏真做的时候，这种收购一般称为"防御性收购"

C. 从大量收购案例来看，防御性收购的最大受益者是公司经营者，而不是股东

D. 目标公司在收购威胁下大量增加自身负债，降低企业被收购的吸引力

4. 投资者及其一致行动人不是上市公司的第一大股东或者实际控制人，其拥有权益的股份达到或者超过该公司已发行股份的5%，但未达到20%的，应当编制简式权益变动报告书，其内容包括（　　）。

A. 投资者及其一致行动人为法人的，其名称、注册地及法定代表人

B. 持股目的，是否有意在未来12个月内继续增加其在上市公司中拥有的权益

C. 上市公司的名称、股票的种类、数量、比例

D. 在上市公司中拥有权益的股份达到或者超过上市公司已发行股份的5%或者拥有权益的股份增减变化达到5%的时间及方式

5. 投资者及其一致行动人拥有权益的股份达到或者超过一个上市公司已发行股份的20%，但未超过30%的，应当编制详式权益变动报告书，报告书应当披露关于（　　）的内容。

A. 取得相关股份的价格、所需资金额、资金来源，或者其他支付安排

B. 前12个月内投资者及其一致行动人与上市公司之间的重大交易

C. 不存在规定的禁止收购情形

D. 能够按照规定提供与协议收购中向证监会提交的相同的文件

6. 关于要约收购，下列说法正确的是（　　　）。

A. 收购人向所有的股票持有人发出购买该上市公司股份的收购要约

B. 收购目的是为了取得上市公司的控股权

C. 收购要约要写明收购价格、数量及要约期间等收购条件

D. 收购的目的是为了取得生产的规模效应

7. 下列属于财务顾问为收购公司提供的服务的是（　　　）。

A. 寻找目标公司　　　　　　　B. 预警服务

C. 提出收购建议　　　　　　　D. 商议收购条款

8. 上市公司存在以下（　　　）情形，可以认定其面临严重财务困难。

A. 最近 2 年连续亏损

B. 因 3 年连续亏损，股票被暂停上市

C. 最近 1 年期末股东权益为负值

D. 最近 1 年亏损且其主营业务已停顿半年以上

9. 关于并购安全审查的内容，下列说法正确的是（　　　）。

A. 并购交易对国防安全，包括对国防需要的国内产品生产能力、国内服务提供能力和有关设备设施的影响

B. 并购交易对国家经济稳定运行的影响

C. 并购交易对社会基本生活秩序的影响

D. 并购交易对涉及国家安全关键技术研发能力的影响

三、判断题（判断以下各小题的对错，正确的用 A 表示，错误的用 B 表示）

1. 收购方在对收购对象进行选择时，无需律师的参与。（　　　）

2. 在收购要约有效期间，收购人应当每周在证券交易所网站上公告预受要约股份的数量以及撤回。（　　　）

3. 在收购要约有效期限内，收购人可以更改收购要约条件，还可以撤回其收购要约。（　　　）

4. 在公司收购中，向银行贷款筹资的融资方案，具有速度快、筹资成本低的优点，但不易保密。（　　　）

5. 现金收购是指收购公司以现金购买目标公司的股票，以实现对目标公司的控制。 （ ）

6. 上市公司要约收购过程中，预受是指要约人同意接受要约的初步意思表示，在要约期满前不构成承诺。 （ ）

7. "绿色勒索"是指目标公司的董事会提前作出"一旦目标公司被收购，而且董事、高级管理人员被解职时，被解职者可领到巨额退休金，以提高收购成本"的决议。 （ ）

 精选考题答案解析

一、单项选择题

1.【答案及解析】B 用股票交换股票的收购方式又称为"换股"。一般是收购公司直接向目标公司的股东发行股票，以交换目标公司的股票。通常来说，至少要达到收购公司能控制目标公司所需的足够多的股票。故选 B。

2.【答案及解析】C 收购公司一般应首先选用内部自有资金，因为内部自有资金筹资阻力小，保密性好，风险小，不必支付发行成本；其次选择向银行贷款（若法律、法规或政策允许），因为速度快，筹资成本低，且易保密；第三，选择发行债券、可转换债券等；最后才发行普通股票。故选 C。

3.【答案及解析】C 收购要约约定的收购期限不得少于 30 日，并不得超过 60 日；但是出现竞争要约的除外。故选 C。

4.【答案及解析】C 设立特殊目的公司的申请，除了《关于境外投资开办企业核准事项的规定》要求的文件外，还需要特殊目的公司最终控制人的身份证明文件、境外上市商业计划书、并购顾问所做的评估报告三项文件。只有 C 选项不需另外报送。故选 C。

5.【答案及解析】B 根据要约收购原则，当收购人通过证券交易，持有该公司已发行股份 30% 时，继续增持的，应采取要约方式，除要约方式外，投资者不得在证券交易所外公开求购股份。故选 B。

6.【答案及解析】C　防御性收购时，伙伴公司提出了比收购方要约更高的价格，从大量案例来看，最大的受益者一般是公司经营者，而不是股东。故选C。

7.【答案及解析】B　根据国务院关于有关部门新的职能分工规定，向外商转让上市公司国有股和法人股：①涉及利用外资的事项由商务部负责；②涉及非金融类企业所持上市公司国有股转让事项由国务院国有资产监督管理委员会负责；③涉及金融类企业所持上市公司国有股转让事项由财政部牵头。故选B。

二、不定项选择题

1.【答案及解析】ABCD　在收购过程中，收购公司主要面临以下风险：市场风险、营运风险、反收购风险、融资风险、法律风险、整合风险等。故选ABCD。

2.【答案及解析】ABCD　由于债券发行费用较低，且债券利息在税前支付，故发行债券融资筹资成本较低，并保证了公司的控制权，享受了财务杠杆利益。故选ABCD。

3.【答案及解析】ABC　D项为负债毒丸计划。故选ABC。

4.【答案及解析】ABCD　除ABCD四项外，简式权益变动报告书的内容还包括权益变动事实发生之日前6个月内通过证券交易所的证券交易买卖该公司股票的简要情况。故选ABCD。

5.【答案及解析】ACD　投资者及其一致行动人拥有权益的股份达到或者超过一个上市公司已发行股份的20%，但未超过30%的，应当披露前24个月内投资者及其一致行动人与上市公司之间的重大交易。故选ACD。

6.【答案及解析】ABC　要约收购是指收购人为了取得上市公司的控股权，向所有的股票持有人发出购买该上市公司股份的收购要约，收购该上市公司的股份。收购要约要写明收购价格、数量及要约期间等收购条件。D项说法不正确。故选ABC。

7.【答案及解析】ACD　财务顾问为收购公司提供的服务包括：寻找目标公司、提出收购建议、商议收购条款和其他服务。预警服务是财务顾问为目标公司提供的服务，故选 ACD。

8.【答案及解析】ABCD　根据《〈上市公司收购管理办法〉第六十二条有关上市公司严重财务困难的适用意见——证券期货法律适用意见第 7 号》的规定，出现了四个选项中的情形及中国证监会认定的其他情形，可认定公司面临严重财务困难。故选 ABCD。

9.【答案及解析】ABCD　根据 2011 年 2 月 3 日，国务院办公厅发布的《国务院办公厅关于建立外国投资者并购境内企业安全审查制度的通知》，决定建立外国投资者并购境内企业安全审查部际联席会议制度，并规定了并购安全审查的范围、内容、工作机制和程序。四个选项中描述的均为并购安全审查内容。故选 ABCD。

三、判断题

1.【答案及解析】B　收购方选择收购对象时，通常需要公司高层管理人员、投资银行家、律师和会计师的共同参与。

2.【答案及解析】B　在要约收购期限内，收购人应当每日在证券交易所网站上公告已预受收购要约的股份数量。

3.【答案及解析】B　在收购要约约定的收购期限内，收购人不得撤销其收购要约。

4.【答案及解析】B　银行贷款具有速度快，筹资成本低，且易保密的优点。

5.【答案及解析】B　题中说法片面，现金收购是通过支付现金获得目标公司所有权，主要有两种形式：现金购买资产和现金购买股票。

6.【答案及解析】A　本题考察预受要约相关内容，表述正确。

7.【答案及解析】B　"一旦目标公司被收购，而且董事、高级管理人员被解职时，被解职者可领到巨额退休金，以提高收购成本"是金降落伞策略，而非"绿色勒索"。

第十二章

公司重组与财务顾问业务

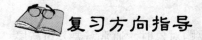
复习方向指导

熟悉重大资产重组的原则，了解《上市公司重大资产重组管理办法》的适用范围，掌握重大资产重组行为的界定；熟悉重大资产重组的程序；熟悉重大资产重组的信息管理和内幕交易的法律责任；掌握上市公司发行股份购买资产的特别规定；掌握上市公司重大资产重组后再融资的有关规定；熟悉上市公司重大资产重组的监督管理和法律责任；熟悉上市公司重大资产重组共性问题审核意见关注要点。

掌握并购重组审核委员会工作规程适用事项；熟悉并购重组审核委员会委员的构成、任期、任职资格和解聘情形；熟悉并购重组审核委员会的职责，熟悉并购重组审核委员会委员的工作规定、权利与义务以及回避制度；熟悉并购重组审核委员会会议的相关规定；了解对并购重组审核委员会审核工作监督的有关规定。

掌握上市公司并购重组财务顾问的业务许可和业务规则；熟悉上市公司并购重组财务顾问的监督管理与法律责任；了解上市公司并购重组财务顾问专业意见附表的填报要求。

 核心考点速记

第一节　上市公司重大资产重组

一、重大资产重组的原则和范围

上市公司实施重大资产重组，应当符合下列要求。

（1）符合国家产业政策和有关环境保护、土地管理、反垄断等法律和行政法规的规定。

（2）不会导致上市公司不符合股票上市条件。

（3）重大资产重组所涉及的资产定价公允，不存在损害上市公司和股东合法权益的情形。

（4）重大资产重组所涉及的资产权属清晰，资产过户或者转移不存在法律障碍，相关债权、债务处理合法。

（5）有利于上市公司增强持续经营能力，不存在可能导致上市公司重组后主要资产为现金或者无具体经营业务的情形。

（6）有利于上市公司在业务、资产、财务、人员、机构等方面与实际控制人及其关联人保持独立，符合中国证监会关于上市司独立性的相关规定。

（7）有利于上市公司形成或者保持有效的法人治理结构。

《上市公司重大资产重组管理办法》的适用范围：上市公司及其控股或者控制的公司在日常经营活动之外购买、出售资产或者通过其他方式进行资产交易达到规定比例，导致上市公司的主营业务、资产、收入发生重大变化的资产交易行为。

上市公司及其控股或者控制的公司购买、出售资产，达到下列标准之一的，构成重大资产重组。

（1）购买、出售的资产总额占上市公司最近1个会计年度经审计的合并财务会计报告期末资产总额的比例达到50%以上。

（2）购买、出售的资产在最近1个会计年度所产生的营业收入占上市公司同期经审计的合并财务会计报告营业收入的比例达到50%以上。

（3）购买、出售的资产净额占上市公司最近1个会计年度经审计的合并财务会计报告期末净资产额的比例达到50%以上，且超过5000万元人民币。

购买、出售资产未达到前款规定标准，但中国证监会发现存在可能损害上市公司或者投资者合法权益的重大问题的，可以根据审慎监管原则，责令上市公司按照《重组管理办法》的规定补充披露相关信息、暂停交易并报送申请文件。

二、重组的程序

①初步磋商；②聘请证券服务机构；③盈利预测报告的制作与相关资产的定价；④董事会决议；⑤股东大会决议；⑥中国证监会审核；⑦重组的实施；⑧重组实施后的持续督导。

三、信息管理

（一）信息的披露

上市公司筹划、实施重大资产重组，相关信息披露义务人应当公平地向所有投资者披露可能对上市公司股票交易价格产生较大影响的相关信息（以下简称"股价敏感信息"），不得有选择性地向特定对象提前泄露。

（二）保密规定

上市公司及其董事、监事、高级管理人员等，在重大资产重组的股价敏感信息依法披露前负有保密义务，禁止利用该信息进行内幕交易。

（三）停牌的申请与处理

上市公司获悉股价敏感信息的，应当及时向证券交易所申请停牌并披露。上市公司预计筹划中的重大资产重组事项难以保密或者已经泄露的，应当及时向证券交易所申请停牌，直至真实、准确、完整地披露相关信息。停牌期间，上市公司应当至少每周发布一次事件进展情况公告。上市公司股票交易价格因重大资产重组的市场传闻发生异常波动时，上市公司应当及时向证券交易所申请停牌，核实有无影响上市公司股票交易价格的重组事项，并予以澄清，不得以相关事项存在不确定性为由不履行信息披露义务。

（四）内幕交易的法律责任

内幕交易是指上市公司高管、控股股东等知情人员，在重大信息公布前，泄露或者利用内幕消息买卖证券牟取利益的行为。

违反《上市公司信息披露管理办法》的，证监会可以采取以下监管措施：责令改正；监管谈话；出具警示函；将其违规等情况记入诚信档案并公布；认定为不适当人选及其他。

《证券法》规定，对内幕交易责任人处以没收违法所得，并处以违法所得1倍至5倍的罚款。

《刑法》规定，对内幕交易构成犯罪的，视情节严重程度处以有期徒刑或者拘役，并处罚金。

四、发行股份购买资产的特别规定

上市公司发行股份购买资产，应当符合下列规定。

（1）有利于提高上市公司资产质量、改善公司财务状况和增强持续盈利能力；有利于上市公司减少关联交易和避免同业竞争，增强独立性。

（2）上市公司最近一年及一期财务会计报告被注册会计师出具无保留意见审计报告；被出具保留意见、否定意见或者无法表示意见的审计报告的，须经注册会计师专项核查确认，该保留意见、否定意见或者无法表示意见所涉及事项的重大影响已经消除或者将通过本次交易予以消除。

（3）上市公司发行股份所购买的资产，应当为权属清晰的经营性资产，并能在约定期限内办理完毕权属转移手续。

（4）中国证监会规定的其他条件。

特定对象以现金或者资产认购上市公司非公开发行的股份后，上市公司用同一次非公开发行所募集的资金向该特定对象购买资产的，视同上市公司发行股份购买资产。

五、重大资产重组后再融资的有关规定

（一）再融资时重大资产重组前业绩可以模拟计算的条件

经并购重组委员会审核后获得核准的重大资产重组实施完毕后，上市公司申请公开发行新股或者公司债券，同时符合下列条件的，本次重大资产重组前的业绩在审核时可以模拟计算：

（1）进入上市公司的资产是完整经营实体；

（2）本次重大资产重组实施完毕后，重组方的承诺事项已经如期履行，上市公司经营稳定、运行良好；

（3）本次重大资产重组实施完毕后，上市公司和相关资产实现的利润达到盈利预测水平。

（二）有关再融资时间限制的规定

上市公司在本次重大资产重组前不符合中国证监会规定的公开发行证券条件，或者本次重组导致上市公司实际控制人发生变化的，上市公司申请公开发行新股或者公司债券，距本次重组交易完成的时间应当不少于1个完整会计年度。

六、上市公司重大资产重组共性问题关注要点

2010年9月，证监会上市部编制的《关注要点》，对上市公司重大资产重组提出以下主要内容：①交易价格公允性；②盈利能力与预测；③资产权属及完整性；④同业竞争；⑤关联交易；⑥持续经营能力；⑦内幕交易；⑧债权债务处置；⑨股权转让和权益变动；⑩过渡期间损益安排；⑪矿业权的信息披露与评估；⑫审计机构与评估机构独立性；⑬挽救上市公司财务困难的重组方案可行性。

七、监督管理和法律责任

（一）监管主体

《重组管理办法》规定中国证监会依法对上市公司重大资产重组行为进行监管。中国证监会在发行审核委员会中设立上市公司并购重组审核委员会，以投票方式对提交其审议的重大资产重组申请进行表决，提

出审核意见。

（二）相关当事人的义务与法律责任

《重组管理办法》规定任何单位和个人不得利用重大资产重组损害上市公司及其股东的合法权益。

（1）信息管理义务与法律责任。上市公司实施重大资产重组，有关各方必须及时、公平地披露或者提供信息，保证所披露或者所提供信息的真实、准确、完整，不得有虚假记载、误导性陈述或者重大遗漏。

（2）上市公司及其有关人员的义务与法律责任。上市公司必须严格按照《重组管理办法》规定实施重大资产重组，未经核准擅自实施重大资产重组的，责令改正，可以采取监管谈话、出具警示函等监管措施；情节严重的，处以警告、罚款，并可以对有关责任人员采取市场禁入的措施。

第二节　并购重组审核委员会工作规程

一、适用事项

2007 年 7 月，中国证监会决定在发行审核委员会中设立上市公司并购重组审核委员会（简称"并购重组委员会"），并制定了《中国证券监督管理委员会上市公司并购重组审核委员会工作规程》。

并购重组委员会审核下列并购重组事项的，适用本规程：根据中国证监会的相关规定构成上市公司重大资产重组的；上市公司以新增股份向特定对象购买资产的；上市公司实施合并、分立的；中国证监会规定的其他并购重组事项。

二、并购重组委员会的组成

并购重组委员会委员由中国证监会的专业人员和中国证监会外的有关专家组成，由中国证监会聘任。并购重组委员会委员为 25 名。其中，中国证监会的人员 5 名，中国证监会以外的人员 20 名。并购重组委员会议会议召集人 5 名。

并购重组委员会委员每届任期 1 年，可以连任，但连续任期最长不超过 3 届。

（一）委员任职资格

并购重组委员会委员应当符合下列条件。

（1）坚持原则，公正廉洁，忠于职守，严格遵守国家法律、行政法规和规章；

（2）熟悉上市公司并购重组业务及有关的法律、行政法规和规章；

（3）精通所从事行业的专业知识，在所从事的领域内有较高声誉；

（4）没有违法、违纪记录；

（5）中国证监会认为需要符合的其他条件。

（二）解聘并购重组委员会委员的几种情形

并购重组委员会委员有下列情形之一的，中国证监会应当予以解聘。

（1）违反法律、行政法规、规章和并购重组委员会审核工作纪律的。

（2）未按照中国证监会的规定勤勉尽责的。

（3）本人提出辞职申请的。

（4）两次以上无故不出席并购重组委员会会议的。

（5）经中国证监会考核认为不适合担任并购委员会委员的其他情形。

并购重组委员会委员的解聘不受任期是否届满的限制。并购重组委员会委员解聘后，中国证监会应及时选聘新的并购重组委员会委员。

三、并购重组委员会及委员的职责

（一）并购重组委员会的职责

（1）根据有关法律、行政法规和中国证监会的相关规定，审核上市公司并购重组申请是否符合相关条件。

（2）审核财务顾问、会计师事务所、律师事务所、资产评估机构等证券服务机构及相关人员为并购重组申请事项出具的有关材料及意见书。

（3）审核中国证监会有关职能部门出具的初审报告。

（4）依法对并购重组申请事项提出审核意见。

（二）并购重组委员会委员的职责

（1）并购重组委员会委员工作规定。并购重组委员会委员应当遵守下列规定：①按要求出席并购重组委员会会议，并在审核工作中勤勉尽责；②保守国家秘密和并购重组当事人的商业秘密；③不得泄露并购重组委员会会议讨论内容、表决情况以及其他有关情况；④不得利用并购重组委员会委员身份或者在履行职责上所得到的非公开信息，为本人或者他人直接或者间接牟取利益；⑤不得与并购重组申请人有利害关系，不得直接或间接接受并购重组当事人及相关单位或个人提供的资金、物品等馈赠和其他利益，不得持有所审核的上市公司的股票，不得私下与上述单位或者人员进行接触；⑥不得有与其他并购重组委员会委员串通表决或诱导其他并购重组委员会委员表决的行为；⑦中国证监会的其他有关规定。

（2）并购重组审核回避制度。并购重组委员会委员审核并购重组申请文件时，有下列情形之一的，应当及时提出回避：①委员本人或者其亲属担任并购重组当事人或者其聘请的专业机构的董事（含独立董事，下同）、监事、经理或者其他高级管理人员的；②委员本人或者其亲属、委员所在工作单位持有并购重组申请公司的股票，可能影响其公正履行职责的；③委员本人或者其所在工作单位近两年内为并购重组当事人提供保荐、承销、财务顾问、审计、评估、法律、咨询等服务，可能妨碍其公正履行职责的；④委员本人或者其亲属（指并购重组委员会委员的配偶、父母、子女、兄弟姐妹、配偶的父母、子女的配偶、兄弟姐妹的配偶）担任董事、监事、经理或其他高级管理人员的公司或机构与并购重组当事人及其聘请的专业机构有行业竞争关系，经认定可能影响委员公正履行职责的；⑤并购重组委员会会议召开前，委员曾与并购重组当事人及其他相关单位或个人进行过接触，可能影响其公正履行职责的；⑥中国证监会认定的可能产生利害冲突或者委员认为可能影响其公正履行职责的其他情形。

（3）并购重组委员会委员权利与义务。并购重组委员会委员以个人身份出席并购重组委员会会议，依法履行职责，独立发表审核意见并行使表决权。并购重组委员会委员可以通过中国证监会有关职能部门调阅履行职责所必需的与并购重组申请人有关的材料。并购重组委员会委员有义务向中国证监会举报任何以不正当手段对其施加影响的并购重组当事人及其他相关单位或者个人。

四、并购重组委员会会议

并购重组委员会通过召开并购重组委员会会议履行职责并进行审核工作，中国证监会有关职能部门作为并购重组委员会的办事机构，负责安排并购重组委员会工作会议、送达审核材料、会议记录、起草会议纪要及保管档案等具体工作。并购重组委员会审核工作所需费用，由中国证监会支付。每次参加并购重组委员会会议的并购重组委员会委员为5名，每次会议设召集人1名，召集人按照中国证监会的有关规定负责召集并购重组委员会会议，组织参会委员发表意见，进行讨论，总结并购重组委员会会议审核意见，组织投票并宣读表决结果。

五、对并购重组委员会审核工作的监督

中国证监会负责对并购重组委员会事务的日常管理以及对并购重组委员会委员的考核和监督。

第三节　上市公司并购重组财务顾问业务

一、业务许可

上市公司并购重组财务顾问业务是指为上市公司的收购、重大资产重组、合并、分立、股份回购等对上市公司股权结构、资产和负债、收入和利润等具有重大影响的并购重组活动提供交易估值、方案设计、出具专业意见等专业服务。

证券公司、证券投资咨询机构或者其他符合条件的财务顾问机构从事上市公司并购重组财务顾问业务，需依照《财务顾问管理办法》的规定向中国证监会提出申请并经核准。未经中国证监会核准，任何单位和

个人不得从事上市公司并购重组财务顾问业务。

1. 证券公司从事上市公司并购重组财务顾问业务的资格条件

①公司净资本符合中国证监会的规定；②具有健全且运行良好的内部控制机制和管理制度，严格执行风险控制和内部隔离制度；③建立健全的尽职调查制度，具备良好的项目风险评估和内核机制；④公司财务会计信息真实、准确、完整；⑤公司控股股东、实际控制人信誉良好且最近 3 年无重大违法违规记录；⑥财务顾问主办人不少于 5 人；⑦中国证监会规定的其他条件。

2. 证券投资咨询机构从事上市公司并购重组财务顾问业务的资格条件

①已经取得中国证监会核准的证券投资咨询业务资格；②实缴注册资本和净资产不低于人民币 500 万元；③具有健全且运行良好的内部控制机制和管理制度，严格执行风险控制和内部隔离制度；④公司财务会计信息真实、准确、完整；⑤控股股东、实际控制人在公司申请从事上市公司并购重组财务顾问业务资格前一年未发生变化，信誉良好且最近 3 年无重大违法违规记录；⑥具有 2 年以上从事公司并购重组财务顾问业务活动的执业经历，且最近 2 年每年财务顾问业务收入不低于 100 万元；⑦有证券从业资格的人员不少于 20 人，其中，具有从事证券业务经验 3 年以上的人员不少于 10 人，财务顾问主办人不少于 5 人；⑧中国证监会规定的其他条件。

不得担任财务顾问的有关规定，包括下列情形：①最近 24 个月内存在违反诚信的不良记录；②最近 24 个月内因执业行为违反行业规范而受到行业自律组织的纪律处分；③最近 36 个月因违法违规经营受到处罚或者正在被调查。

二、财务顾问的职责

财务顾问从事上市公司并购重组财务顾问业务，应当履行以下职责。

（1）接受并购重组当事人的委托，对上市公司并购重组活动进行尽职调查，全面评估相关活动所涉及的风险；

（2）就上市公司并购重组活动向委托人提供专业服务，帮助委托人分析并购重组相关活动所涉及的法律、财务、经营风险，提出对策和建议，设计并购重组方案，并指导委托人按照上市公司并购重组的相关规定制作申报文件；

（3）对委托人进行证券市场规范化运作的辅导，使其熟悉有关法律、行政法规和中国证监会的规定，充分了解其应承担的义务和责任，督促其依法履行报告、公告和其他法定义务；

（4）在对上市公司并购重组活动及申报文件的真实性、准确性、完整性进行充分核查和验证的基础上，依据中国证监会的规定和监管要求，客观、公正地发表专业意见；

（5）接受委托人的委托，向中国证监会报送有关上市公司并购重组的申报材料，并根据中国证监会的审核意见，组织和协调委托人及其他专业机构进行答复；

（6）根据中国证监会的相关规定，持续督导委托人依法履行相关义务；

（7）中国证监会要求的其他事项。

三、监督管理与法律责任

（一）监管主体

（1）中国证监会。中国证监会依照法律、行政法规和《财务顾问管理办法》的规定，对财务顾问实行资格许可管理，对财务顾问及其负责并购重组项目的签名人员（以下简称"财务顾问主办人"）的执业情况进行监督管理。

（2）中国证券业协会。中国证券业协会依法对财务顾问及其财务顾问主办人进行自律管理。

（二）法律责任

财务顾问不再符合《财务顾问管理办法》规定条件的，应当在5个工作日内向中国证监会报告并依法进行公告，由中国证监会责令改正。责令改正期满后，仍不符合《财务顾问管理办法》规定条件的，中国证监会撤销其从事上市公司并购重组财务顾问业务资格。

　　财务顾问主办人发生变化的，财务顾问应当在 5 个工作日内向中国证监会报告。财务顾问主办人不再符合《财务顾问管理办法》规定条件的，中国证监会将其从财务顾问主办人名单中去除，财务顾问不得聘请其作为财务顾问主办人从事相关业务。

　　财务顾问及其财务顾问主办人或者其他责任人员所发表的专业意见存在虚假记载、误导性陈述或者重大遗漏的，中国证监会责令改正，并依据《证券法》第二百二十三条的规定予以处罚。

　　财务顾问及其财务顾问主办人在相关并购重组信息未依法公开前，泄露该信息、买卖或者建议他人买卖该公司证券，利用相关并购重组信息散布虚假信息、操纵证券市场或者进行证券欺诈活动的，中国证监会依据《证券法》第二百零二条、第二百零三条、第二百零七条等相关规定予以处罚；涉嫌犯罪的，依法移送司法机关追究刑事责任。

四、《上市公司并购重组财务顾问专业意见附表》

　　证监会规定，财务顾问对相关并购重组申请事项出具专业意见的，应填报《上市公司并购重组财务顾问专业意见附表》（以下简称为《专业意见附表》），并将其作为财务顾问专业意见的附件一并上报。

　　财务顾问需要在审慎核查的基础上，针对《专业意见附表》问题回答"是"或"否"，有其他情况的应作说明。

　　《专业意见附表》规定的关注要点，是对财务顾问从事相关业务的最低要求。

 精选考题同步演练

　　一、单项选择题（以下各小题所给出的四个选项中，只有一项最符合题目要求，请将正确选项的代码填入括号内）

　　1. 下列各项情形不适用《重组管理办法》的是（　　）。

　　A. 上市公司按照经中国证监会核准的方向证券文件披露的募集资

金用途，使用募集资金购买资产、对外投资的行为

B. 与他人新设企业、对已设立的企业增资或者减资的行为

C. 受托经营、租赁其他企业资产或者将经营性资产委托他人经营、租赁的行为

D. 接受附义务的资产赠与或者对外捐赠资产的行为

2. 有权对并购重组申请人的申请文件和中国证监会有关职能部门的初审报告进行审核的机构是（　　）。

A. 中国证监会

B. 并购重组委员会

C. 国务院

D. 证券业协会

3. 关于并购重组委员会议中的表决权的形式，下列说法错误的是（　　）。

A. 并购重组委员会议表决采用无记名投票方式

B. 表决票设同意票和反对票，并购重组委员会不得弃权

C. 表决投票时同意票数达到 3 票为通过，未达到 3 票为未通过

D. 并购重组委员会委员在投票时应当在表决票上说明理由

4. 目前并购重组委员会委员为（　　）名。

A. 10 名　　　　　　　　　B. 15 名

C. 20 名　　　　　　　　　D. 25 名

5. 专业机构唆使、协助或参与干扰并购重组委员会工作的，中国证监会按照有关规定在（　　）个月内不接受该专业机构报送的专业报告和意见。

A. 3　　　　　　　　　　　B. 6

C. 9　　　　　　　　　　　D. 12

6. 上市公司购买、出售的资产净额占上市公司最近 1 个会计年度经审计合并会计报告期末净资产额的比例达到（　　）以上，且超过（　　）万元人民币的，构成重大资产重组。

A. 30% 1 000　　　　　　　B. 30% 5 000

C. 50% 1 000　　　　　　　D. 50% 5 000

7. 上市公司重大购买、出售、置换资产行为应当报送审核的，公司董事会应当按照规定申请停牌，停牌期限（　　）。

A. 自董事会通过决议之日起至实施购买、出售、置换资产方案完毕之日止

B. 自董事会公告决议之日起至上市公司重组审核委员会提出审核意见止

C. 自董事会通过决议之日起至上市公司重组审核委员会提出审核意见止

D. 自董事会公告决议之日起至实施购买、出售、置换资产方案完毕之日止

二、不定项选择题（以下各小题所给出的多个选项中，一个或者一个以上的选项符合题目要求，请将符合题目要求选项的代码填入括号内）

1. 上市公司实施重大资产重组，应当符合以下（　　）要求。

A. 符合国家产业政策和有关环境保护、土地管理、反垄断等法律和行政法规的规定

B. 重大资产重组所涉及的资产定价公允，不存在损害上市公司和股东合法权益的情形

C. 重大资产重组所涉及的资产权属清晰，资产过户或者转移不存在法律障碍，相关债券债务处理合法

D. 有利于上市公司在业务、资产、财务、人员、机构等方面与实际控制人及其相关联人保持独立，符合中国证监会关于上市公司独立性的相关规定

2. 以下（　　）内容，并购重组委员会需在中国证监会网站上发布。

A. 并购重组委员会会议审核的申请人名单、会议时间、相关当事人

B. 并购重组委员会会议参会委员名单

C. 并购重组委员会会议的表决结果

D. 并购重组委员会委员的个人意见

3. 某上市公司最近 1 个会计年度，经审计的合并报表中总资产为 18 亿元人民币，总负债为 8 亿元人民币，下列属于该上市公司重大资产重组行为的有（　　）。

　A. 购买资产，总额为 9.5 亿元人民币

　B. 购买资产，净额为 4.5 亿元人民币

　C. 出售资产，总额为 7.5 亿元人民币

　D. 出售资产，净额为 5.5 亿元人民币

4. 并购重组委员会的主要职责有（　　）。

　A. 审核上市公司并购重组是否符合相关条件

　B. 审核财务顾问、会计师事务所等机构及相关人员为并购重组申请事项出具的有关材料及意见书

　C. 审核中国证监会有关职能部门出具的初审报告

　D. 依法对并购重组申请事项提出审核意见

5.《并购重组共性问题审核意见关注要点》在盈利能力与预测方面，审计报告关注事项的内容包括（　　）。

　A. 标的资产是否提供最近两年经审计的标的资产财务报告

　B. 审计机构是否具备证券期货从业资格

　C. 非标准审计报告中，对于有保留意见的审计报告，关注保留事项所造成的影响是否已消除

　D. 非标准审计报告中，对于带强调事项段的无保留意见的审计报告，关注强调事项可能给上市公司带来的影响

6. 独立财务顾问自年报披露之日起 15 日内，对重大资产重组实施的（　　）事项出具持续督导意见，向派出机构报告，并予以公告。

　A. 交易资产的交付或者过户情况

　B. 盈利预测的实现情况

　C. 公司治理结构与运行情况

　D. 与已公布的重组方案存在差异的其他事项

7. 证券公司、证券投资咨询机构和其他财务顾问机构有以下（　　）情形的，不得担任财务顾问。

　A. 最近 24 个月内存在违反诚信的不良记录

B. 最近 24 个月内因执业行为违反行业规范而受到行业自律组织的纪律处分

C. 最近 36 个月内因违法违规经营受到处罚

D. 最近 24 个月内因涉嫌违法违规经营正在被调查

三、判断题（判断以下各小题的对错，正确的用 A 表示，错误的用 B 表示）

1. 中国证监会对并购重组委员会实行问责制度。（ ）

2. 在计算上市公司重大资产重组比例时，如上市公司同时购买、出售资产的，应当分别计算购买、出售资产的相关比例，并以二者中比例较低者为准。（ ）

3. 在计算上市公司重大资产重组比例时，上市公司在 12 个月内连续对同一或者相关资产进行购买、出售的，以其累计数分别计算相应数额。（ ）

4. 单位从事内幕交易的，还应当对直接负责的主管人员和其他直接责任人员给予警告，并处 3 万元以上 60 万元以下的罚款。（ ）

5. 并购重组委员会委员每届任期 1 年，不得连任。（ ）

6.《并购重组共性问题审核意见关注要点》在资产权属及完整性方面，对于采矿权证、探矿权证、特许经营许可证等其他相应权属或资质证书的办理情况，比照土地使用权、房屋建筑物权证的关注要点把握。（ ）

7.《上市公司并购重组财务顾问专业意见附表》规定的关注要点是对财务顾问从事相关并购重组业务的最高要求，财务顾问应当结合个案的实际情况，全面做好尽职调查工作，充分分析和揭示风险。（ ）

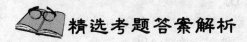 **精选考题答案解析**

一、单项选择题

1.【答案及解析】A 根据《上市公司重大资产重组管理办法》第二条、第十三条第一款规定，BCD 三项均适用，只有 A 项不适用。故选 A。

2.【答案及解析】B 根据《中国证券监督管理委员会上市公司并购重组审核委员会工作规程》，并购重组委员会根据《公司法》、《证券法》等，对并购重组申请人的申请文件和中国证监会有关职能部门的初审报告进行审核。故选 B。

3.【答案及解析】A 并购重组委会议表决采取的是记名投票方式。A 项错误。故选 A。

4.【答案及解析】D 目前并购重组委员会委员为 25 名。其中，中国证监会的人员 5 名，中国证监会以外的人员 20 名，故选 D。

5.【答案及解析】B 考察对并购重组委员会审核工作的监督中，关于对有关专业机构的监督内容。应为 6 个月内。故选 B。

6.【答案及解析】D 考察构成重大资产重组的情形。上市公司购买、出售的资产净额占上市公司最近 1 个会计年度经审计合并会计报告期末净资产额的比例达到 50％以上，且超过 5 000 万元人民币的，构成重大资产重组。故选 D。

7.【答案及解析】B 《关于上市公司重大购买、出售、置换资产若干问题的通知》第八条规定，属于上述规定的交易行为，公司董事会应当按照《上市规则》的有关规定，向证券交易所申请停牌，停牌期限自董事会决议公告之日起至发审委提出审核意见止。故选 B。

二、不定项选择题

1.【答案及解析】ABCD 考察重大资产重组原则，除四个选项以外，还包括"不会导致上市公司不符合股票上市条件"，"有利于上市公司形成或者保持健全有效的法人治理结构"，"有利于上市公司增强持续经营能力"三个方面。故选 ABCD。

2.【答案及解析】ABC 考察并购重组委员会会议的公告，并购重组委员会委员的个人意见并不需要披露。故选 ABC。

3.【答案及解析】AD 根据重大资产重组行为的界定，购买、出售的资产总额占上市公司最近 1 个会计年度经审计的合并财务会计报告期末总资产额的 50％以上；或者购买、出售的资产净额占上市公司最近 1 个会计年度经审计的合并财务会计报表起码净资产额的比例达到

50％以上，且超过 5 000 万元的，属于重大资产重组行为。故选 AD。

4.【答案及解析】ABCD　考察并购重组委员会的主要职责。四个选项均属于。故选 ABCD。

5.【答案及解析】ABCD　考察《关注要点》在盈利能力与预测方面，关于审计报告关注事项的内容。四个选项均包括在内。故选 ABCD。

6.【答案及解析】ABCD　考察重组的程序，关于重组后持续督导的内容，应出具持续督导意见的事项除了 4 个选项外，还包括：交易各方当事人承诺的履行情况。故选 ABCD。

7.【答案及解析】ABC　考察财务顾问的资格条件，D 选项应为"最近 36 个月内因涉嫌违法违规经营正在被调查"。故选 ABC。

三、判断题

1.【答案及解析】A　考察中国证监会对并购重组委员会委员的监督，表述正确。

2.【答案及解析】B　在计算上市公司重大资产重组比例时，如上市公司同时购买、出售资产的，应当分别计算购买、出售资产的相关比例，并以二者中比例较高者为准。

3.【答案及解析】A　考察重大资产重组中比例的计算，题干表述正确。

4.【答案及解析】B　单位从事内幕交易的，应当对直接负责人的主管人员和其他直接责任人员给予警告，并处 3 万元以上 30 万元以下的罚款。

5.【答案及解析】B　并购重组委员会委员每届任期 1 年，可以连任，但连续任期最长不超过 3 届。

6.【答案及解析】A　考察《关注要点》关于资产权属及完整性方面的内容，表述正确。

7.【答案及解析】B　《上市公司并购重组财务顾问专业意见附表》规定的关注要点，是对财务顾问从事相关并购重组业务的最低要求。